U0061458

圖說兵器戰爭史

從刀矛到核彈

陳仲丹 編著

三聯書店（香港）有限公司

序　言

錢乘旦

英國皇家歷史學會會士，南京
大學圖書館館長、歷史系教授

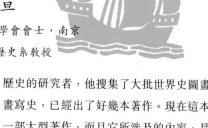

擺在讀者面前的是一本很漂亮的書。

一本書，能夠把大量珍貴的圖片搜集成冊，精心印製，產生強烈的美的衝擊，這已誠屬不易。而這本書，搜集的竟都是歷史圖片，既有很強的史料意義，又有學術傳播作用，不僅適合青少年觀賞，而且可以讓一切讀者各取所需，書的意境的確是攀升到相當的高度了！因此，當陳仲丹教授邀請我為之寫序時，我欣然應之，為本書作鼓吹。

此書首先是歷史書，而不是"圖畫書"。歷史是對往昔萬事的總結，時段可追至遠古，也可回至昨日，範圍大至天體運行，小至家庭瑣事，歷史研究的對象廣及方方面面，所以有人說歷史涵蓋一切學科。既然史學作為一門學科有偌大的身架，自然要史家不辭辛苦地去增加內容、材料，用文章，或是用著作去充當一磚一石、一枝一葉，以求盡量恢復歷史的原場景。但長期以來，史家只把文字或出土的器物作為歷史的材料，鮮有人認為圖畫之中也有歷史，圖畫也是珍貴的史料。最近幾十年，國際史學界大大擴充了"歷史"的內涵，從過去留下的每一事物中找尋着歷史的信息。在這樣一個信念下，歷史學家們開始大量使用歷史圖畫，發掘圖畫中的歷史意義。這是歷史學一個新的發展。仲丹教授在這方面特別有心，作為世界

歷史的研究者，他搜集了大批世界史圖畫，以畫寫史，已經出了好幾本著作。現在這本更是一部大型著作，而且它所涉及的內容，是傳統史家較少注意的領域，因此，本書就很值得向讀書界、學術界作推廣。在今後兩年中，仲丹教授還將編出幾本同類書，構成系列，那就對歷史的研究與復原工作貢獻更大了。這是其一。

第二，本書是一本關於軍事史的專題著作，雖說是"紙上談兵"，但作者以一人之力梳理歸納古今中外的兵器戰爭史，用圖畫直觀展示，用文字解釋闡說，其切入的角度猶見特別，所以在內容方面是很有特色的。正如作者在後記中所敘，本書在涉及兵器和戰爭的關係時"見物也見人"，兵器是物，而用兵器的是人。本書由兵器變化推及戰略變化，並列舉戰爭實例，寫得豐富多彩，讀來頗覺有聲有色。比如書中關於19世紀中期的部分，該時正是兵器換代的關鍵時刻，先有烈性炸藥問世，繼而後膛槍炮出現，對此作者沒有停留在敘述兵器的純技術層面，而是在介紹過槍炮武器的變化之後，又專設一篇談戰鬥隊形的變化，即散兵隊形取代線式隊形。之後，筆鋒一轉，又以兩場戰役為例（美國內戰中的葛底斯堡戰役和日俄戰爭中的旅順攻堅戰），說明戰鬥隊形變化

所反映的戰術變化，而戰術變化又預示了以後第一次世界大戰中將出現的那種僵持不下的作戰模式：塹壕戰。在這裡，作者筆墨中既體現軍事研究的縝密，又具有史學描述的整飭。所有這些，都是讀者可以細心體味的。

第三，作者說他是"書生談兵"，在談論兵器戰爭時總不忘其中的文化內涵，"講武不忘文"。兵器、戰爭本是殺伐之事，似與"文"無關，但戰爭本身也體現文化。書中處處找尋其文化的意義，比如在談到盾牌時，作者從盾牌上的花紋聯繫到作為歐洲貴族家族標誌的紋章，敘述紋章如何緣起於盾牌圖案。再如書中在談到日本武士時，重點就放在作為武士文化核心的"武士道"上。文武之道，有張有弛，文與武相間而談，這種寫法頗為別致。

事實上，仲丹教授最近還在做"和平學"研究。從寬泛的角度看，戰爭與和平有機地聯繫著：如果沒有戰爭，也就看不出研究和平的迫切性；如果我們對戰爭研究得透徹，分析得入微，也就能更深切地體會到化解衝突和建設和平的真正意義。這種想法就與和平研究有關。在我們今天所處的核了時代，和平已成為國際政治中的重要課題。正如本書書名《圖說兵器戰爭史——從刀矛到核彈》所示，從刀矛到核彈的演變，也應是從戰爭向和平轉換的一條軌跡。

結束本序時我還要再說到圖畫上去。如書名所示，這是一本"圖說"的書，或者說是一本圖文並茂的書，文字十餘萬，收錄圖片700多張，其中大多是第一次在國內披露，很有研究價值。近年來，仲丹教授花大量精力和財力搜集歷史圖片，在國內世界史學界，他可能是收藏相關圖片最多的人。有些搜集工作他是親臨現場、親手而做的，將實物化成了圖版。書中有不少圖片就是他去年在英國訪學時搜集的。他數次去倫敦參觀帝國戰爭博物館和各兵種博物館。在英國陸軍博物館，他充分利用館中的軍事史圖書館，製作了一批幻燈片，其中許多已在本書中顯露真容。由於收藏豐富，有較大選擇的餘地，他便能使書中的圖片既能貼切反映歷史，又精美悅人。近年來，作者出了幾本"圖說"的書，與前幾本相比，這本後來居上，更有看頭，也更值得收藏。出版社很有眼力，不遺餘力地出版這樣一本成本巨大的歷史圖片著作，實在是造福於學術界。

作者現在正年富力強，今後他一定能再接再厲，致力於研究工作，再探討一些學術界較少關注的領域，出版一些既反映歷史真貌，又能引起讀者興趣的"圖說"著作。這方面的工作大家做得多了，讀者就能被帶到一個更直觀的歷史場景中去。

目　錄

1-20
冷兵器時代

21-30
黑火藥兵器時代

31-44
近代兵器時代

45-60
現代兵器時代

冷兵器時代

　　説到戰爭，19世紀普魯士軍事理論家克勞塞維茨的觀點流行久遠：“戰爭無非是政治通過另一種手段的繼續。”這話是説戰爭是一種政治行為，是解決矛盾的一種手段。從流傳下來的原始社會後期的岩畫看來，那時就已出現了武裝衝突，甚至還有原始的部落戰爭。發生衝突當然就會有打鬥，就會有拚殺。

　　最早的衝突或許是拳打腳踢、牙咬頭撞，但發展下去，人們就會用竹木、石塊來代替手腳，作為手腳的延伸來打擊對手，這就出現了兵器。進一步發展又出現了金屬兵器，先用銅，後用鐵，給當時的戰事造成了巨大的影響。小亞細亞的赫梯人是最早使用鐵製兵器的民族，一時間裝備銅兵器的埃及軍隊竟難以抵擋裝備鐵兵器的赫梯士兵。弓箭、投石和標槍又拓展了兵器的威力，使得雙方不必近距離接觸就能作戰，尤其是英國長弓把弓箭的殺傷力發展到了頂點。

　　與進攻性兵器同時出現的還有防護性裝備，主要有供士兵穿戴的盔甲和手持的盾牌。盔甲中變化最大的是鎧甲，按用材分，有藤甲、皮甲和金屬甲；按式樣分，有片甲、鎖子甲和連體甲。歐洲中古騎士披戴的連體重甲製作最精，但因沉重不實用，很快就被棄置不用。盾牌的使用以羅馬人最為講究，眾多方形羅馬大盾舉起來就成了一面面盾牆。

　　就兵種而言，在黑火藥出現前的冷兵器時代，軍隊先以戰車兵為主力，後來因戰車自身

的缺陷而"毀車為行",以步兵為主力。與中國
戰國時趙武靈王"胡服騎射"同一時期,在世界
範圍內又出現了以騎兵取代步兵的趨勢。馬鐙
的問世對騎兵的發展至關重要,使他們能夠穩
固地騎在馬上衝殺砍伐。在以後的大約1,000年
內,騎兵縱馬在疆場馳騁,出盡風頭。蒙古鐵
騎在草原大漠萬里奔馳,所向披靡;西歐騎士
在東征路上挺矛舉劍,攻城拔寨。但到15世
紀,騎兵的地位逐漸下降,步兵得到復興,瑞
士長矛步兵一時成為騎兵的克星。

　　在火炮出現前,堅固的城牆和高聳的城堡
是難以攻克的。為了阻隔外族入侵,有的民族
還建造了綿延的長城,最有名的是中國的萬里
長城。當然有建城也就會有攻城,歷史上各國

都曾在攻城上竭盡才智:撞城槌、攻城車……
眾多攻城器械各有所長。古代最擅長攻城的是
亞述和羅馬的士兵。

　　冷兵器時代作戰注重佈陣用兵,其中最有
名的陣法有馬其頓方陣、羅馬的三列陣。中國
在陣法上也有頗多創造,巧佈"八卦"、"長
蛇",以步兵隊列陣勢打敗對手。這一時期,
從戰術上講,馬其頓的亞歷山大大帝重視步
兵、騎兵協同作戰,迦太基名將漢尼拔善用包
抄戰術,羅馬名將愷撒善於捕捉戰機,速戰速
決。在戰略上最有特點的是拜占廷人,他們講
究用謀略,希望以最小的代價戰勝對手。

　　古代海軍是划槳海軍,戰船的動力主要靠
槳手的人力,作戰方式是撞擊和跳幫。

刀矛劍戈

刀矛劍戈是指在戰爭中用來斬擊、刺殺的冷兵器。中國對冷兵器有"十八般兵器"的說法,實際種類還不止18種。冷兵器是從原始社會時的生產工具發展而來的,比如從狩獵用的石斧演變出了打仗用的戰斧。最早的冷兵器大多是石製的,後來才相繼由銅製和鐵製的兵器取而代之。

刀矛劍戈等冷兵器可以按照長短不同,分為長桿格鬥兵器和短柄護身兵器。前者的基本構造是在一根長桿上安上不同形狀的鋒刃部分,也就有了不同的用途:安上矛可以扎刺;安上戈可以鉤啄;安上斧可以劈砍;安上刀可以砍殺。後者是供距離很近時搏擊用的,屬於輔助性攻擊武器,如匕首、短劍等。到現在這些短兵器還常被當作象徵軍人榮譽和威儀的飾物。

長短不同的冷兵器可以在作戰中配合使用,"長以衛短,短以救長"。比如,古希臘的荷馬史詩中描寫,當時的希臘英雄作戰都是先在遠處向敵人投擲標槍,然後再用劍進行近身白刃戰。古羅馬軍團士兵通常隨身攜帶重標槍和劍。照德國大史學家蒙森的說法,羅馬人以"重標槍與劍配合使用,起的作用與近代戰爭中

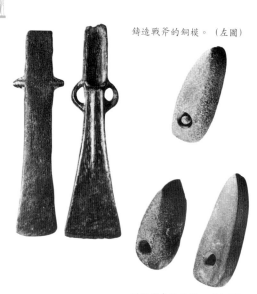

鑄造戰斧的銅模。(左圖)

原始社會的石斧。(上圖)

16世紀的日本畫,一個製刀工匠在磨刀。(右圖)

刀矛劍戈

用劍的十字軍與用刀的穆斯林作戰。

使用火槍和刺刀極為相似。標槍的投擲用來為刀劍的肉搏作準備，好像先用排槍射擊後再用刺刀衝鋒一樣"。中世紀西歐的騎士也是攜帶長矛和短劍兩種武器，以備遠戰和近戰兩種需求。

在這些冷兵器中，刀是一種單面側刃的格鬥兵器，用於劈砍。與歐洲長期使用直劍的情況不同，中國在三國時步兵已基本上以刀代劍了。因為刀的一面開有長刃，劈砍功能比劍強。宋代步兵用的刀是一種叫"朴刀"的長刀，《水滸傳》中描寫的梁山好漢許多就是用朴刀的。明代中國的刀受日本傳來的倭刀的影響，刀體較窄，呈弧形，刀尖銳利，可以減少劈砍的阻力。在刀類家

族中，短刀又稱馬刀，供騎兵用，腰刀供步兵用，長刀則供武士用雙手握柄砍殺。

日本的倭刀是造刀工藝中的佳品。倭刀刀身用熟鐵製成，刀刃是含碳量高的鋼。傳說古代的日本武士慣以犯人試新刀，而一把優質的日本刀撒手落下，會把漂浮在溪水上的睡蓮整齊地切成兩半，可見其鋒刃之利。

劍是一種既可砍殺又可刺擊的兵器。劍身挺直修長，雙面兩側有刃，頂端收聚成鋒。公元前1200年，劍就開始在西亞、埃及一帶出現。鑄劍工匠通過在劍身增加棱紋來增加其強度。古希臘重裝步兵的主要兵器就是劍。公元前3世紀

15世紀奧地利軍隊使用的各種冷兵器。

俄國畫家瓦斯涅佐夫的作品《三勇士》。三人手中的兵器分別為劍、矛、弓。

冷兵器時代

英國人用劍抗擊入侵的維金人。維金人用長矛和弓箭作戰。　　　　在法國出土的古劍。

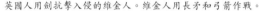

刀矛劍戈

末，古羅馬軍團使用一種稍短的重劍。據說這種劍是按照西班牙僱傭軍用的劍設計的，劍頭十分尖利。又稱西班牙短劍的古羅馬短劍既可用來刺擊，又可用來劈砍，刀和劍的功能兼而有之，殺傷力很強。據古代史學家描述，與羅馬軍團交戰的馬其頓士兵，每當見到羅馬士兵用劍把人剁成幾塊手腳分離時，都嚇得魂不附體。

　　中國春秋時期南方吳越等國的鑄劍水平很高，湧現出了一批有名的鑄劍大師，也鍛造了不少名劍。其中的"越王劍"就是越王勾踐請鑄劍名師歐冶子鑄造的，共有 5 把。有一把在1965 年考古發掘時被挖出，出土時完好如新，鋒刃銳利。吳國的名劍師干將、莫邪夫婦鍛造

的劍，是在熟鐵中加一點碳鑄成鋼劍。這種劍裝飾花紋精美，劍體堅韌，百戰而不卷刃。中國三國時劍被刀取代後，退出戰場，卻成為官員佩帶的飾物和防身兵器。

　　矛是一種用於直刺和挑扎的兵器。大約在原始社會就已出現了矛，人們把石頭或獸骨加工磨製，裝上長柄，就製成了石矛和骨矛。古代的西亞、北非各民族都使用矛作為常規兵器，波斯人還將長矛作為步兵的主要武器。馬其頓人的貢獻是把矛加長到最大限度——6米，製成所謂"馬其頓長矛"。比較特殊的矛是希臘、羅馬步兵使用的標槍，屬於投擲矛。14 世紀時瑞士的長矛兵以矛作為主要兵器，他們的長矛前三分之一用鐵製成，以防被騎兵的劍砍斷。在中國晉代以後的矛常被稱為槍。槍與以前矛的差別在於，槍的尖頭比矛更短、更尖，也更加輕便、鋒利。宋朝軍隊作戰以槍為主要兵器，那時有名的楊家將就以善於使槍見長。

　　戈是中國古代一種主要用於鉤割、啄刺敵人的兵器，由長柄和橫裝的戈頭組成。商朝時已普

中國古代戲劇場面中，戰爭雙方常用的兵器是刀槍（矛）。（左圖）

冷兵器時代

遍使用青銅戈。周武王在伐商的牧野之戰前，曾率全軍誓師，誓詞中就有讓大家舉戈的內容。從成語"大動干戈"也可看出戈與干（盾牌）已是那時打仗常用的兵器裝備。在春秋時的車戰中，戈仍然是常用兵器，但到戰國時銅戈逐漸被鐵戟代替，以後戈成了儀仗、門衛的裝飾品。

中國古代的銅矛頭。以吊人作為裝飾。

刀矛劍戈

古埃及壁畫上的戰爭場面。士兵用的是長矛。

戟是比較特殊的一種冷兵器，它把矛的直刺功能和戈的鈎啄功能合為一體。戟的前端安裝直刃用以刺殺，旁邊枝生橫刃用以鈎啄。戟比戈的殺傷力強，出現後很快取代戈成為主要兵器，它也是中國春秋時車戰的重要兵器。漢代出現了鐵戟，常被步兵和騎兵使用，東漢末的名將呂布就以善使一根方天畫戟聞名。曹操手下的大將張遼曾"披甲持戟"，猛攻孫權，嚇得孫權退到一個高地上"以長戟自守"。無獨有偶，在西方也出現過類似的戟。14世紀時一度在歐洲稱雄的瑞士步兵就曾用過一種戟。這種戟的前端有矛尖，下面是能劈鎧甲的斧頭，再下面是鐵鈎，可以用來把騎兵從馬上拉下來。瑞士方陣步兵用這種戟和長矛配合作戰，曾多次打敗其他國家的騎兵。

用於格鬥的冷兵器還有斧、棍、狼牙棒、流星錘等許多種，不過用得較少而已。

湖北曾侯墓出土的裝飾畫，畫的是手持銅戈的士兵。

長弓勁射

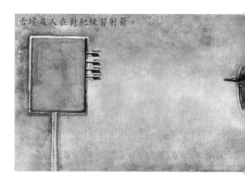

古埃及人在對靶練習射箭。

長弓勁射

弓箭是在近代槍炮出現前一種極有效的兵器，它能在較遠的距離殺傷敵人。弓箭早在原始社會後期就出現了，原來主要用於狩獵。原始弓製作粗糙，弓身用樹枝或竹材彎曲而成，叫"單材弓"。大約在公元前1500年出現了"混材弓"，用幾種不同材料拼接，弓弦用牲畜的筋腱繃緊製作。據史書記載，在羅馬軍隊圍困北非的迦太基城時，城裡的婦女曾剪下頭髮做弓弦。有的弓製作很講究，據說有的工匠做一把好弓要用幾年時間。箭頭由石頭、青銅和鐵製成。為了保持飛行方向，在箭尾還安上箭羽。士兵隨身帶有裝箭的箭袋或箭筒。為提高

箭的效用，在作戰中有時還使用火箭和毒箭。

與戈、矛這些短兵相接的冷兵器相比，弓箭顯然有優越性。中國戰國時著名的馬陵之戰，弓箭在其中就起了關鍵作用。在這場戰鬥中，齊國軍隊用計，在馬陵的道路兩側埋伏了1萬多弓弩手。當魏軍經過時，齊軍萬箭齊發，並乘魏軍混亂時出擊，大敗魏軍，取得了勝利。

在弓的基礎上裝上弩機就成了弓弩。傳說戰國時楚琴氏發明了弓弩。發射時，先將弓弦向後拉，掛在鉤上，瞄準後一扣扳機，箭就射出去了，射擊裝置有點像手槍。《孫臏兵法》中稱這種弩"發於肩膺之間，殺人百步之外"。有一種

中國山東武梁出土的畫像石，描繪了使用腳蹬裝箭的弩機。

中世紀的埃及騎兵與阿拉伯騎兵在交戰。埃及人用弓箭對付敵人的長矛。（左圖）

連弩還可以連射，諸葛亮曾改進連弩，一次可以連續發射10枝箭。弩機還有個優點是容易掌握用去，據說"朝學可以暮成"，一天就可以學會。

歐洲國家到12世紀時才使用弩機，它的弓弦在木頭架上繃成十字形，所以又稱"十字弓"。這種弓的弓架上有一個槽口，用來卡夾弓弦，上面還有一個發箭扳機。十字弓發射的初速很快，穿透力也較強。它射出的箭能穿透支鎧甲，形成大的傷口。英王理查就是被十字弓射傷後傷口潰爛而死的。1139年羅馬教皇曾頒佈一項法令，禁止在基督徒之間的戰爭中使用十字弓，十字弓只能用於對付異教徒。

一個日本武士在冒着密集的箭前進。

長弓勁射

埃及國王拉美西斯二世在與赫梯人作戰的卡疊什之戰中對敵人射箭。（下圖）

波斯皇家近衛軍身上揹着箭筒。（右圖）

為防備十字弓，歐洲騎士紛紛穿上厚鎧甲。這時在英國又出現了一種新的弓箭——"英格蘭長弓"。這種長弓是用榆木或榛木製成的，後來又改用紫杉木。這種新式弓箭雖被稱為"英格蘭長弓"，但實際上在12世紀末威爾士農民就用它來打獵了。長弓弓架特別大，比十字弓威力強，能射穿橡木板和鐵鎧甲，射程也遠得多，能射中180米開外的目標。雨水常使弩弓失效，但"英格蘭長弓"卻不怕雨，這種弓每分鐘最快可以射出6枝箭。據民間故事傳說，英國歷史上的傳奇人物羅賓漢在一次射箭比賽中，對手的十字弓還沒來得及發射，他已用長弓發射了5箭，箭箭都射中靶心。這種長弓很快就成為英國軍隊的基本武器。英國國王還頒佈詔書，命令所有的英國自由民購置並學

12世紀的阿拉伯士兵。弓箭是他們使用的常規武器。

才行。而十字弓的訓練卻只需要很短時間。

在1298年英格蘭鎮壓蘇格蘭人的一次起義中，長弓首次被用於實戰。美國電影《勇敢的心》中表現了這次戰鬥。1297年，蘇格蘭人在

長弓勁射

14世紀的英國長弓手。

會使用長弓。英國人使用長弓有一種很有效的做法，就是讓成百上千的弓箭手列隊一起對天勁射，讓無數利箭同時落在敵人的隊伍中。長弓也有不足的地方，就是拉長弓必須有很強的體力和高超的技術，需要經過長年累月的訓練

武裝的古埃及貴族。手持的兵器中有弓箭。（右圖）

威廉‧華萊士領導下舉行反抗英格蘭統治的起義。英王愛德華一世招募了一支由英格蘭騎士和威爾士長弓手組成的軍隊,派往蘇格蘭。 1298年 7 月 22 日,兩支軍隊在福爾柯克森林交戰。華萊士將起義軍佈置在沿山嶺修築的堅固陣地上。英格蘭騎士先發起衝鋒,遭受慘重傷亡後被迫撤回。接着威爾士長弓手向前推進,向蘇格蘭人的陣地發出猛烈的齊射,長弓射出的箭穿透了起義隊伍的鎧甲,華萊士的部下傷亡慘重。威爾士長弓手在蘇格蘭人防線上衝開幾處缺口後,英格蘭騎士再次發動進攻,蘇格蘭起義軍失敗了。

　　長弓的出現還加速了西歐騎兵的衰落。在英法百年戰爭的 1346 年的克雷西戰役中,英軍用長弓擊敗了當時難以對付的法國騎兵。這一年 7 月,英王愛德華三世率軍入侵法國,在法國西

張弓待射的新幾內亞土著。

亞述人在攻城。亞述步兵射箭的作用相當於後來作戰中的炮火掩護。(下圖)

在克雷西戰役中英國長弓手重創法國騎兵。圖中法軍隊伍中有僱傭的熱那亞十字弓手。

北部克雷西找到一塊合適的戰場與法軍交戰。當時英軍只有兩萬名,除弓箭手外還有 1,000 多名重裝騎兵。法軍兵力多達 6 萬,其中有 1 萬多重裝騎兵,還有 6,000 名僱傭的熱那亞十字弓手。法軍重裝騎兵在情況不明的情況下蜂擁着向戰場開去。指揮官先讓熱那亞十字弓手齊射,沒有造成英軍什麼傷亡,卻遭到英軍長弓手的還擊。頓時熱那亞人潰不成軍,退了下去。接着法國騎兵一批又一批衝入戰場,都被英軍亂箭擊退。史書中對當時戰鬥的場景描寫道:"弓箭手向法國人射出飛蝗般的箭雨,箭無虛發,不浪費一枝箭。或射人或射馬,或射頭、臂,或射腿,使得騎士坐騎不聽使喚。"廝殺持續到深夜,法軍經過十多次衝鋒,在一片小小的谷地裡,留下了一堆堆屍體。法國人死了約 1.5 萬人,其中有 1,542 名勳爵和騎士。而英軍只陣亡 200 人。

　　在英法百年戰爭的 1415 年的阿金庫爾戰役,法國騎士又敗在英國長弓兵手下。英軍在近距離密集射箭,法國騎士不是中箭身亡,就是在泥濘的地上被人踩死。這兩場戰役充分顯示了長弓的優越性。

　　早期火器出現後,弓箭還與火器並用了很長時間。因為弓箭輕便,有訓練的射手命中率也比早期火器高。直到近代火器效能提高後,火槍才逐步取代了弓箭,成為軍隊的主要兵器。

長弓勁射

盔甲興衰

盔甲是古代將士用來保護頭部、身體的防護用具。使用盔甲可以減少傷亡，提高士氣。自從軍隊出現，盔甲就隨之產生。最早的盔甲是用皮革製成的。為增強韌性，古代工匠採用在皮革上塗漆的辦法。歷史上還有用藤條製成的鎧甲。傳說中國三國時諸葛亮帶兵打仗，遇到烏戈國的藤甲兵，曾一度失利。這種藤甲是在油中浸過半年後取出曬乾，再置入油中，再取出曬乾，如此反復多次才製成的，用在戰場上刀槍不入。後來諸葛亮採用火攻才打敗了藤甲兵。

藤甲是鎧甲中的特例，盔甲大多還是用金屬製成。最先出現的金屬盔甲是銅盔甲，柔韌性較好。公元前1000年後鐵器問世，出現了用熟鐵小片製成的鱗甲。古代亞述軍隊最早使用鐵製頭盔和鱗甲。中國早在戰國後期就出現了

馬其頓國王腓力二世墓中出土的青銅脛甲和箭筒。

鎖子甲。

鐵製盔甲，代替皮盔甲沿用了2,000多年。不過清代的盔甲已是用綢布、棉花和鐵葉、銅釘製成，比較輕便。因為這時火器已普遍使用，盔甲更多注重的是校場閱兵的裝飾效果。南宋年間，南下進犯的金兵曾以披鐵甲、戴鐵兜的3,000甲士打先鋒，號稱"鐵浮圖"，作戰異常兇猛。南宋將士採取先以長槍挑去鐵兜、再用利斧砍殺的辦法才打敗了"鐵浮圖"。

在西方早期，希臘重裝步兵的盔甲都是青銅製的，鎧甲中又分為遮擋上身的胸甲和遮護腿部的脛甲。希臘人頭盔防護的範圍擴大到了臉部。青銅盔甲重量不輕，行動不方便。為解決這個問題，古希臘的雅典人想出一個辦法，把步兵分成兩種：一種是披戴盔甲的重裝步兵，用於正面進攻；另一種是不用盔甲的輕裝步兵，用於機動作

冷兵器時代

日本古代的木製鎧甲。（上圖）

中世紀歐洲的盔甲工匠。（左圖）

羅馬人的鐵匠鋪。盔甲就是從這裡打造出來的。（下圖）

維金人戴過的頭盔。

戈。在戰鬥中，重裝步兵組成方陣，作為主力衝擊對方，決定戰鬥的勝負，而輕裝步兵則不排隊形，配備在方陣前面或兩側，靈活地配合作戰。實際上在希臘軍隊中，披盔戴甲的重裝步兵看不起輕裝步兵，把他們看成是沒有見識的窮鬼，因為沒錢買不起昂貴的青銅盔甲。

羅馬軍隊也使用金屬盔甲。他們的圓頭盔很實用，可以改變受力方向，使衝擊力發生偏移，減少對頭部的傷害。頭盔上的面頰護片遮主臉，後面的護脖保護肩和脖子，防禦攻擊。羅馬軍團士兵用的鎧甲先是鎖子甲，是把一個個金屬環連綴起來，縫在結實的亞麻布或皮革上。這種鎧甲比較輕便，但防護能力較差。從公元 1 世紀開始，羅馬士兵逐漸改穿板甲。這是一種用皮帶將金屬板連在一起的鎧甲，能提

供有效的保護，但比較笨重。為減輕重量，羅馬士兵往往只是上身穿鎧甲，腿部卻暴露在外面。因為按照當時人的作戰習慣，對陣雙方應該攻擊對手的上身，不應該用短劍去刺對手的腿，所以這種暴露危害不大。

到中世紀的封建時代，西歐騎士注重保護自己，他們的盔甲非常講究。一些工匠製成了能

盔甲興衰

西歐騎士的盔甲。

墊的內衣上。在身體關節活動的部位，則由好多塊較小的金屬片組成，這些金屬片可以前後移動，以保證騎士活動自如一些。靈巧的鎧甲工匠還製成了能使五指分開的鎧甲手套。

歐洲人的鎧甲再向前發展就出現了全套連體的金屬鎧甲，把以前裸露的肘、肩等關節部位都保護起來。這大大地增強了防護效果，能夠抵擋住對手刀矛和弓箭的傷害，但卻使鎧甲重量大增，一套連體鎧甲至少重70磅（約31.75千克），有時為了防止戰馬被長矛刺穿胸膛，坐騎也要披上鎧甲，重量就更重。結果全副盔甲的騎士成了行動遲緩的笨伯，一旦被擊倒或從馬上摔下來，沒人幫助就無法站起來。原來為了加強防護，給

遮住整個頭部的頭盔，只留用於目視和呼吸的狹窄細縫。這種頭盔有突起的面罩，戴在頭上既重又悶，因此騎士常常把它放在馬鞍上，等戰鬥開始時再戴。這樣不打仗時不戴頭盔就成為一種習慣，表示這裡沒有戰爭的危險，是安全的。後來軍人戴着頭盔到友人那裡拜訪，為表示友好也脫頭盔致意。這種習慣後來演變為軍人進了房間需要脫帽的禮節。

西歐騎士的鎧甲先是盛行鎖子甲，用成千上萬很小的金屬環連接在一起，形狀像短袖襯衫。鎖子甲的缺點是沒有剛性的表面，不能把射來的箭彈回。隨着冶金技術的提高，到13世紀時工匠製成了金屬片鎧甲，用皮帶和搭扣繫在帶有襯

身着鎧甲的西歐騎士。 （右圖）

果喪失了機動作戰的能力。敗兵經常因為跌下馬來無法迅速逃跑被殺死。在1346年英法兩國交戰的克雷西戰役中，英國用很少穿盔甲的長弓兵重創了法國重裝騎兵。1萬多法國重裝騎兵屍橫遍野，而英軍僅死了200人。這一戰例預示着笨重的盔甲終將退出戰場。

在17世紀的歐洲30年戰爭期間，瑞典國王古斯塔夫首先開始在軍隊中不用鎧甲。據說，他是因身上有傷穿甲不方便而不用鎧甲，而他的步兵就仿效他，不穿鎧甲，只戴一頂頭盔，結果瑞典步兵在戰場上的機動性要遠勝過其他國家步兵。後來歐洲各國紛紛仿效，軍隊中逐步廢棄了已使用了數千年的盔甲。

有趣的是，到20世紀盔甲又以另外的形式重新受到人們重視。首先出現的是頭盔的變種——鋼盔。第一次世界大戰中，戰場上子彈、炮彈碎片橫飛，給士兵造成很大威脅。一天，一個法軍士兵正在廚房中值日，正逢德軍炮擊，彈片橫飛。這個士兵為了保護頭部，順手拿起一口鐵鍋扣在自己頭上，結果非常有效。這件事傳到法軍亞德里安將軍那裡，使他受到啟發，組織人研製出一種金屬頭盔，這就是鋼盔。鋼盔能有效地抵擋彈片，保護頭部，減少戰場傷亡。而鎧甲在今天的變種則是各種類型的防彈衣，如金屬防彈衣和陶瓷防彈衣，均能有效地減輕子彈對身體的傷害。

盔甲興衰

16世紀意大利的連體盔甲。（左圖）

重裝騎兵的全套盔甲。（下圖）

古希臘人的胸甲。（左圖）

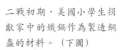

二戰初期，美國小學生捐獻家中的鐵鍋作為製造鋼盔的材料。（下圖）

盾牌如牆

　　盾牌是冷兵器作戰時代的一種手持防護器具，作用是防禦敵人使用冷兵器造成的殺傷。最初盾牌僅是固定在柳條上的一張獸皮，使用者用左手拿着或者綁在左臂上，這樣右手就可以騰出來操持兵器。最早的盾牌大約出現在距今5,000年前。在約公元前2500年的一幅西亞兩河流域的浮雕上，可以看到一隊列隊前進的士兵。他們頭戴皮盔，手持長矛，身體被齊肩高的方盾遮護着。

　　古代盾牌種類繁多，形狀多為長方形、圓形、橢圓形和梯形，背後有握持的把手。在中國發現的最早的盾牌是在河南安陽殷墟出土的，形製較簡單，盾面上繪有虎紋、饕餮紋等

古代兩河流域拉格什城邦的石雕殘片。浮雕中可見被巨大方盾保護的步兵。

圖案，用木頭或是藤條製成。到西周時期，盾牌已經成為軍隊的重要裝備。盾面多為皮質，嵌有青銅盾飾，盾面圖案或是猙獰的獸面或是威武的人面。春秋時出現了專供騎兵用的盾——旁排。旁排一般為正圓形，中央凸出，裏面有兩根繫帶，以便縛在左臂上，防備敵人射來的箭。後來出現了鐵質盾牌。《史記》中記載，秦代末年，樊噲護衛劉邦去參加項羽擺設的鴻門宴，隨身帶的就是一面鐵盾。這面盾在宴會上還被樊噲用做切肉的墊板。

　　古希臘人很早就使用盾牌。荷馬史詩《伊利亞特》中描寫，冶煉神赫菲斯托為希臘將領阿基里斯造了一面盾牌。這面盾牌"又大又結

舉矛持盾的古希臘重裝步兵。（左圖）

希臘步兵手中的盾牌與手臂牢牢地連成一體。

近代南非祖魯人所用的巨大的盾牌。

實，裝飾漂亮，用 3 層閃亮的金屬裹邊，上面還有銀質飾帶”，這種盾給人以工藝品的感覺。後來希臘士兵帶的盾牌上常有裝飾性圖案，有的是動物，有的是城邦保護神的標誌。

希臘重裝步兵都手持沉重的圓形木盾牌，他們靠一個中間裝有鐵環的把手牢牢抓住，胳膊肘再順勢抵住盾牌。作為重裝步兵，在任何情況下都不能丟掉手中的圓盾，這是一個士兵榮譽的象徵。在古希臘最尚武的城邦斯巴達，出征前母親會交給兒子一面盾牌，囑咐他：要麼握著盾牌凱旋，要麼讓人用盾牌抬着他的屍體回來。盾牌在作戰中發揮了重要的作用。有一個希臘詩人形容兩軍交戰是“腳與腳相踏，盾與盾相撞，盔與盔相碰”。

在希波戰爭中，波斯軍隊戰敗的重要原因之一是他們的盾牌太差。在戰鬥中，波斯人用的是柳條盾牌，當他們的柳條盾被擋開後就“交手搏鬥”。在搏鬥時，波斯人“抓住希臘人的長矛，將其弄斷。波斯人的勇敢和好戰精神不比希臘人差，但他們畢竟缺乏防護和訓練”。戰後波斯國王吸取這一教訓，組建了裝備盾牌和盔甲的重裝步兵。馬其頓方陣中每個步兵用的盾牌是一塊束在左肩上的小圓盾牌，近乎裝飾。原因是他們用的矛太長，需要雙手握持揮動，這樣就不能騰出手來持盾牌。

羅馬人早期用的盾牌像希臘人一樣也是又小又圓，但他們發現，在雨點般的標槍和弓箭攻

持矛舉盾的猶太國王大衛。

盾牌如牆

盾牌如牆

羅馬士兵用盾牌組成“龜甲”攻城。

維金海盜船。船舷兩側掛有成……

擊下，這樣的盾牌防護能力不強。另外羅馬士兵的常規兵器是西班牙短劍，砍殺效果不錯，但在格鬥時防護作用就有所欠缺。於是他們加大了盾牌，讓盾牌把士兵的大部分身體遮住。這種盾牌用木頭製成，上面蒙着獸皮，並包上鐵邊。羅馬人用的盾是長方形的，面積很大，被稱為“羅馬大盾”。兩軍對陣時，羅馬士兵喜歡用劍敲擊盾牌，發出一種可怕的聲音，以分散敵人注意力。對羅馬士兵來説，盾牌不僅用於防禦，還可用於進攻。在作戰時，士兵用盾牌向敵人猛撞過去，將他頂翻在地，再用劍刺死。在攻城時，羅馬人有一種做法，就是許多士兵把盾牌舉過頭頂，連成一片，形成一個像龜甲一樣的防護屏障，掩護

古埃及步兵模型。他們手中的盾牌上有多種圖案。

早期英格蘭的士兵在舉盾作戰。
（左圖）

哈斯丁斯戰役中英格蘭步兵組成盾牆。（右圖）

家伍進到城牆腳下。城裡的守軍對付這樣的"羅馬大盾",用長矛和弓箭攻擊沒有效果,就把滾木和巨石從牆頭推下去,打破這種盾牌屏障。盾對羅馬士兵來說是勇敢和勝利的標誌,軍人在戰鬥中丟了盾牌是極大的恥辱,要受到懲處,甚至要被處死。

　　在中世紀前期,北歐海盜使用的是圓形木盾。他們還喜歡用盾牌作裝飾物,把它們一排排地掛在船舷兩側。9世紀時的詩人老布拉吉寫道,這些盾牌"使人聯想到海盜出沒的森林,仿佛看見樹上的片片樹葉"。這位詩人還寫了許多有關盾牌的詩歌,其中一首內容是,他收到一個裝飾精美的盾,向送盾人表示感謝。

　　西歐人在中世紀使用的是風箏形狀的狹長盾牌。1066年,來自法國的諾曼人入侵英國,英格蘭軍隊開赴海邊的哈斯丁斯迎戰。當時步行作戰的英軍對付以騎兵為主的諾曼軍隊,採取的戰術是組成盾牆。英軍士兵緊緊地擠在一起,肩靠着肩,盾靠着盾,手裡拿着劍和斧,構成一道道盾牌壁壘。戰鬥開始後,諾曼弓箭手射箭被盾牆擋住,接着諾曼騎兵手持長矛衝鋒,也沒有成功。後來諾曼公爵威廉用計,命令弓箭手向天空射箭,箭從天上落下來,迫使英軍士兵舉起盾牌,去抵擋來自空中的箭雨。

哈斯丁斯戰役中雙方盾牌上都有紋章。

英國的亞瑟王在與敵人交戰。亞瑟王手中的盾牌上有表示自己身份的紋章。

這時諾曼騎兵乘機攻擊,才突破了盾牆。戰後諾曼人也採用這種以盾牌為牆的戰術,步兵把巨大的盾牌擋在身前,一排士兵一起移動盾牌,使敵人的弓箭手和騎兵難以突破。

　　在歐洲中世紀,盾牌上的圖案還逐漸發展成為代表家族的徽記。歐洲騎士為了自我防護,全身都披戴盔甲,結果相互之間難以辨認。為了區別敵友,他們就在自己盾牌的正面畫上圖案,以便在混戰或是比武時能很快辨認出對方的身份。這些圖案被畫成幾何、動物和花草圖形,並被塗繪成彩色。這種最早見於盾牌上的圖案後來成了被稱為紋章的家族標誌。

　　火器出現後,盾牌的防護作用開始減低。新式後腔槍炮裝備軍隊後,在戰場上再也見不到盾牌的蹤影了。

盾牌如牆

戰車飛馳

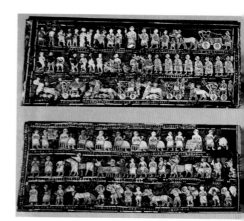
烏爾軍旗上有世界上最早的戰車圖像。

　　古代戰車是一種小型馬車，由一匹或多匹戰馬牽引。戰車最早出現在兩河流域。早在公元前26世紀，烏爾城邦的軍旗上就出現了蘇美爾人用驢拉的四輪戰車。這種戰車的車輪是用原木切成輪狀的實心輪，再釘上兩根橫木加固，比較笨重，機動性差。它的主要功能是把戰士送上戰場，而不是衝鋒陷陣。只是在兩輪的輕便馬車出現後，戰車才發揮了進攻的作用。最早製造進攻性戰車的是在小亞細亞建國的赫梯人。早期戰車用木頭製造，有的車身還覆蓋了柳條或牛皮。車上有用來盛放標槍和羽箭的筐子。通常是一人駕車，車上另有一兩個人射箭。

　　公元前18世紀，從西亞來的喜克索斯人駕

亞述戰車。

着兩輪馬拉戰車入侵埃及。這種戰車車輪上有一條條的輪輻，速度快，機動性強，有很大的衝擊力。戰車乘員一般是4人，另有駕車的馭手。埃及步兵起初敵不過喜克索斯的戰車兵，埃及一度亡國。埃及人復國後，從喜克索斯人那裡學到了戰車技術，並迅速發展起來，使戰車兵成為埃及最強的兵種。在古希臘，戰車也主要是運送戰士到戰場上，戰士們下車後再跟敵人進行白刃格鬥。

　　波斯人曾在戰車的車軸和車輪上裝上長柄大鉤刀，刀片從車軸上向外伸出，可以在滾動中削傷敵軍戰馬和士兵的腿。這樣的戰車在作戰中能"把敵人斬為兩段"。車的四周還掛上盾

牌等裝甲護具。在公元前331年的高加米拉戰役中，波斯末代國王大流士三世將200輛滾刀戰車投入實戰，以對付亞歷山大的馬其頓大軍。但馬其頓士兵採取了簡單的戰術來對付滾刀戰車，他們先把方陣隊伍分開，躲過戰車，然後再向駕車的馭手投矛、射箭，殺死馭手和馬匹，使戰車成為動不了的廢物。

像後來的坦克戰一樣，戰車之間也會相遇交戰。一旦兩支戰車部隊遭遇，各自需要排成黃向的戰鬥隊形，然後再發起進攻。交戰時，雙方首先用弓箭兵和投石兵向敵陣投射，接近時再驅車衝擊，並用長矛對刺。通常在混戰中，雙方的戰車會亂成一團，相互衝撞，碾過地上士兵的屍體和傷兵。

歷史上最有影響的一次車戰——卡疊什之戰，是在古代的埃及和赫梯兩國之間爆發的。公元前1270年左右，在戰略要地卡疊什（今敘利亞境內），埃及法老拉美西斯二世率兩萬士兵與強國赫梯的1.7萬名士兵決戰。為打贏這一仗，雙方都做了充分準備。拉美西斯二世為此組建了4個以神的名字命名的軍團，每個軍團5,000人，以戰車兵為主。赫梯軍隊的主力也是戰車兵，共擁有2,500輛戰車。赫梯人先在卡疊什埋伏重兵，然後派人故意散佈假情報，讓拉美西斯二世以為赫梯人已經離開了卡疊什。

拉美西斯二世得到卡疊什沒有赫梯軍隊防

古埃及法老圖坦卡蒙墓中出土的箱子，上面的圖案為法老駕車出征。

赫梯戰車。（上圖）

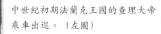

中世紀初期法蘭克王國的查理大帝乘車出巡。（左圖）

古希臘戰車。（右圖）

戰車飛馳

守的消息，求勝心切，不等其他軍團趕到，只帶阿蒙軍團就渡河趕往卡疊什，意外遭到包圍。其他埃及軍團得知消息後趕來救援。於是，在卡疊什爆發了一場戰車大戰。埃及軍隊部署在前鋒的是戰車兵，用做衝殺；第二線由 10 排重裝步兵組成，手持盾牌和長矛，形成密集的隊列前進，兩側還有戰車兵掩護；第三線仍是戰車兵，作為後衛。正是用這種以戰車為主的隊列出擊，埃及軍隊才轉危為安，穩定了戰局。這場戰役以雙方勢均力敵打個平手結束，但雙方都在碑銘中稱自己一方獲得了大勝。

在中國，早在西周時期，戰車兵就有固定的編制，兵車 1 乘，用馬 4 匹。車上有 3 人，左為弓箭手，右為長矛兵，中間是馭手，後面跟隨步

兵 20 人。春秋時期衡量一國的國力，往往以戰車數量為依據，如“千乘之國”、“萬乘之國”的說法便是。這時的戰車已分為攻車、守車和戎車 3 種。攻車是野戰車，守車是運輸車，戎車是指揮車。由於戰車兵戰鬥力強，作戰又相對安全，於是逐漸成為軍隊的主要突擊兵種。後來，交戰雙方在戰役中大量使用戰車。

《三國演義》中有一段對車戰的生動描寫。當時魏國借西羌兵來攻打諸葛亮指揮的蜀兵，西羌兵“有戰車，用鐵葉裹釘……號為‘鐵車兵’。車上遍排兵器”。臨陣時，“忽見羌兵分在兩邊，中央放出鐵車，如潮湧一般，弓弩一齊驟發，蜀兵大敗”。後來諸葛亮採用在雪地裡暗設“坑塹”的計策，引誘羌兵鐵車出動，陷

中國漢代的青銅車騎俑。

洛陽漢墓中描繪車馬出行的壁畫。

冷兵器時代

在坑裡，才打敗了羌兵。

　　從很早時起戰車比賽就已成為一項軍事體育運動。希臘人的古奧林匹克運動會上就有賽車項目，羅馬人更是熱衷於這項運動。高速飛馳的戰車在並排行駛時很容易發生事故，一旦撞車，駕車人非死即傷。但喜歡觀看血腥刺激表演的羅馬人仍對賽車樂此不疲。美國電影《賓虛》中就再現了羅馬當年驚險的賽車場面。

　　戰車在作戰中也暴露出不少弱點，如活動範圍和速度受到限制；駕馭較難，馭手不經過長時間訓練就難以勝任；在作戰中容易受地形影響，稍有阻礙就難以行進；如果拖車的戰馬驚馳，不服管束，反而會踐踏自己一方的步兵。這些弱點都影響了戰車的發展。在中國，西周、春秋時期是戰車的黃金時代，但到戰國時期，戰車已降為輔助兵種。實際上，早在春秋時，晉國的將領魏舒就曾"毀車為行"。他覺得在地勢起伏的戰場上戰車無法奔馳，於是就將戰車甲士全部改編為穿甲的步兵，與輕裝步兵混編，在作戰中取得了勝利。這是車戰向步戰轉變的開始。到戰國時趙武靈王實行"胡服騎射"，讓士兵改穿胡人的服裝，便於行動，並打破原有車戰的程式，採用騎兵作戰的方式，這更是用騎兵代替戰車兵的標誌性事件。

羅馬壁畫中的賽車圖。

希臘古風時期陶器上的花紋，圖案為戰車隊列。

亞述大軍水陸兩路出征腓尼基。陸上遠征的主力是戰車兵。（下圖）

印度古代史詩《摩訶婆羅多》中插圖表現的用戰車作戰的場景。

馬上風雲

古希臘騎兵。

　　騎兵是在馬上衝鋒殺敵的一個兵種，最早於公元前 9 世紀出現在西亞的亞述。正規騎兵最早建於古希臘。希臘北部出產良馬，為組建騎兵創造了條件。馬其頓人很重視騎兵，把騎兵分為披戴盔甲、裝備盾牌和短矛的重裝騎兵，以及配備長矛、不着盔甲的輕裝騎兵。這時還沒有發明馬鐙，騎兵要靠兩腿夾馬以努力保持平衡。有個希臘將軍注意到："騎兵在戰馬上不能保持平衡，因此就像害怕敵人一樣害怕從馬上跌下來。"

　　羅馬帝國後期，軍事體制發生了巨大變化，作為羅馬軍團核心的重裝步兵逐步喪失重要性，讓位於騎兵。在公元前378年的亞德里亞堡

955年8月，神聖羅馬帝國皇帝奧托一世率領騎兵在戰場上廝殺。（右圖）

1532年，神聖羅馬帝國皇帝查理五世率領騎兵在維也納城外擊退土耳其人。

中世紀時意大利人馴馬。

戰役中，哥特人的重裝騎兵大敗羅馬軍團，4 萬多羅馬士兵與皇帝一起陣亡。在這次戰役中，哥特騎兵發揮機動性強的特長，從側翼突襲，獲得大勝。此後，由長矛騎兵和弓箭騎兵組成的重裝騎兵成為羅馬軍隊的主力。從此騎兵在歐洲戰場上稱雄長達 1,000 年之久。騎兵的主要兵器是標槍、長矛、砍劍和弓箭等。羅馬騎兵還受到下馬步戰的嚴格訓練，他們能迅速下馬徒步作戰，而在需要時又能翻身上馬。

8 世紀初，馬鐙在西歐被騎兵廣泛使用，這是騎兵裝備的一項重大改進。由於馬鐙的出現，士兵騎在馬上有了穩固的依託，就能手持長矛，利用戰馬奔馳產生的強大衝擊力猛地刺向敵人。

9 世紀時，法蘭克王國將騎兵作為軍隊的主要兵種，並很重視騎兵的訓練。據當時的編年史家記載：在騎兵訓練營地，"許多木馬冬天放在屋檐下，夏天放在露天。新兵們先練習不帶武器躍上馬背，然後練習帶着盾和劍上馬，最後他們手持長矛也能上馬"。法蘭克人的重裝騎兵腳踩馬鐙，人與馬連為一體，使得他們的衝鋒難以抵擋。拜占廷人曾與法蘭克騎兵作戰，這些騎兵的勇悍給他們留下了深刻的印象："法蘭克人攜帶寬刀、矛槍和盾牌的騎兵衝鋒是如此可怕，以致最好的辦法是拒絕與他們膠着近戰。"拜占廷人想出的辦法是把這些騎兵引誘到荒蕪的山區，消耗他們的實力。

中世紀中期，西歐軍隊的主力是由穿戴盔甲的騎士組成的騎兵。他們是具有專門軍事技能的職業軍人，個人格鬥技巧嫻熟，裝備精良，尤其是連體金屬盔甲防護性能極好，但沉重的盔甲過於笨重，又限制了他們的作戰效能。這些重裝騎兵與穆斯林的輕裝騎兵交戰時，顯示出了各自不同的特點。穆斯林騎兵大多不用盔甲，手持長矛和彎刀，還有弓箭。

法蘭克人曾與西班牙境內的穆斯林騎兵打了近 20 年仗。法蘭克將領發現與機動靈活的穆斯林騎兵相比，法蘭克重裝騎兵十分笨拙。他決定在兩支軍隊遭遇時，讓法蘭克騎兵下馬作戰，從而擋住了穆斯林騎兵進攻的勢頭。到 14 世紀時，歐洲重裝騎兵行動遲緩的弊病日益明顯。在

19 世紀英國軍隊中的印度人騎兵。（左圖）

（右圖）

惟金人騎兵。

馬上風雲

19世紀英軍騎兵在衝鋒。
（左圖）

英法百年戰爭中兩軍出動
騎兵交戰。（右圖）

規模使用騎兵集團深入大漠，在數千里的範圍內長途奔襲，終於擊潰了匈奴騎兵。13世紀時的蒙古鐵騎是一支剽悍勇猛、善於征戰的強大馬兵。蒙古騎兵行動迅捷，長於穿插、分割敵人隊伍，再迂迴包圍，消滅敵人。

16世紀以後，隨着火器的發展，歐洲的騎兵不再用長矛，而改用手槍和馬刀。法國在16世紀末建立了步兵、騎兵兩用的龍騎兵，龍騎兵因其軍旗上有龍形圖案而得名。這種騎兵配備輕便滑膛槍，不穿戴盔甲，能針對不同情況，時而做騎兵，時而做步兵使用。此外，騎兵還細分為着鎧甲的胸甲騎兵、行動敏捷的驃騎兵、精於射擊的獵騎兵等類別。

1346年的克雷西戰役中，法國重裝騎兵被英國的長弓兵打得大敗，表明必須對這種過時的騎兵樣式進行改革。

在中國，騎兵出現於戰國時期。公元前307年，趙武靈王仿效北方的胡人，"胡服騎射"，讓士兵穿着胡人的輕便服裝，並組建了中原地區第一支騎兵部隊，使騎兵成為獨立兵種。這時，騎兵擔任的主要是警戒和機動攻擊的任務。秦漢時期，騎兵有了很大發展，統治者動輒在軍事行動中出動幾十萬騎兵。比如，平城之戰中，匈奴冒頓單于以30萬騎兵圍困漢高祖劉邦。而後來漢武帝出征匈奴，雙方動用的騎兵也多達20萬。漢朝軍隊充分發揮騎兵機動性強的特點，大

蘇俄紅軍騎兵海報。（左圖）

二戰初期，波蘭出動騎兵去抵擋德國坦克。（右圖）

冷兵器時代

中國清代騎兵。

　　18世紀中葉，普魯士國王腓特烈二世對騎兵進行了改革。他把騎術訓練放在騎兵訓練科目的首位，射擊和徒步訓練退居次要地位。這一改革使騎兵能迅速變換隊形，衝鋒後迅速集合，重新部署。拿破侖一世也十分重視提高法國騎兵的質量，對騎兵戰術做了改進。他把輕騎兵編入每個師，重騎兵則集中留做預備隊，交給驍勇的繆立元帥統領，以便在有利時機進行強有力、決定性的突擊，或在必要時掩護部隊撤退。往往是在炮兵、步兵已決定了戰場基本態勢後，重騎兵再發動突擊，給敵人最後一擊。

　　在19世紀的歐洲，由於火器不斷改進，騎兵作用迅速下降，往往是在大會戰的最後階段出動騎兵追擊殘敵。在中國清代，朝廷一度相當重視騎兵，王公貴族都以"習騎射"為時尚。但在1860年，清將僧格林沁在天津大沽口附近抗擊英法聯軍，以3,000精銳騎兵排成密集隊形衝鋒，遭到英法聯軍槍炮齊射，結果全軍覆沒。機槍發明以後更是成為騎兵厲害的殺手。到20世紀初的第一次世界大戰中，騎兵已喪失了軍事上的作用。馬匹轉而用於運輸，騎兵只能改行當步兵。在飛機、大炮、坦克面前，騎兵成了一個過時的兵種。

俄國哥薩克騎兵。

戰象巨無霸

　　在古代，動物常被用於戰爭。除使用時間最長、範圍最廣的馬匹外，做坐騎的還有駱駝，做衝撞的有牛，如中國戰國時燕國大將田單曾創出在牛角上綁刀，牛尾上點火，驅牛衝鋒的火牛陣。而作為動物，集衝陣、乘騎功能於一身的，有被稱作"獸中巨無霸"的大象。

　　大象用於戰爭最早出現在印度。據印度文獻記載，古印度軍隊有 4 個兵種：象兵、騎兵、車兵和步兵。印度孔雀王朝在戰時最多能一次徵集 9,000 頭大象。

　　象軍是作戰的主要突擊力量。身軀高大的戰象在戰場上橫衝直撞，會把敵人的隊伍衝得七零八落。象軍有自己的編組，戰象背上有一抬象轎，裡面坐著向下投矛的象兵。前後各一名趕象

印度莫臥爾王朝的皇帝阿克巴坐在象轎中出行。（上圖）

東埔寨吳哥古窟巴戎寺雕刻中的出征圖。在出征隊伍中有戰象。

英國托德上校騎象在印度鄉村巡視。他的印度隨從卻大多騎馬。（左圖）

印度戰象。

會有皮洛士戰象的羅馬陶盤。

的象奴，在象的 4 條粗腿旁還各安排一名手持刀、盾的步兵護衛。這樣幾個人就組成了一個戰鬥群體。據記載，在大的戰役中，投入的戰象往往會多達幾百頭。波斯作家菲爾多西寫的《列王紀》中描寫，突厥王有一次向波斯王宣戰，他在宣戰檄文中驕傲地宣稱："我有戰象千頭，披掛甲冑。騎兵戰馬嗅得大象氣味，都將落荒而逃。"以此逼迫對方不戰而降。

公元前326年，馬其頓國王亞歷山大在遠征印度波魯王國時，遇到印度軍隊阻攔，其中就有200頭戰象。這批戰象背上沒有象轎，由兩名象兵騎着作戰，一人馭象，另一人投矛、射箭。波魯王在"最前線佈置了一列大象，每隔大約十來丈擺一頭，以便在整條步兵防線之前形成一條戰象防線，這樣到處都可以嚇唬亞歷山大的騎兵"。亞歷山大派出步兵方陣迎擊這種從未見過的對手，步兵們用馬其頓長矛刺象身，用彎刀砍象鼻，費盡力氣才擋住這種龐大巨獸的進攻。在交戰時，波魯王本人騎在大象上親自督戰。在他受傷時，他的坐象很通人性，小心地臥在地上，讓主人下來，並用鼻子拔出波魯王身上中的標槍。亞

英國殖民者克來武接受印度王公的臣服。背景是一頭象徵印度人武力的大象。　（右圖）

歷山大手下的將領對這種新兵種的威力非常震驚，紛紛把大象編入自己的軍隊作戰。為了紀念這次戰鬥，馬其頓還專門鑄造了錢幣，圖案是騎着戰馬的亞歷山大與乘坐戰象的波魯王交戰。後來，亞歷山大手下的部將塞琉古曾再次出征印度，沒有成功。在與孔雀王朝簽訂的和約中，他同意把一大片土地割給印度，並把自己的女兒嫁給印度王，換得戰象 500 頭。

在歷史上吃夠戰象苦頭的，還有能征慣戰的羅馬人。希臘名將皮洛士和迦太基名將漢尼拔都曾用大象重創驕狂的羅馬軍團。他們的大象背上裝有高高的塔樓，裡面有投標槍的士兵和弓箭手。羅馬騎兵和步兵起初看見這些龐然大物，嚇得驚恐不已，倉皇敗退。在與皮洛士的軍隊作戰時，羅馬人還專門準備了對付戰象的戰車，車上有炭火爐、長竿。面對兇猛的大象，

羅馬士兵用麻布蘸油繫在長竿上，燃成火把，對準象嘴猛戳，但仍無濟於事。激戰了一天，羅馬兵在大象腳下死傷慘重。這次戰役後，羅馬人曾迫使對手在簽訂和約時同意不使用大象，由此可見他們對戰象的恐懼。為了讓士兵減少恐懼感，羅馬人把在戰鬥中繳獲的戰象都送往羅馬城，先在凱旋儀式上作為戰利品展示，然後再趕進鬥獸場讓角鬥士在眾目睽睽之下把它們殺死，以表示戰象實際上並不可怕。

在羅馬與北非的迦太基人爭奪地中海霸權的布匿戰爭（"布匿"是迦太基人的綽號）中，迦太基人也很重視戰象。他們的戰象都是全身披掛，象背上塔樓裡豎着長矛，大象胸前也佩着長矛，象牙上綁着短矛，身子兩側披掛着青銅護甲片，護膝甲上插着匕首。這樣的戰象衝進敵兵群中，它們身上的刀矛上下翻飛，殺傷力更大。漢尼拔在新迦太基（今西班牙）曾用 40 頭戰象為

漢尼拔大軍趕着大象越過阿爾卑斯山。

騎着大象的漢尼拔。

迦太基人的戰象模型。

進攻主力，在一條河邊打敗了 10 萬土著人。

公元前 218 年，漢尼拔率領大軍從新迦太基千里遠征羅馬，士兵們不辭勞苦地趕着 37 頭戰象跋山涉水。為了把大象運過羅訥河，迦太基人專門造了一隻大木筏和一隻小木筏，然後把兩隻木筏連在一起，上面鋪上土，讓大象踏在木筏上好像陸地一樣。當大象從大木筏走上小木筏後，再砍斷連接兩隻木筏的繩子，小木筏便被幾條小船拖曳着駛向對岸。在翻越阿爾

冷兵器時代

阿爾卑斯山時情況更艱難：迦太基士兵在險要的地方把樹木砍下燒掉，然後用水和醋浸熄火灰，使岩石變脆後用鐵錘敲碎。這樣，開出一條被稱為"漢尼拔通道"的山路，讓大象通過。一路上，漢尼拔大軍幾乎減員一半，但37頭大象卻一頭不少地帶到意大利。在遭遇羅馬人的初次戰鬥中，漢尼拔用這些戰象對付羅馬騎兵，而用騎兵去攻擊敵人的步兵，大獲全勝。漢尼拔偏愛他的戰象，在率軍進駐意大利中部名城加普亞時，他就是坐在戰象上率先進入城門，接受加普亞同盟者的歡迎的。

二戰期間日軍在緬甸用大象運輸物資。（上圖）

1875年英國王位繼承人威爾士親王出訪印度，騎象去一個城鎮。（下圖）

英國人在印度乘象獵虎。

戰象巨無霸

但時間一長，羅馬人發現大象在戰鬥中也不是無懈可擊。它們很容易四散流竄，反而會把自己一方的隊伍衝亂。對此，驅趕戰象的象奴在大象亂竄時，會用一根尖鐵刺入象的頭部殺死它。在漢尼拔與羅馬人打的最後一仗——扎馬戰役中，漢尼拔寄希望於調來的80頭大象能衝亂對方的陣列，結果讓他失望。在他下令讓戰象衝擊時，它們受到羅馬軍團號角聲的驚嚇，掉頭衝亂了自己的騎兵隊伍。另外，當大象進攻時，用斧頭從後面砍斷它的腿彎，或用塗有松脂、瀝青的火箭射中後緊貼着大象的皮肉燒灼，都能使戰象喪失戰鬥力。

布匿戰爭後軍隊已很少用大象作戰，而是利用其負重的長處運輸物資。後來大象在印度常被用做顯示威儀的來騎，或在出行時當儀仗，或被騎着去打獵。英國統治印度期間，英國有身份的王親高官去印度，免不了都要去享受一下騎大象的樂趣。

固若金湯

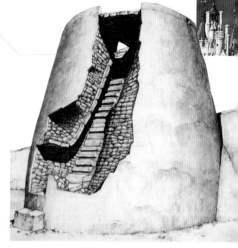

耶利哥城石塔復原圖。

耶利哥城牆的倒塌。

蒙古軍隊攻城。（下圖）

　　為了有效地就地防衛，就需要構築防禦工
事，進而在需要保護的地區四周用泥土或石頭構
築圍牆，由此形成了城防工事。世界上最早的城
防工事是現存於巴勒斯坦境內的耶利哥城，距今
已有 6,000 年。耶利哥城牆高 5 米，厚 3 米，圍
牆前有一條8米寬的壕溝。城中心有座堅固的石
塔，高 11 米，塔中央有一道螺旋形的圓梯。當
時的攻城手段對這樣的城池是無能為力的。據
《聖經》記載，逃離埃及的古猶太人在進入迦南
（今巴勒斯坦）故土時，遇到的第一個設防城市
就是耶利哥。猶太人抬着約櫃(古猶太人存放上
帝約法和誡命的聖櫃)繞着城走了幾圈，高聳的
城牆竟然自動轟然倒塌。這個沒有根據的傳說居
然被 12 世紀初的歐洲十字軍騎士信以為真，他
們在攻打耶利哥時也如法炮製，繞城走了一圈又
一圈，結果城牆當然是紋絲不動。

　　隨着攻城技術的提高以及攻城器械的改
進，城防技術也在不斷完善，出現了更高的磚
石結構的城牆。城牆上間隔一定距離構築城
樓，在城樓上可以射箭、拋石，阻止攻城部隊
攀登城牆。如果構築磚石結構的雙層隔牆，並
在裡面填進泥土，防禦效果就更好。遇到敵人
攻城時，守衛部隊就在城頭向下投滾木、石，
或是射箭、拋擲石塊。等到敵人登上城頭，就

用刀矛近戰。對攻城車、塔樓這樣的攻城器
械，守兵可用鐵鉤鉤倒它，再用火燒。在敵人
用火攻城時就倒水澆滅。總之，守城與攻城雙
方是在針鋒相對的鬥法中互爭高下。

　　古代西亞各國都精於築城，尤其是著名的
巴比倫城。全城被厚實的城牆環繞，每隔一段
距離都建有塔樓和大門。城牆前面是一條從幼
發拉底河引出的護城河，在遇到強敵進攻時，
可放水淹沒攻城的道路。城牆頂上有一條足以
讓一輛馬車自由轉向的道路，便於危急時迅速
往城頭調集兵力。古希臘人也擅長以城牆和建
在山頭的要塞來保護城市。古希臘最大的城邦
雅典離海邊的皮里優斯港還有一段距離，城邦
政府就建造了兩道長牆，從雅典直到海邊，以
確保港口的安全。

　　在世界築城史上，中國的長城是冷兵器時代
規模最大的防禦工程，全長 1.27 萬里，從戰國

中國古長城

固若金湯

巴比倫的伊斯塔爾城門。（上圖）

古希臘科林斯城邦的衛城。（左圖）

到明代，歷時 2,000 多年，經過不斷擴建、修繕
而成，其中最為有名的是秦代和明代修築的長
城。明以前的長城多用土壘，而明代長城則用磚
石修築。長城的修建充分利用了沿途的險要地
形，牆基一般選在外側陡峭、內側平緩的山坡。
在長城的許多隘口修築了堅固的關城，形成防禦
中心。長城沿線還築有各種敵台，用於防守、瞭
望。烽火台是長城上傳遞信息的建築，用硫磺、
硝石助燃烽火，一路點燃，以便及時報警。

　　無獨有偶，遠在世界另一側的英國也有一
條被稱做“哈德良長城”的邊牆。哈德良是羅馬
帝國的一個皇帝，在他統治時羅馬修築了這條邊
牆，故而得名。這條邊牆大約位於今天英國的

英格蘭和蘇格蘭之間，橫貫全島。羅馬帝國時期，不列顛（今英國）是帝國最西面的省份。當時不列顛北部的部落民仍是獨立的，不時會南下騷擾。公元122年，哈德良來不列顛巡視，決定在邊境修一道邊牆，把羅馬人和北方部落民隔開，這就出現了"哈德良長城"。這條邊牆全長128千米，遠不能與中國的萬里長城相比。它大部分用石塊建造，城牆兩邊各有一道壕溝，是羅馬3個軍團花了將近10年時間建成的。邊牆每隔一段距離建有城堡（供衛兵居住）和塔樓（用於瞭望），有約1萬羅馬士兵常年駐守。"哈德良長城"修好後，當地局勢也就穩定了下來。

公元4世紀，羅馬軍事理論家維該提阿其寫了《羅馬軍制》一書，其中提到建築城防工事的重要性。他提出，城防工事分為天然的和人工的兩種，前者利用自然存在的險峻地勢和河道為屏障，後者則以人力修築城牆。他主張，防禦城牆要築成凸凹不平的形狀，以對抗敵人撞城槌的衝擊，還要在城牆拐角的突出部修築一些彼此可以相望的塔樓，用來居高臨下，監視攻城行動。

中世紀時期，歐洲的封建主熱衷於建造石頭城堡。一般是造一座堅固的石頭塔樓，周圍以石頭圍牆環繞，圍牆上建有一些較小的塔樓。而

哈德良長城。

古代猶太人的一個城防要塞。

一些更好的城堡則建造兩道圍牆，一道在內，一道在外。這就意味着設置了3道防線：外牆、內牆和主塔樓。兩道圍牆不僅為衛兵提供了兩個射擊平台，還為敵人設置了兩道前進的障礙。外牆比內牆低，這樣內牆上守軍射出的箭就會安全地從外牆上士兵的頭頂飛過。守城者有時還把煮沸的油從城頭潑向下面的敵人。

中世紀早期，從北歐來的維金人曾圍攻過巴黎城，使用了各種攻城器械。維金人先用雲梯攀登城牆，被趕了下來。他們又試圖用鶴嘴鋤挖城牆，但是從城頭倒下的滾油和燃燒的樹脂燒毀了掩蔽物。挖牆的人被燒傷，不得不跳進護城

1377年英軍進攻法軍堅守的莫塔尼城。圍城長達6個月。

河。接着，維金人又從下面挖地道，守衛者向地道口扔檑木、滾石，使維金人無法利用地道。維金人又填平護城河，將3台撞城槌推到城牆邊，開始撞牆，但守軍從城上放下橫樑，緊緊地卡住撞城槌。守軍又用拋石機發射石塊，砸毀了掩護攻城者的棚子。最後，維金人無計可施，只好放棄攻城。法國教士修瑞曾描繪了他親眼看到的一場守城戰。1111年，敵人對法國的皮賽城堡發動了圍攻。"在城堡裡面，一陣陣箭雨向我們傾瀉而來。敵人拼命想攻破大門。我們準備了車子，上面裝着大量乾柴，塗滿豬油，為的是能迅速燃燒。我們拚足力氣把這些車子推向大門，用大火擋住敵人"。從這兩場戰事可以看出在黑火藥發明前士兵是怎樣守城的。

英國沃克沃思城堡內部剖面圖。（上圖）

法國的索米爾城堡。（左圖）

1204年，十字軍圍攻君士坦丁堡。（右圖）

攻無不克

攻、防是戰爭母體產下的一對孿生兄弟，有築城就一定會有攻城。守衛者希望城池固若金湯，而攻打者自然也希望攻無不克。這是一對矛盾，攻守雙方到底誰佔上風，關鍵要看哪一方技高一籌。"工欲善其事，必先利其器"，為了能攻克城池，就需要有專門的器械。在火炮問世前，已經出現了不少攻城器械，按照這些器械功能的不同，可以分為遮擋式、攀登式、接通式、偵察望式、抵近摧毀式、遠距離攻擊式6大類。

遮擋器械具有護身防禦的作用，以減少和避免攻城士兵受到傷害，主要是各種攻城戰車，戰車外面蒙上牛皮，可以抵禦城頭箭石的攻擊；攀登器械主要是雲梯，供士兵登城作戰用；接通器械用於讓士兵接近城頭，以便登牆作戰，主要是用來與城頭相接的高高塔樓；偵察望器械有望

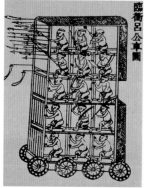

臨衝呂公車圖。

樓，用於在高處俯瞰城裡的動靜；抵近摧毀器械主要是撞城槌，用來摧毀城基，打開城門；遠距離攻擊器械有拋石機、巨型弓弩等。有些攻城器械還是綜合性的，一種器械有着多種功能。如中國古代有一種攻城器械叫臨衝呂公車，就有多種用途。這種車高5層，每層之間有梯子用於上下，外面用生牛皮覆蓋，車內配有各種武器和破壞用具。攻城時，士兵將車推至城牆腳，登上車

法國女英雄貞德指揮法軍攻打奧爾良城。

冷兵器時代

撞城槌。（上圖）

用弩箭掩護攻城。（左圖）

裝有活動支架的攻城器械。

箭手站在塔樓頂上向城頭的敵人射箭。在箭雨掩護下，放下塔樓上的吊橋，進攻士兵順着吊橋衝上牆頭，與守軍近戰搏鬥。塔樓上有時還裝有水箱，可以用來滅火。亞述人用的撞城槌通常是一根裝有鐵頭的樹幹，裝在輪子上，用它猛撞城牆或城門。最大的撞城槌據說需要上百人一起用力才能推動。亞述人還有一種攻城方法：在城牆下挖地道。但守城者也會反挖掘，挖出的地道與這些地道相通，可以把挖地道的攻城者趕出去。如果一個城市的防禦特別牢固，亞述人也會放棄強攻，很有耐心地在城四周建起高大的土牆和堅固的堡壘，封鎖這座城市，讓城內守軍缺糧，以此逼迫守軍投降。

公元前 4 世紀的馬其頓國王亞歷山大也是精於攻城之道的。他在東征的征途中曾兩次攻城，儘管耗費了不少時間和精力，但都取得了成功。當時腓尼基的推羅是古代世界少有的堅城，這座城建在一個島上，城牆高聳，防守嚴密，因此守軍敢於與亞歷山大大軍對抗。公元前 332 年，亞歷山大指揮下屬的馬其頓、希臘聯軍攻城。亞歷山大先下令修築了一條通向島上的長

攻無不克

頂設置的天橋，衝到城上與敵人搏鬥；車下面有撞城槌，可以撞壞城牆。這種車就兼有遮擋、接通、抵近摧毀等多種功用。

在公元前 8 世紀，西亞的軍事強國亞述之所以能征服許多鄰國，就與亞述人善於攻城有很大關係。在亞述軍隊中，有一支專門用來協助攻城的工兵部隊，他們配備有專門的攻城器械，如移動式塔樓和重型撞城槌。攻城時，弓

攻城部隊的臨時營房。

用於攻城的拋石機。

猶太人憑險據守的馬
薩達城堡。（下圖）

堤，然後用海軍圍困這個島，將推羅的艦隊封鎖在港內。他還在堤道上修建高塔，安裝拋石機，不停地向城頭拋擲石塊。最後亞歷山大的艦載撞城槌在城牆上撞開了缺口，士兵們蜂擁而入，攻下了推羅城。這場攻堅戰耗時長達8個月。不久，亞歷山大大軍在加沙要塞受阻，又爆發了一場攻城戰。在這次攻堅戰中，亞歷山大在接近城牆的地方臨時堆起一座土台，在上面安裝了幾架拋石機，用來掩護土工作業，然後再讓人加高土台，等土台修到與城牆一樣高時，攻城部隊就從土台上登上城頭。

古羅馬軍隊早期的攻城技術比較落後，他們通常採用的是長期圍城這樣的持久消耗戰。公元

羅馬人用各種器械攻城。

前146年，北非的迦太基城就是在羅馬人圍城3年後陷落的。後來羅馬人的攻城技術逐漸完善起來，在羅馬軍團中配屬有工兵部隊，能夠熟練地架設橋樑，安裝攻城器械。羅馬名將愷撒就創造出一整套攻城作戰的方法。羅馬軍隊先是安營紮寨，以兵營作為攻城作戰的基地，然後偵察敵人的防禦情況。攻城時先架好攻城器械，再在城牆

冷兵器時代

邊修築攻城平台，士兵從平台跳上城牆。圍城部隊有時也建造臨時的長牆，甚至修建兩道圍城牆壘，以分別阻擋敵方援軍和守軍。羅馬人在攻城時常常使用弓箭和弩炮發射火箭，火箭上的燃燒材料有硫磺、鬆脂、瀝青等。

羅馬軍團攻城的著名戰例是進攻猶太人的馬薩達城堡。這個城堡建在耶路撒冷附近一個小山頂上，三面都是懸崖峭壁。城堡中儲藏了大量食物，還修建了引水渠。公元 72 年，近千名猶太人起義，反抗羅馬統治。他們在此憑恃天險，抵亢羅馬人。面對這個罕見的堅固堡壘，羅馬軍團七造一道圍牆，把整個城堡團團圍住，切斷守軍的退路，只有一條小道通往山頂。羅馬人先把這條小道拓寬成一條較為平緩的斜坡，以便把攻城器械運上去。修路用了6個月時間，終於把攻城器械送到城堡前。攻城時，羅馬人用密集的弓箭、石塊和標槍掩護，準備了160架拋石機向城堡裡扔石頭，再用撞城槌撞開城堡大門。猶太守

使用拋石機攻城。

軍則用滾燙的油和瀝青向下潑。城堡裡面還有用土木壘成的第二道牆，在這裡用不上撞城槌，羅馬人就用火攻。最後羅馬士兵藉助雲梯攻下了內堡，絕望的守軍全部自殺。

與上古時期相比，中世紀前期的攻城還是沿用這些方式，但等到火藥發明以後，青銅大炮顯示出了巨大的威力。以前守軍能夠憑藉堅固城池堅守幾個月甚至幾年，但在大炮的轟鳴聲中，很可能幾個小時就城破兵敗。這就給城池的攻防提出了新的亟待解決的問題。

用雲梯攻城。

羅馬士兵在攻打城門。

攻無不克

亞述神威

亞述神威

　　古代世界中，亞述是第一個以武力立國的軍事強國，它存在了好幾百年，公元前8世紀以後不到200年的時間，是它最輝煌的時期，它佔據的核心地區是今天伊拉克的北部。但隨着對外擴張，亞述疆域在不斷擴大，版圖最大時東至伊朗高原，西抵地中海，北達高加索，南接尼羅河，成為一個龐大的帝國。亞述人擅長雕鑿有關歷史內容的淺浮雕，流傳至今的石雕作品不外乎兩個主題：戰爭和狩獵。戰時要不停地出征打仗，平時就把狩獵當作戰爭遊戲來演習。

　　亞述擁有當時世界上最完善的軍事制度。公元前8世紀中期，亞述已在全國建立了一支職業化的常備軍。最精銳的部隊住在王宮附近

亞述步兵。

的營房裡，周圍建有泥磚工事，旁邊還有高高的崗哨塔樓。

　　鐵具有堅硬和柔韌的特性，用來製造兵器十分合適。亞述人很早就認識到這一點，他們的軍隊除青銅兵器外還配備了鐵製兵器，士兵都身着鎧甲。亞述軍隊以兵種齊全著稱，有戰車兵、騎兵、步兵和工兵，並注重各兵種協同作戰。兵種配合的比例是200名步兵配10名騎兵和1輛戰車。步兵主力由標槍兵和弓箭兵組成。亞述的弓箭兵組織嚴密，弓的威力很強，箭頭是鐵質的，命中率也極高。

　　這支軍隊的主要進攻力量是用馬牽引的雙輪戰車，機動性很強，它的任務是在敵人步兵隊伍中衝出一條路來。戰車兵的武器有遠射的弓箭和近攻的長槍、短劍。據說亞述戰車兵相當有威力，《聖經》中記述了亞述軍隊滅亡以色列國的經過，書中這樣描寫戰車兵："他們的箭快利，弓上弦，馬蹄硬如堅石，車輪好像旋風。"

冷兵器時代

亞述四人戰車。（左圖）

亞述投石兵。（下圖）

史上組建了工兵，專門從事開路、架橋、築壘和建城的工作。在崎嶇山地開路可以使戰車隊順利無阻地通行。公元前714年，亞述國王薩爾貢二世出征時曾經歷了"艱難的行軍"。他描寫道，他的軍隊先進入"森林密佈的山區，行軍極其可怕，就像在雪松林中行軍一樣，見不到一絲陽光"。由於地形"崎嶇不平，馬和戰車都難以行駛，步兵也感到道路太陡峭"，這時工兵"擊碎了半邊高山，開出了一條好路"。工兵架橋的速度很快，他們先把充滿氣的皮囊連接在一起，排在水面上，然後在上面鋪設木板或樹枝，就建成了浮橋。

亞述神威

亞述是最早把騎兵作為戰鬥力量的國家。騎兵在亞述軍隊中佔的比例不大，但騎兵的戰術訓練嚴格，裝備精良，在作戰時能增加軍隊的機動作戰能力。當時還沒有發明馬鞍和馬鐙，騎兵在馬上只能曲着雙腿，緊夾住馬身，以便在馬背上坐穩，因而衝擊力還不強。亞述帝國末期，騎兵有了簡易的馬鞍，騎手活動能夠比較自如一些。

在兵種建設方面，亞述第一次在世界軍事

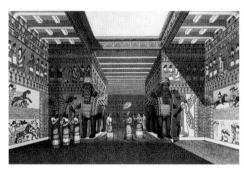

亞述宮殿的復原圖。

亞述步兵與阿拉米亞騎兵交戰。阿拉米亞人兩人合騎一匹駱駝，一人射箭攻擊，另一人揮矛掩護。

亞述軍隊在進攻猶太人的萊基城。

在軍事組織上，亞述讓戰車兵、騎兵、步兵和工兵協同作戰，把裝備最好的部隊佈置在陣前，以增加進攻的銳勢，把體弱的士兵和裝備較差的部隊佈置在後面，以揚長避短。戰鬥時，弓箭手先射出雨點般的箭，給敵人造成嚴重的混亂，然後戰車徑直衝出，插入敵軍步兵隊伍，騎兵再從兩側包圍，聯合作戰，廝殺一番後結束戰鬥。另外亞述人出征大都採用閃電戰，進軍神速，不給敵人充分應戰的時間，往往敵人還來不及聚集，戰鬥就結束了。

使用恐嚇戰術是亞述軍隊取勝的重要手段，這稱得上是世界上最早大規模採用心理戰。亞述人在攻佔一座頑強抵抗的城池後，往往會把城裡的男女老少斬盡殺絕，對敵國國君和貴族處罰也很殘忍，用盡各種殘酷的手段。有一次亞述人在打敗鄰國赫梯的軍隊後，把14,400名戰俘都刺瞎雙眼，賣作奴隸。亞述國王那西爾帕二世曾在銘文中記述自己的暴行：“我把敵人的屍體堆滿山谷，直達頂峰。我砍掉他們的首級，用人頭裝飾城牆。我把他們的房屋付之一炬，在城門前我建了一堵牆，牆面包上由反叛首領身上剝下來的皮。我還把一些人活着砌進牆裡去。”僥倖活下來逃難的人把這些駭人聽聞的暴行傳遍四面八方，其他城市的人知道後，都因畏懼而不敢與亞述強大的軍隊對抗。

亞述軍隊正在毀壞被攻克的城市，搶走財物。

亞述人創作的獵獅浮雕。

亞述書吏在登記搶來的財物。（右圖）

冷兵器時代

亞述神威

公元前 722 年以色列亡國，大批居民被亞述人遷走。

被俘的外國君王在亞述國王面前俯首表示臣服。（右上圖）

辛那赫里布國王攻下拉格什城後下令摧毀這個城市。（右圖）

　　後來亞述改變了燒殺搶掠的殘暴行徑，對被征服地區實行強制移民，也就是把那裡的大多數居民強制遷走，分散安排到其他被征服的地區，然後把空下來的地方讓亞述人居住，或是把另外一些地區的居民遷來。在安置時盡可能將各種不同語言和出身的人安排在一起，使他們不容易聯合起來反抗亞述統治者。公元前 722 年，薩爾貢二世滅亡了以色列國，擄走了近 3 萬人，然後再把別的被征服地區的人遷到那裡。被遷走的以色列人是猶太人 12 個部落中的 10 個，後來下落不明，這就是猶太人歷史上失蹤的10個部落之謎。

　　亞述許多國王征戰一生，有時連他們本人也手執兵器上戰場浴血廝殺。公元前691年，辛那赫里布國王率亞述大軍迎戰埃蘭（今伊朗西北部）和巴比倫（今伊拉克南部）聯軍，在銘文中他這樣描述道：“我身穿戰袍，戴着王盔；我憤怒地乘着我的戰車，把敵人紛紛撞倒。我一手握戰神給我的弓，一手持尖銳的長矛，高聲大呼，如春雷滾滾。我像雷神一樣咆哮、怒吼，抵擋住敵人的攻勢，成功地包圍住了敵人。”語氣中流露出以征戰廝殺為樂的暴虐心態。

　　儘管佔有軍事技術上的優勢，但亞述一味推行殘暴的征服政策，它的強權統治也難以長久維持。公元前 612 年，鄰近的米底和迦勒底人聯合起來滅亡了亞述，在它的國土上建立了新巴比倫王國。

希臘兵制

希臘
兵制

雅典首席將軍伯里克利,頭上戴着將軍盔。

古希臘以其輝煌的文明在人類歷史上佔有崇高的地位,它除了有昌明的文治,還有強盛的武功,在公元前 5 世紀,古希臘是當時地中海世界數一數二的軍事強邦。古希臘之所以在軍事上能夠稱雄,與它獨特而完善的軍事制度有着密切的關係。

在希臘境內,有兩個城邦軍事力量最為強大,這就是雅典和斯巴達。雅典被稱為"希臘的學校",對希臘文明的創建貢獻很大,而斯巴達則是尚武輕文。不過這兩個城邦在兵制上有相似的地方,這就是都實行公民兵制度。那裡的每一個男性公民,只要年齡在18～60歲之間,都有義務為城邦服兵役。但不同之處在於,雅典公民當兵是短時期的,在戰時應召出征,平時則各安其業。這就使得雅典軍中的士兵經常是年近 60 的老人與年輕人站在同一個隊列中。而斯巴達卻不同,每個斯巴達公民都是終身的職業兵,他們由奴隸供養,職責就是"征服或戰死"。儘管雅典軍隊帶有民兵性質,但雅典的士兵仍然武藝高強,作戰勇敢,多次在抵擋波斯大軍入侵的作戰

身着盔甲的雅典公民兵。（下圖）

希臘的戰車兵和步兵。（左圖）

全副披掛的希臘軍人。腿上有脛甲，頭盔上的羽飾代表着他們所屬的城邦。

荷矛肩盾的希臘重裝步兵。

希臘兵制

備，包括盔甲、盾牌和長矛、短劍。他們排成行，組成方陣，盾牌挨着盾牌，作戰時快步衝向敵人。因為他們身上的裝備較重，一般在離敵人一兩百米的地方才開始衝鋒。在第一陣衝擊之後，很多人長矛的尖頭會折斷，就繼續用隨身攜帶的短劍殺敵。

公元前 490 年，雅典的重裝步兵與入侵的波斯軍隊在馬拉松打了一仗。雅典士兵作戰勇敢，舉着長矛向不穿鎧甲的波斯人猛刺。這一仗雅典以少勝多，士兵中只有 192 人陣亡，而波斯的損失高達 6,400 人。獲勝後雅典軍隊指揮官派了一名善跑者回雅典城報信，這名信使在跑回報捷之後就累得倒地身亡。為紀念這位信使，後來的奧運會就以他跑過路程的距離設立了名為"馬拉松長跑"的體育項目。參加過馬拉松戰役

希臘陶瓶畫上的騎兵。

獲勝。公元前431年，雅典著名政治家伯里克□在為陣亡將士舉行國葬的典禮上，曾盛讚本邦□軍事制度："從孩提時代起，斯巴達人就受到□艱苦的訓練，使之變得勇敢。在我們的生活中□有這些規定，但是我們和他們一樣，可以隨時□敢地對付同樣的危險。"勇敢、真誠被當作雅□軍人必須具備的美德，第一次出征的雅典士兵□要宣誓："我決不辱沒自己攜帶的神聖武器，□永遠不拋棄自己的戰友。"雅典大哲學家蘇格□底一生3次從軍參戰，曾兩次在戰場上救出身□重傷的戰友。

在雅典，因為從軍者的武器裝備都是自備□，這就使得各人由於經濟條件不同所服兵役□種類也不一樣。富有的人在人數不多的騎兵□服役，窮人去當裝備簡單的弓箭手或投槍□，而大部分公民則去當作為雅典軍隊主體的□裝步兵。這些重裝步兵要為自己添置全套裝

法國畫家德加的畫作描繪了尚武的斯巴達男女青年在運動場上訓練的情景。

的雅典軍人也有一個榮譽稱號——馬拉松戰士。

與雅典相比，斯巴達更是一個尚武的城邦。在斯巴達不僅所有男子都要當兵，連不從軍的婦女也要經常上運動場參加體育鍛煉，目的是為生育出健壯的嬰兒。為了使每個斯巴達人都能成為合格的戰士，據說嬰兒一出生就要接受城邦中長老的檢查，體弱殘疾的要被扔進山谷，聽其夭亡，只允許強健的嬰兒活下來。體檢合格的男嬰7歲前由母親撫養，母親要對兒子進行體質和意志的訓練，如用烈酒洗澡，不許挑食，把孩子留在黑屋子裡，培養忍受孤

獨的能力。從7歲起男孩便進軍營集中訓練，項目有競走、格鬥、拳擊、擲鐵餅、投標槍等。為了鍛煉他們的耐力，還要讓他們蓄短髮，終年赤腳，穿粗糙的衣服，晚上睡在自己編的草墊上，並定期在神廟裡接受鞭打。捱打時不許哭喊、呻吟、逃避，據說有的孩子直至被打死也一聲不吭。青年男子即使在結婚後仍要同自己的戰友同吃同住，只能有時在夜間與妻子幽會。這樣近乎野蠻的嚴格訓練使斯巴達重裝步兵被公認是全希臘軍事素質最高的士兵。

在斯巴達，每個男子都是重裝步兵。他們用帶鐵頭的長矛和雙刃短劍攻擊敵人，用鑲銅圓盾、鐵製頭盔、金屬胸甲和皮革護脛保護自己。據說其

向敵陣前進的希臘士兵。（左圖）

巴達重裝步兵是合着笛聲以有節奏的步伐衝向敵人
的。歷史學家普魯塔克這樣描述斯巴達重裝步兵：
他們以無隙可乘的陣形向敵陣挺進，沒有絲毫猶
象，平靜而快樂地步入險境之中。"

　　在希波戰爭中，抵抗波斯侵略軍的溫泉關之
戰展現了斯巴達人的悍勇。公元前480年，波斯
國王薛西斯率50萬大軍到達扼守中希臘的溫泉
關。這時趕來守衛溫泉關的希臘聯軍有7,200
人，核心是300名斯巴達重裝步兵，他們由斯巴
達國王列奧尼達統率。斯巴達人鎮定自若地迎
戰，有人向列奧尼達報告，來的敵人數量多到他
們射箭的時候會把太陽遮住，列奧尼達回答：
"那就讓我們在陰涼中與敵人作戰吧！"

陶瓶畫上重裝步
兵在捉對廝殺。

陶瓶畫上表現的是被希
臘人打敗的波斯人。

希臘兵制

斯巴達人的青銅
像。（右圖）

法國畫家大衛的名作《斯巴達三百壯士》。表現的是列
奧尼達率部在溫泉關與波斯軍隊浴血奮戰。

　　在波斯軍一再進攻失利後，薛西斯出動被
稱為"不死隊"的波斯精銳部隊，結果也無濟於
事。後來靠一個希臘奸細帶路，波斯軍隊從小路
繞到守軍背後。列奧尼達看到腹背受敵的不利處
境，就讓其他希臘城邦軍隊撤退，自己親率300
名斯巴達人殊死抵抗。"他們大多數人的長矛折
斷了，於是便用刀來殺波斯人。在這次苦戰當
中，英勇奮戰的列奧尼達倒卜了，和他一起倒下
的還有其他斯巴達人"。後來希臘人為了紀念在
溫泉關戰役中陣亡的斯巴達將士，在那裡立了一
塊紀念碑，上面刻着這樣的銘文：

　　過客啊，去告訴斯巴達人，

　　我們矢忠死守，在這裡粉身碎骨。

伊蘇會戰

亞歷山大。

亞歷山大率

　　伊蘇會戰是公元前333年馬其頓國王亞歷山大與波斯國王大流士三世之間的一場決戰，結果是亞歷山大以少勝多，獲得勝利。在亞歷山大率軍東征中，馬其頓與波斯兩國間大規模的決戰前後共有3次，伊蘇會戰是中間的一次，前一年有格拉尼庫斯戰役，後兩年有兩國國王再次在戰場上交鋒的高加米拉戰役。這3次戰役的結果都是一樣，波斯大軍連遭敗績。最終逃亡中的大流士三世被他的一個總督所殺，波斯全境也就成為龐大的亞歷山大帝國的一部分。

　　在接二連三的交戰中，伊蘇會戰是比較有代表性的一次。從軍隊數量上來說，大流士三世顯然佔有優勢，波斯大軍人數超過12萬人，

而亞歷山大率領的馬其頓－希臘聯軍只有3萬多人。但若要論到質量，則是亞歷山大具有優勢。亞歷山大的軍隊在當時裝備和訓練最為精良，兵種上輕裝、重裝步兵和輕裝、重裝騎兵齊全。亞歷山大的父王腓力二世創建的"馬其頓方陣"是馬其頓軍隊的主要打擊力量。方陣由雙手緊握超長長矛的步兵組成，他們排列成密集的隊形，一排排長矛形成密密麻麻的"矛牆"，用來同時刺擊敵人。雖然這種方陣的機動性差，但它有強大的衝擊力。而馬其頓騎兵則主要是重裝騎兵，披戴盔甲，攜帶短矛和盾牌，馬具裝備則比較簡陋，當時的騎兵還沒有使用馬鐙、馬鞍，也不釘馬掌。不過，雖然不

《伊蘇會戰》壁畫上的大流士三世。

《伊蘇會戰》壁畫上的亞歷山大。

冷兵器時代

亞歷山大在格拉尼庫斯戰役中帶兵渡河。

用馬鐙等馬具，但由於訓練有素，這些騎兵仍能在近戰中穩穩地騎在馬背上。當騎兵用短矛刺擊時，一旦刺中敵人立即放手，以免刺中敵人的反衝力會使自己摔下馬來。亞歷山大在作戰中不把步兵和騎兵單獨使用，而是讓他們相互配合，協同作戰。而波斯軍隊的素質就要差得多，騎兵大多是輕裝騎兵，衝擊力不強，步兵慣於單兵作戰，以投槍、弓箭作為殺敵的主要武器。另外，波斯軍隊中許多人來自被波斯征服的民族，並不甘心為波斯人打仗，倒是波斯軍隊中的希臘僱傭軍戰鬥力比較強。

會戰的地點伊蘇在今天敘利亞的北部，當時是波斯屬地。戰場是在山區和大海之間的一

小塊狹窄平地上，這裡並不利於作戰，對人數佔優勢的波斯軍隊更為不利一些。本來大流士三世可以在對他有利的大平原上等待決戰，但他不願在曠野的營帳中久等，故而主動進軍，迫使亞歷山大在這裡與他決戰。大流士三世先發制人，悄悄地率領大軍佔領了伊蘇城，殺死留在城裡的馬其頓傷員，然後迂迴到亞歷山大軍隊的後路，企圖切斷馬其頓軍隊的交通補給線。亞歷山大得到消息後沒有驚慌，立即召集指揮官，說明波斯軍隊的士氣不如他們，“這一仗將是自由人和奴隸之間的大搏鬥”，勉勵將領們鼓起勇氣，相信他亞歷山大能在戰略上與大流士三世一決雌雄。他講完後，將領們都圍着他，握着他的手，表示對他的信任。

亞歷山大於是命令部隊後轉，在行軍中逐漸展開戰鬥隊形。大流士三世的波斯大軍沿着一條河水很淺的小河列陣，右翼兵力強，左翼由

亞歷山大的部將德米特里。

亞歷山大在縱馬殺敵。

亞歷山大率軍遠征的營地，在

伊蘇會戰

雜牌步兵組成，兵力較弱。亞歷山大注意到敵人
的兵力部署，就把機動性強的騎兵調到右翼，面
對波斯軍隊薄弱的左翼。臨戰前，亞歷山大還注
意鼓舞部隊的士氣，他縱馬奔馳在隊列前面，大
聲號召將士們要做忠勇的男子漢。他能叫出不少
人的名字，而他的部下則從四面八方扯開嗓門對
他發出呼應，可以説是士氣高昂。

　　等騎兵和方陣步兵進入進攻位置後，波斯軍
隊的人馬就在眼前，亞歷山大立刻命令騎兵猛撲
到河邊，快速搗向波斯軍左翼。步兵方陣緊隨在
騎兵之後，向波斯軍陣的中路進攻。按照慣例，
波斯國王在中路坐鎮指揮。交戰一開始，波斯軍
隊的左翼就頂不住了，開始後撤。但在運動中馬
其頓的步兵方陣中出現了空隙，波斯步兵中的希
臘僱傭軍看到這一情況，很快衝過來插進馬其頓
方陣中，想把馬其頓方陣兵壓向河邊。而馬其頓
人絕不後退，奮力拚殺，戰鬥非常激烈。馬其頓
方陣兵處於不利的境地，不少人陣亡。這時，亞
歷山大率領右翼的騎兵趕來增援，從側後向希臘
僱傭軍進攻，改變了戰局。

波斯人使用過的盾牌。

冷兵器時代

波斯近衛軍士兵。

這幅畫描繪的是高加米拉戰役的戰況。（上圖）

　　在戰鬥正酣時，大流士三世竟帶着少數隨從從戰場上逃脫，他先是驅車逃命，後來路不好走，就騎馬逃之夭夭，把自己的弓箭、盾牌和王袍連同坐車一起扔掉。他的母親、妻子和兩個女兒也被丟下，做了俘虜。主帥臨陣逃脫，軍隊群龍無首，波斯騎兵迅速撤退。不一會兒波斯軍中路的步兵也不戰而退，馬其頓軍窮追不捨，許多波斯步兵、騎兵被砍殺。

　　第二天，馬其頓軍佔領了大流士三世的軍營，繳獲了大批武器、財寶。當亞歷山大見到大流士三世的豪華營帳時，讚不絕口，驚嘆道："這才像個國王！"此後，亞歷山大很快成為波斯帝國廣大疆域的主人，以這裡為中心建立了遼闊的亞歷山大帝國，並仿效波斯國王，安享東方君王的尊榮。他給人寫信稱："今後寫信給我，要把我當成亞洲之王，不准用對等的口氣！"

　　在軍事上，亞歷山大在伊蘇戰役中成功地發揮了合成兵種作戰的原則，將重裝騎兵和方陣步兵巧妙地配合使用。本來馬其頓軍隊的主要打擊力量是方陣步兵，而他在這一戰中卻主要依靠騎兵，發揮騎兵機動性強的特點，將5,000重裝騎兵作為突擊力量，在適當的時機，全部用在敵人薄弱的部位，以擊潰敵軍一翼。而騎兵隨後又在關鍵時刻趕來，與步兵配合，在局部地區形成優勢兵力，打敗敵人，終於取得了勝利。

意大利藝術家委羅內塞的畫作《亞歷山大接見大流士三世家人》。亞歷山大在俘虜她們後對她們照顧得很周到。（右圖）

羅馬軍團

羅馬軍團的儀仗兵和重裝步兵。

古羅馬是古代世界繼亞述、馬其頓之後的又一個超級軍事強國。不斷的對外征服使羅馬由原本意大利北部的一個"七丘之城"逐漸發展為龐大的帝國，國土疆域從東部的阿拉伯沙漠一直延伸到西部的不列顛島，地中海幾乎成了帝國的內湖。羅馬之所以能取得這樣的軍事成就，與它建立的軍事制度息息相關。

羅馬軍制是以軍團為作戰單位的，每個軍團由 10 個大隊組成，約有 4,500 到 5,000 名士兵，其中包括 300 名騎兵。大隊下面的戰術組織是小隊，每個小隊由兩個百人隊組成。早期羅馬士兵是從公民中動員來的，對士兵的身體條件有一定標準，要求他們有"警覺的眼睛、

羅馬軍團的各種用具，有鎧甲、盾牌和儀仗。

高昂的頭、寬闊的胸膛、強健的肩膀、有力的胳膊"。當兵只是為國家盡義務，起初士兵還自備武器。步兵使用的常規武器是重標槍和短劍。遇到敵人時，先投出如雨點一般的標槍陣，然後衝過去用短劍與敵人格鬥。後來為擴大兵源，羅馬將軍馬略開始招募職業軍人，武器和一切需要都由國家供應。

軍團的步兵和騎兵。

冷兵器時代

羅馬軍隊對士兵進行非常嚴格的訓練。正規
訓練項目是讓士兵熟練地使用武器，參加增強體
能的各種運動，還要練習使用掘壕工具和迅速構
築營壘。他們的訓練非常刻苦認真。公元1世紀
在羅馬生活的猶太學者約瑟夫斯注意到：羅馬士
兵的"戰鬥演習和真正的戰爭沒有差別。每個士
兵在日常訓練中就好像實戰一樣賣力勤奮。這是
他們為什麼能夠輕鬆承受戰爭重負的原因。實際
上把他們的演習稱做'不流血的戰爭'和把他們
進行的戰爭稱為'流血的演習'並不誇張"。

早期羅馬軍隊模仿馬其頓人，也使用方
陣，但意大利的地形崎嶇，不適宜用方陣。後
來隨着兵器的改良和作戰經驗的積累，逐漸形
成了由大隊組成軍團的作戰體制。這樣就把士
兵從密集隊形的束縛中解放了出來，可以充分

手持盾牌的羅馬士兵。

羅馬帝國時的皇帝馬可‧奧略留。他長年帶兵在帝國
邊境的日耳曼地區征戰。

發揮他們擅長單兵格鬥的長處。

羅馬步兵在作戰時採用三列隊陣法。根據
年齡大小和作戰經歷，軍團士兵被分為三列。
第一列是年輕缺乏經驗的青年士兵；第二列是
年紀大些30歲左右的壯年士兵；第三列是久經
沙場的老兵，他們年齡大，戰鬥經驗豐富。往
往只有在作戰的關鍵時刻，第三列的老兵才參
加戰鬥，這時戰局的勝敗就取決於他們了。所
以在羅馬有一句諺語："現在輪到第三列了。"
意思表示事情已到了最後關頭。

羅馬步兵都帶有短劍，第三列的老兵使用
長矛，前兩列士兵則使用重標槍。在作戰時，第
一列隊伍在投完標槍後揮劍衝入敵陣。如果第一
列進攻失利，幸存的人會退向第二列，由第二列
接着發動更猛烈的進攻。如果兩次進攻都失敗
了，幸存者再退往第三列的後面，第三列則收

羅
馬
軍
團

羅馬士兵在作戰。圖中是不用馬鐙、馬鞍的騎兵。

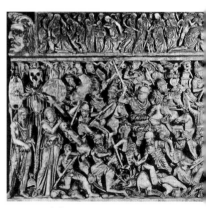

羅馬士兵在與敵人交戰。

羅馬軍團

縮隊形，舉起長矛，為部隊安全撤退提供一道屏障。羅馬人進攻經常是成功的，在投出重標槍後與敵人揮劍拚搏，最後的戰鬥會演變成交戰雙方劍術的較量。用短劍作戰比較輕便靈活，但防禦能力差些。為彌補這一不足，羅馬人改進了盾牌，把盾牌加大。軍團士兵一手持劍，一手舉盾，攻防運用自如。除三隊列着盔甲的重裝步兵擔任作戰主力外，在隊列前方還有由輕裝步兵組成的散兵線，用弓箭和石塊盡可能殺傷敵人，配合作戰。騎兵在隊伍的兩側和後面，防止敵人迂迴包抄，並在敵人潰退時追擊。因為這時還沒有發明馬鐙，騎兵在馬上坐得不太穩，因而不能快速衝擊。

羅馬軍隊軍紀嚴明，士兵中如有違犯軍令、臨陣逃脫和怯懦的表現，都要在隊列前受鞭撻後再砍頭示眾。如果整個部隊怯陣脫逃，則實行"抽十殺一"，就是在這些部隊中每十人排隊抽出一人，抽到死籤的士兵會被同伴打死。用這樣的手段在士兵中培養尚武精神。夏天，羅馬士兵往往會脫下上衣，炫耀身上的傷疤，光潔的皮膚被認為是可恥的，說明這個人沒有經過戰場的磨煉。而在戰場上立功的士兵可以晉級，獲戰功章，戴月桂冠。第一個登上被包圍城市城牆的士兵會得到一頂城牆冠。獲得大勝的將領有資格率領得勝的軍團舉行凱旋儀式。打勝仗的將領身穿綴有紫色金邊的寬大外袍，乘坐敞篷馬車經過

羅馬軍團戰勝了蠻族，蠻族首領表示臣服。

軍團士兵。其中有不穿鎧甲的輕裝步兵。

羅馬名將愷撒。

格訓練，所以在幾百年內征戰總是穩操勝券。羅馬人也曾遇到難以對付的對手，打過敗仗，但一般都能堅韌不拔，重整旗鼓，最終轉敗為勝。比如在第二次布匿戰爭中，羅馬軍團被迦太基名將漢尼拔打得大敗，國家面臨生死存亡的危急關頭。羅馬元老院立即採取應急措施：任命獨裁官，全國17歲以上的青年全部應徵入伍。羅馬還打破奴隸不能參軍的傳統，由國家出錢，向奴隸主購買了8,000名奴隸，編成軍團開赴戰場。元老院還拒絕出錢贖回被俘的羅馬士兵，以表示決一死戰的決心。這時漢尼拔發現，他面對的是一個無法戰勝的敵人。

羅馬軍團

羅馬皇帝圖拉真留下的紀功柱，雕刻着羅馬軍團征服達契亞（今羅馬尼亞）的戰爭場景。

羅馬軍團在鎮壓了猶太人起義後凱旋。雕刻中可見猶太人的枝形燭台。

但到羅馬帝國後期，羅馬人從軍的積極性大為降低，國家不得已開始招收外來的蠻族當兵，軍隊也逐漸由效忠國家轉為效忠將領個人，並多次發生軍隊出面干預廢立皇帝的事。到帝國末期，曾威震四方的羅馬開始失去軍事上的優勢，相繼敗在哥特步兵和匈奴騎兵手下。公元410年羅馬城被攻破，這是這座城市800年來第一次被攻陷。幾十年後羅馬帝國就滅亡了，但羅馬軍團的基本體制和戰術風格在歐洲還被沿用了一段時間。

潮湧動的羅馬街道，得意揚揚地通過凱旋門。隊伍中還押解着示眾的戰俘和人質。

由於羅馬軍事體制相當完善，士兵受過嚴

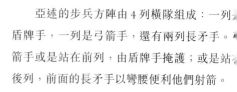

佈陣用兵

陣法就是作戰的隊形。打仗講究陣法，通稱為"佈陣"。古人作戰非常重視陣法，一則是因為古代打仗大多是近戰，可以擺出堂堂正正的陣勢；再則使士兵在陣列中將自己化為作戰群體的一部分，與周圍的人同進退，便於發揮整體的優勢。將領如果佈陣得法，就能充分發揮軍隊的戰鬥力，克敵制勝。善於佈陣的將領甚至還能識破敵軍佈陣的弱點，乘虛而入，破陣取勝。

外國軍隊早期作戰大多採用步兵方陣形式。最早排列方陣的是埃及人。埃及步兵按手中兵器的不同，分別編成長矛隊、短劍隊、狼牙棒隊、投石隊、弓箭手隊等。由這些人組成一個大方陣，跟在打頭陣的戰車後面作戰。

亞述的步兵方陣由4列橫隊組成：一列盾牌手，一列是弓箭手，還有兩列長矛手。弓箭手或是站在前列，由盾牌手掩護；或是站在後列，前面的長矛手以彎腰便利他們射箭。

古希臘人的方陣是由徒步作戰的長矛兵組成的密集隊形。公元前7世紀希臘人就採用方陣作戰。希臘重裝步兵排成長長的橫隊，縱深為8到12排不等。他們戴頭盔，披鎧甲，一手持圓盾，一手持長矛，腰間別一把短劍。交戰時，前面兩至三排的人將矛對準敵人，後面各排把矛架在前一排士兵的肩上，形成一道屏障

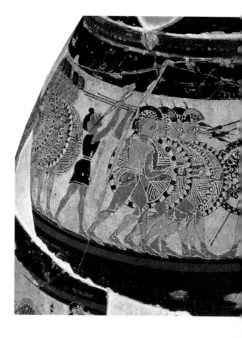

古埃及步兵方陣中的長矛隊。

排成隊列的古波斯近衛軍。（下圖）

章。排成方陣可以讓士兵感到自己一方擁有人
數上的優勢，有一種安全感。整個方陣內部隊
伍密集，沒有間隙。當前排士兵倒下後，後排
士兵會蜂擁而上，填補上前面的空隙。

公元前4世紀，希臘城邦底比斯的名將伊
巴密濃達對希臘方陣進行了改革，創造出斜形
陣勢。這一陣勢的特點是將重點放在一側（一
般在左翼），方陣縱深也增加到50排。底比斯
的方陣隊形形成一個左翼突出靠前、右翼拖延
在後的斜形戰鬥隊形，左翼的兵力具有絕對的
優勢。伊巴密濃達依靠這種新戰術大敗了古希

馬其頓國王腓力二世。

臘最強大的城邦斯巴達的重裝步兵。恩格斯稱
讚伊巴密濃達"第一個創立了直到今天仍然解
決幾乎一切決戰的偉大的戰術原則，即不要沿
正面平分兵力，而把兵力集中在決定性地段進
行主攻"。

到公元前4世紀，希臘北面的馬其頓王國
崛起。公元前359年，腓力二世成為馬其頓國
王，全面改組了馬其頓軍隊。他對馬其頓效法
希臘的方陣進行了改革，目的是要通過精心組
織和嚴格訓練把士兵們組成為一部完整的軍事
機器。腓力二世讓士兵使用一種更長的長矛，
長度約有6米。長矛加長後，士兵可以在敵人
的兵器還夠不着自己時，就先用長矛向敵人進
攻。這樣長的矛需要用兩隻手才能操持。

馬其頓方陣縱深多達幾十排，前6排士兵平
持長矛，後10排斜持長矛。作戰時整個方陣以
堅固的密集隊形跑步向前推進，就像一把攻城

古埃及軍隊中的努比亞士兵。

陶瓶畫上表現出的古希臘重裝步兵方
陣。（左圖）

馬其頓方陣。

槌一樣猛烈衝擊敵陣。一名敵人可能會同時面
對10枝向他刺來的長矛。有人回憶,他一見到
"密密層層向前伸出的長矛陣勢,頓時就嚇得魂
不附體"。

羅馬人組建的軍事單位是軍團,他們作戰時
的陣列是根據士兵年齡大小和作戰經歷不同分為
3個隊列,分別由青年兵、壯年兵和久經沙場的
老兵組成,交替移動到前面作戰。羅馬軍團的陣
法擁有馬其頓方陣沒有的靈活性,可以隨時集中
或分散開來進攻敵陣中某個特定部分。

在羅馬軍團面前,曾經橫掃千軍的馬其頓方
陣顯得有些過時。公元前197年,羅馬人和馬其
頓人在北希臘的辛諾塞法利交戰。馬其頓士兵手
持長矛,排成密集方陣闖進羅馬隊列的左翼,以
排山倒海之勢把它擊潰。但羅馬軍團的右翼卻向
馬其頓左翼猛攻,把它擊退。這時,馬其頓人的

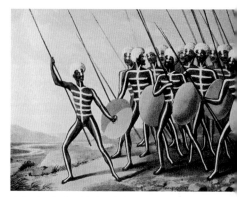

澳大利亞土著人排列的作戰隊形。

馬其頓方陣與羅馬軍團隊列交戰。
排列成軍陣的古代印度軍隊。（左圖）

方陣出現了缺口,羅馬士兵趁機用右翼的一部分
兵力包抄馬其頓方陣右翼的後衛。結果,馬其頓
密集方陣由於不能及時掉頭來應付對它側翼的進
攻,敗下陣來。這一戰役標誌着馬其頓方陣的地
位已被羅馬軍團的隊列陣法取代。

西羅馬帝國滅亡後,在中世紀初期,歐洲
在軍事技術水平上出現了全面的倒退。他們的

佈陣用兵

秦始皇陵墓中出土的兵馬俑軍陣。

全副武裝的維金人。他們作戰時不排列戰鬥隊形。(左圖)

中國清朝的軍隊用長蛇陣試圖截斷敵軍,分割包圍。

步兵戰術處於低級的階段,根本不講陣法。很長一段時間,法蘭克王國的步兵連盔甲也不披戴,不講戰法,不列陣勢,排着密集的隊伍倉促上陣。快要接近敵人時,他們就揮舞戰斧、長劍勇猛地衝進敵陣。這種情況一直延續到中世紀中期,等到騎兵開始衰落,步兵復興起來以後,步兵作戰的陣法才重新得到重視。

在中國,古代軍事家也非常重視列陣,並創造出了一些有名的陣法,其中三種影響較大:一、八陣。這是戰國時大軍事家孫臏創造的,據說是受了《易經》八卦圖的啟發,所以又稱"八卦陣"。具體陣勢是大將居中,四面各佈一隊正兵,正兵之間再派出四隊機動作戰的奇兵,構成八陣。八陣分則為八,合則為一,分合變化,又可組成64陣。當年諸葛亮最善於佈設八陣,他還用石頭在四川奉節佈設過八陣的方位,教練將士演習陣法,名為"八陣圖"。《三國演義》中還把它當作諸葛亮佈的疑兵陣來描寫。二、撒星陣。是南宋名將岳飛破金兵"拐子馬"的陣法。撒星陣的隊列佈如列星,連成一排的"拐子馬"衝來時,士兵散而不聚,使敵人撲空。等敵人後撤時,散開的士兵再聚攏過來,猛力撲擊敵人,並用刀專砍馬腿,以破"拐子馬"。三、鴛鴦陣。是明朝將領戚繼光為抗擊倭寇而創設的一種陣法。他把士兵分為三隊,當敵人進到百步時第一隊士兵發射火器;敵人進到60步時第二隊士兵發射弩箭;敵人進到十步時第三隊士兵用刀矛向敵人衝殺。這些陣法體現了中國古代軍事家傑出的智慧和創造力。

佈陣用兵

拜占廷謀略

查士丁尼一世與其大臣和隨從。拜占廷帝國在他的統治下軍事力量最為強盛。

　　龐大的羅馬帝國分裂為東西兩塊。公元476年，西羅馬帝國滅亡，東羅馬帝國幸存下來，又延續了將近1,000年。東羅馬帝國建都於君士坦丁堡（今伊斯坦布爾）。君士坦丁堡舊稱拜占廷，因而東羅馬帝國又稱拜占廷帝國。西羅馬帝國滅亡後，西歐一片殘破的景況。與此不同，以今天土耳其和希臘的地盤為中心的拜占廷帝國卻是經濟繁榮，文化昌盛，保存了豐富的古希臘、羅馬的文化遺產。

　　反映在軍事上，拜占廷也有其特色，這就是重謀略，輕廝殺。拜占廷將領更多地把作戰看成是一種藝術，一門學問。有兩本拜占廷的軍事名著流傳至今：莫里斯的《兵法》和利奧的《戰術》，講的都是怎樣用最小的代價獲得最大的戰果。與西歐騎士尚武的風氣和東歐斯拉夫人好鬥的性格不同，拜占廷人不崇尚武力，他們把好勇

鬥狠看做是無知和粗魯的表現，認為打仗是不得已的事。這種心態也有不利的一面，拜占廷人一般來說都不願從軍，保家衛國的事就常由外族人組成的僱傭軍來擔負，而僱傭軍要的只是金錢，經常是既不可靠又不願出死力上陣殺敵。

　　拜占廷陸軍的核心力量是訓練有素、紀律嚴明的重騎兵。這支重騎兵是公元 6 世紀時名將貝利撒留創建的。他博採眾家之長，讓士兵裝備上西歐人的長矛和波斯人的弓箭。重騎兵

上陣殺敵的拜占廷騎兵。

拜占廷克拉斯海港。港口以一座高高的城堡設防保衛。

冷兵器時代

全副盔甲的拜占廷重裝步兵。

626年，波斯人在圍攻君士坦丁堡。

拜占廷繪畫：上圖描繪為宗教獻身的殉道者；下圖表現拜占廷騎兵在圍攻一個城堡。（下圖）

人全身盔甲，頭戴古盔，身穿鎖子甲，腳蹬戰鞋，手戴鐵手套。在盔甲外面還套上一件較□的棉製披風。拜占廷十分重視讓士兵穿上漂□的軍服。莫里斯的《兵法》中特別提到，"士□穿的軍服越是英武就越有信心，敵人也就越□他"。騎兵的圓盾用皮帶縛在左臂上。重騎□的兵器除弓箭、長槍、大刀外，有時還在馬□上綁一把戰斧。騎兵都經過嚴格訓練，能夠□戰場上進行複雜的隊形變換。打仗時經常是□兵和步兵聯合作戰。

在軍事上拜占廷奉行的是防禦的軍事策略，□可能避免戰爭，只要能保住自己的疆土不受侵□就行了。帝國被劃分為幾個軍區，一旦敵人來□，儘量回避直接交鋒，等待鄰近軍區的部隊來□援，反擊也以把敵人趕走為限度。作戰方法通□是靈活的攻防戰，將入侵者逼向堅固設防的山□或渡口，利用有利地形用幾路軍隊協調攻擊。

兵不厭詐是拜占廷軍隊崇尚的作戰原則。西歐騎士打仗有一套規則，進攻前一定要通知對方，作戰講的是要擺出堂堂之陣。拜占廷人對這些騎士崇尚的榮譽不以為然，認為只要有利於取勝，照樣可以發動突然襲擊。他們還熱衷於在敵國安排坐探收集軍事情報。他們的目標是要以最小的損失、最少的人力贏得戰爭的勝利。

冷兵器時代

拜占廷的軍事統帥總是根據對手的不同情況
採取不同的作戰方法。對歐洲人利用對方騎士的
蠻勇和魯莽發動偷襲；對老練的波斯人採用機動
和迂迴的包抄戰術；對排成一條線的阿拉伯人則
以重裝騎兵衝擊。另外是安排在對方最缺乏準備
的季節發動戰爭。據拜占廷兵書介紹，隆冬季節
是進攻斯拉夫沼澤地區居民的最好機會，因為可
以滑冰接近他們的住地；春天匈奴人的騎兵會遇
到缺少草料的困難；對山區部落的人來說，冬天
困難最大，大雪會暴露他們的行蹤；寒冷和陰雨
天氣是進攻波斯人和阿拉伯人的極好時機，這時
他們情緒低落，戰鬥力大為下降。

11世紀時，拜占廷軍隊與
阿拉伯軍隊正在交戰。

拜占廷人還發明過一種重要的新式武器
——"希臘火"。這是一種液火噴射器，發明者
是一個來自敘利亞的希臘人。它實際上是一種燃
燒劑，可能是用硫磺、石油、生石灰等配劑混合
而成的，遇水就能燃起熊熊大火，在海上用來燒
敵人的木船威力最大。把這種易燃的混合材料裝
在包有黃銅的木頭管殼裡，依靠它的膨脹力和水
的壓力，火焰就能噴出一定距離。不過這種武器
不具備爆炸力，還不是真正的火藥。火藥的發明
是幾個世紀以後中國人對世界文明的重大貢獻。
公元717年，阿拉伯軍隊曾出動水陸大軍圍攻君

拜占廷海軍使用"希臘火"
攻擊阿拉伯人的艦船。
（上圖）

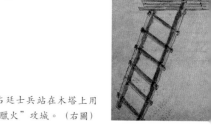

拜占廷士兵站在木塔上用
"希臘火"攻城。（右圖）

士坦丁堡，拜占廷就是用這種新式武器擊退了敵
人。對這種"希臘火"拜占廷視若秘珍，在文獻
中隻字不提，還是靠與拜占廷作戰的國家記載

拜占廷謀略

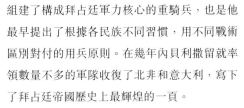

冷兵器時代

人才對此有所了解。後來“希臘火”的製造技術失傳，具體配方已無人知曉。

　　一般來説拜占廷在軍事上取守勢，但在一代大帝查士丁尼一世統治時，拜占廷也曾一度全面出擊。查士丁尼一世一生最大的理想是恢復昔日羅馬帝國的版圖，要從滅亡西羅馬帝國的日耳曼人手中收復北非、意大利等地。為此重用貝利撒留。貝利撒留也不負君王所望，

組建了構成拜占廷軍力核心的重騎兵，也是他最早提出了根據各民族不同習慣，用不同戰術區別對付的用兵原則。在幾年內貝利撒留就率領數量不多的軍隊收復了北非和意大利，寫下了拜占廷帝國歷史上最輝煌的一頁。

　　國運盛衰無常，後來總是不敢打硬仗的拜占廷轉而國勢日衰，11世紀拜占廷軍隊連續敗於土耳其人，此後帝國一蹶不振，難以復興。苟延殘喘到1453年，在奧斯曼帝國巨炮隆隆的轟擊聲中，君士坦丁堡的堅固城防高牆坍塌，由僱傭兵組成的守軍抵擋不住土耳其近衛軍鋒利彎刀的衝擊，千年帝國拜占廷終於傾覆。

　　打仗用兵自然要講謀略，但若是一味用計，對用兵流於消極，也就適得其反了。中國清代的曾國藩曾總結他一生用兵的經驗：“我軍以寡敵眾，並不用虛聲奇計，專以紮硬寨，打死仗為能。”這裡面蘊涵的軍事思想值得深思。

1204年威尼斯人搭造飛橋攻打君士坦丁堡。這一次城池被攻克。

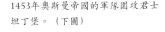

1453年奧斯曼帝國的軍隊圍攻君士坦丁堡。（下圖）

奧斯曼帝國的近衛軍士兵。就是這些軍人最先攻進了君士坦丁堡。

拜占廷謀略

蒙古鐵騎

13世紀初，在蒙古高原上曾出現過一個強大的國家——蒙古帝國。在蒙古民族的傑出統帥鐵木真領導下，蒙古各部落得到統一。1206年，蒙古各部貴族在斡難河畔聚會，公推鐵木真為全蒙古的大汗，上尊號"成吉思汗"。成吉思汗在軍事上最大的成就是創建了一支威震歐亞大陸的鐵騎勁旅。這支騎兵部隊以自己獨特的軍事體制和作戰方式，創建了一個歷史上規模空前的強大軍事帝國。成吉思汗去世後先後由他的子孫窩闊台和蒙哥繼承汗位，他們兩人在位期間，蒙古鐵騎曾兩次西征，給西亞和東歐造成了巨大的災難。

蒙古軍隊最顯著的特徵是其組織體制的單

鐵木真被立為蒙古大汗，上尊號"成吉思汗"。

一。除去一些輔助兵種外，蒙古軍隊全由騎兵組成。全蒙古各部落15歲以上、70歲以下的男子都有義務從軍。他們平時放牧，戰時外出征戰，"上馬則備戰鬥，下馬則屯聚牧養"。蒙古男子從小都受過嚴格的騎馬射箭的訓練，很能吃苦，不貪圖安逸舒適的生活，並能忍受嚴酷惡劣的氣候條件。平時蒙古軍隊中不發軍餉，只是在戰時以戰功大小分配戰利品。成吉思汗曾對將領們說："人生最大的樂事莫過於戰勝和殺盡敵人，奪取他們所有的一切，乘其駿馬，納其妻妾。"為了獲得更多的戰利品，蒙古士兵作戰都很勇敢，在兩軍對陣時出生入死，奮勇爭先。

蒙古騎兵作戰靠的是軍事素質而不是軍隊數量，一般情況下他們的人數總是少於對手。

騎馬架鷹的成吉思汗。

冷兵器時代

標準的蒙古作戰部隊由 3 個騎兵縱隊組成。每個縱隊有 1 萬騎兵。軍隊編制用十進位法，縱隊以下的軍隊編制單位分別為 1,000 人、100 人和 10 人。其中 40% 是重騎兵。他們全身穿着皮質鎧甲，頭戴簡易頭盔，主要兵器是長槍，每個士兵還帶一柄彎刀或一根狼牙棒。在用短兵器作戰時，一手持小圓盾。輕騎兵不穿鎧甲，只戴頭盔，主要兵器是弓箭。蒙古人用的弓是一種大弓，威力強大。每個輕騎兵都身帶兩囊箭，他們有着驚人的騎馬射箭本領，能在快速撤退時突然回頭準確地射中跟在後面追擊的敵人。輕騎兵的任務是偵察、掩護，並以射箭為重

蒙古鐵騎。

寫闊台。

波斯細密畫上描繪的忽必烈。他被立為蒙古大汗。（下圖）

與敵人交戰的蒙古騎兵。

騎兵提供火力支援。蒙古騎兵在作戰時會披上一件綢質長袍，這種長袍的韌性很好，箭頭很難射穿它，往往是連箭帶布一起射進傷口，醫生在處理傷口時只要把綢布拉出，箭也就拔出來了。

為了確保機動性，每個蒙古騎兵都有一匹或幾匹備用馬，這些馬緊跟在騎兵後面。騎兵在行軍過程中，甚至在作戰時都可以隨時更換坐騎。蒙古戰馬體格矮小，但忍飢耐寒，行動極快，衝擊力很強。元代時來中國旅行的意大利威尼斯人馬可·波羅注意到這些蒙古騎兵"慣於騎在馬上兩天兩夜不下馬休息，當馬吃草的時候他們睡覺。他們的馬經過訓練，已經適應了迅速變化的運動，一有信號，這些馬可以迅速地轉向任何方向"。

蒙古鐵騎

蒙古騎兵有很強的自我生存能力，一般不需要後勤支援，出征時輕裝簡從，只帶羊、馬隨行。他們"出入只飲馬乳，或宰羊為糧"，"食羊盡則射兔、鹿、野豕（豬）為食，故屯數十萬之師，不舉煙火"。更多的時候他們是在當地擄掠物資，實現以戰養戰。

蒙古人經常對頑強抵抗的城市大開殺戒，以恐嚇被征服者。他們攻下了中亞的赫拉特城，在蒙古軍隊離開後，當地居民發動了起義，殺死了留在城裡的蒙古官員。成吉思汗命令以前指揮攻城的將領再回去，並對他說："死人又活過來了，我命令你必須把他們的腦袋從身體上砍下來。"這個將領回去後再次攻下赫拉特城，殺得城裡只剩下 40 個人。

由於有極強的機動能力，蒙古人在對陣作戰

赫拉特城遺址。

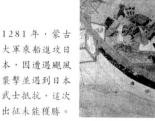

1281 年，蒙古大軍乘船進攻日本，因遭遇颮風襲擊並遇到日本武士抵抗，這次出征未能獲勝。

時常採用迂迴包抄戰術。這就是成吉思汗的所謂"拉瓦戰術"。這種戰術的要點是先派出一定數量的騎兵，用疏散的正面隊形在前面與敵人扭戰。而排成密集隊形的主力部隊則適時包抄敵人的側後，這樣將敵人分割包圍後再予以消滅。

有時蒙古人迂迴包抄戰術運用的範圍更為廣闊，甚至是在幾千里、上萬里的地域裡機動作戰。比如蒙哥汗在滅亡南宋的征戰中，就決定"繞道西南，攻其腹背"，迂迴到遙遠的南方去合圍宋軍。他派二弟忽必烈南下去征服位於今天雲南境內的大理國。忽必烈率兵長途奔襲，經四川翻越雪山，渡過大渡河、金沙江，跋涉數千里，滅了大理國，完成了對南宋王朝的戰略大包圍。

成吉思汗生前曾對兒子們說："天下土地廣大，江河眾多，你們盡可以各自去擴大營

蒙古騎兵在中亞作戰。

冷兵器時代

在拔都率領的西征中，蒙古騎兵
與德意志的條頓騎士交戰。

中國清代皇帝的侍衛，常由蒙
古人充任。

帖木兒。他自稱是成吉思汗的後代，14世紀後期在中
亞、伊朗建立了疆域遼闊的帖木兒帝國。（下圖）

盤，佔領國土。"在他去世後蒙古鐵騎的足跡
遍及歐亞廣大地區，征服了許多國家。規模比
較大的西征有兩次：窩闊台汗時王子拔都的西
征和蒙哥汗時他的三弟旭烈兀的西征。

　　1236年，窩闊台令拔都率15萬騎兵西征東
歐，這支西征軍進軍神速，第二年就越過了伏爾
加河。蒙古鐵騎像一股旋風到達俄羅斯公國，殺
死了俄羅斯大公。在波蘭境內，蒙古西征軍還與
波蘭人和德意志人的條頓騎士團組成的聯軍交
戰，也大獲全勝。1241年，匈牙利國王貝拉率
領10萬大軍迎戰蒙古軍隊。拔都又用包抄迂迴
的傳統戰術，在夜間派出一支兵力到上游渡河，
拂曉時用弓箭從正面進攻，牽制敵人，主力則從
側翼展開攻擊，打敗了匈牙利人。就在蒙古大軍
要到達維也納城門口時，窩闊台去世的消息傳
來，拔都奉命帶兵東歸，歐洲人才幸免了一場大
災難。1258年，旭烈兀的西征軍攻下了西亞古
都巴格達城，滅亡了有500多年歷史的阿拉伯人
的阿拔斯王朝。像這樣萬里奔襲，摧枯拉朽一般
攻城略地的軍隊，在以前歷史上還沒有出現過。

西歐騎士

在英法百年戰爭的一次交戰中，法國騎士‧布盧瓦的
查理被俘，英國要在收取贖金後才會釋放他。

所謂騎士，顧名思義，應該是騎馬作戰的騎
兵。但西歐騎士並不能等同於普通的騎兵。從政
治上來說，騎士是一種身份、地位；從經濟上來
說，騎士有土地不動產。在這樣的條件下，中古
歐洲的騎士騎着寶馬良駒，身穿厚重盔甲，手持
長矛利劍，為國王或貴族四處征戰。

在西歐，最早的騎士制度起源於公元 8 世
紀的法蘭克王國。8 世紀初，身為 "宮相"（宮
廷長官）的查理‧馬特掌握了王國大權，他在
國內推行采邑制，即有條件地向貴族提供土
地，而作為回報，接受土地的貴族必須隨時準
備向王國提供騎兵。上行下效，擁有采邑的貴
族也同樣向自備馬匹武器的騎兵提供土地，並
要他們以服兵役作為交換條件。這些自備馬匹
武器的騎兵就成了騎士。

獨立的騎士階層出現於 10 世紀末，此後西
歐各國的軍隊就以騎士為核心。當時封建主已
確立長子繼承制，沒有繼承權的次子往往就會
成為騎士。騎士裝備精良，他們要花不少錢添
置必需的駿馬、盔甲和武器。騎士的鎧甲先是
用小鐵環串起來的鎖子甲，後來變為全副的鱗
片甲。頭盔是一個留有視線縫隙的缽形面罩。
騎士的常用兵器是直劍和長矛，長矛是一根３
米長裝有銳利鋼矛頭的長桿。他們作戰時策馬
全速前進，手持長矛水平地刺向敵人。當長矛
折斷或是人落馬，騎士就用手中的劍格鬥。騎
士的劍是由精煉的好鋼製成的十字形雙刃直
劍，劍柄上鑲嵌着黃金、寶石。

培養一個騎士要花費多年的時間。送去培養
的一般都是貴族或騎士的兒子，在他年滿7歲時
先送到本地或外地有身份的領主家裡去當侍童。
侍童追隨在主人和他的夫人身邊，行為舉止要注
意得體，按照主人和主婦的吩咐做事，同時學習
所謂 "武士七藝"，即掌握騎馬、游泳、投槍、

法蘭克王國加洛林王朝的騎士。

全副披掛的騎士，身邊有一個隨從。（上圖）

騎士的授封儀式。

騎士與他們的領主。

說起來，騎士不是莽莽武夫，他們有一套自己的道德規範，即所謂"騎士精神"，主要內容是講究榮譽、效忠、護教、勇武和尊崇女性。按照慣例，一個騎士不能對另一個毫無戒備的騎士發起攻擊，而必須讓對方做好戰鬥準備。騎士不能殺害俘虜，更不能傷害婦女兒童。騎士平時要尊重女性，年輕騎士不僅要保護婦女，還要選擇一位貴婦淑女作為自己崇拜的偶像，這樣

擊劍、打獵、下棋和吟詩這些騎士必須會的技能。14 歲後當主人的侍從，在主人外出打仗時跟從在左右，為主人保管武器盔甲，作戰時吶喊助威，或是看守主人抓獲的俘虜。經過幾次實戰的歷練，侍從逐漸積累了作戰經驗，這樣到 21 歲時就可以授予騎士稱號。騎士授封有專門的儀式，要邀請重要人物主持，有時甚至是國王或大主教來主持。授封前夜，未來的騎士要在城堡教堂中守夜以示虔敬。授封的主要內容是向他授予騎士之劍，主持人先以劍輕觸騎士的肩，然後鄭重地為他佩上這柄劍。

西歐騎士

給新騎士掛上佩劍。

亞瑟王和他的圓桌騎士。

西歐騎士

的偶像經常是他少年時遇到的女主人。這套"騎士精神"還被演繹成各種騎士文學作品。778年，法蘭克王國的查理大帝率大軍越過比利牛斯山，去進攻西班牙的阿拉伯人。回師途中，查理大帝的後衛部隊在比利牛斯山口遭到巴斯克人伏擊，查理的部將羅蘭英勇奮戰，直至陣亡。這一事跡被編進了法國的史詩《羅蘭之歌》，在詩中羅蘭被頌揚為中世紀騎士的楷模。英國的騎士文學作品《亞瑟王傳奇》講述了亞瑟王與他的圓桌騎士的傳奇故事，其中的雲游騎士拉斯洛特勇敢、忠誠，把王后當作自己崇拜的偶像，也體現了特定時空理想中的騎士品質。

作為一個軍事侍從階層，騎士的職業就是戰爭。與敵人面對面廝殺最能滿足他們好戰的欲望。12世紀有個法國作家這樣描寫騎士在彬彬有禮的"道德規範"包裝掩蓋下的滅絕人性的心態："當我看見堅固的城堡被圍困，心中就充滿了快樂……看到給耀眼長矛刺穿的死人，我就興奮得吃不下、喝不進、睡不着。"中世紀歐洲各封建領地之間經常發生戰爭，騎士整天舞矛弄劍，有些小規模戰事就是騎士間的私鬥。一大群騎士與另一群騎士交戰，雙方在事先選好的空地上對壘，先是一番口頭爭執，述說開戰的理由，接着是集體衝鋒，然後是捉對廝殺。

為了贏得勝利，平時騎士們要進行嚴格的

騎士比武。

比武大會。

冷兵器時代

往聖地的十字軍。

十字軍攻打耶路撒冷。

洲上至國王下至騎士都熱衷於東征。英國國王"獅心王"理查一生大部分時間都住在歐洲大陸,為的就是參加十字軍東征。1099年,以騎士為主力的十字軍到達耶路撒冷城下。他們冒着城頭射來的飛箭,在城牆邊豎立起笨重的攻城塔,攻下了耶路撒冷。十字軍一點也不講"騎士精神",大肆屠殺城裡的穆斯林和猶太人。1187年,穆斯林的傑出將領薩拉丁在一次會戰中消滅了兩萬多十字軍,又重新控制了耶路撒冷。後薩拉丁乘勝與"獅心王"理查簽訂和約,阻遏了騎士的東侵浪潮。

14世紀以後,由於長弓、火器等新式兵器的使用,重裝鎧甲的騎士逐漸喪失了軍事上的優勢。同時隨着封建垺邑制的瓦解,西歐的騎士階層也凋零衰微。

軍事訓練,甚至還要不時安排一些戰爭遊戲,以顯示他們的馬上功夫,而比武大會就是這樣的戰爭遊戲。在比武大會前幾周,主辦者要向騎士發出邀請,在邀請書中還要提到大會準備了什麼獎品,由哪位貴夫人提供。習慣上是兩人一組捉對搏殺。具體辦法是用手中的長矛把對方打翻在地,獲勝的騎士有權力得到對手的馬和盔甲。比武的結果經常是勝利者趾高氣揚,失敗者掩面而走。比武用的是真刀真槍,因此常有傷亡,比如法國國王亨利三世就是在一次比武中送命的。

11世紀時,西歐騎士曾大批加入到十字軍東征的行列中去。名義上,東征的目的是要奪回被穆斯林佔據的聖地——耶路撒冷。當時歐

"獅心王"理查與薩拉丁交戰。(右圖)

西歐騎士

日本武士

騎馬的日本武士。

日本武士是中古時期的職業軍人，與西歐騎士有相似之處。他們最早出現於公元10世紀前後。當時日本的中央政權權力削弱，地方政權和莊園領主紛紛建立武裝，以維持地方治安，甚至連寺院也組織"僧兵"。這樣就在各地出現了以作戰為業的軍人——武士。

與騎士依附並服從於貴族類似，日本武士也效忠於他們的領主。擁有大量土地的領主向農民收取年貢（租米），其中一部分作為俸祿分給作為家臣的武士。武士在人身關係上隸屬於領主，也就必須為領主奉公，即無條件地效勞。這種效勞主要是應主人征召去作戰，參與貴族集團間的混戰。但在13世紀蒙古人兩次出動大軍入侵日本時，武士也曾積極在沿海地區抵禦蒙古軍隊，並取得了勝利。

最初，日本武士作戰以弓箭為主要兵器，對陣時武士騎着馬對衝，同時開弓射箭。後來他們除使用弓箭外，更多使用長刀作戰。武士對佩戴的長刀有特殊的感情，因為只有他們才享有佩刀的特權。他們的刀上裝飾都十分講究，並且佩刀時刻不離身邊，在家時放在客廳顯眼的地方，夜晚則放在枕邊。據說武士有權就地殺死對他們無禮的平民。在崇武嗜殺和效忠領主的思想毒素影響下，武士們形成了以殺伐為榮的心態。

武士作戰時都身着盔甲，但不像歐洲騎士的金屬盔甲那麼沉重。他們的盔甲大多由皮革

手持冷兵器的日本武士。

穿戴傳統盔甲的日本武士。（右圖）

冷兵器時代

和鐵片製成，用絲繩吊在肩上並繫於腰間。長方形的護肩保護着肩膀不受攻擊，為活動方便，右臂一般不用甲胄保護。頭盔以鐵葉鉚製，並帶有垂帘，以保護頸部。武士還隨身帶一塊鹿皮，供平時席地而坐時使用，在戰敗被斬首時，這塊鹿皮就成了受刑時的坐墊。

武士戰鬥前要在臉上敷粉和香料，再仔細盤起頭髮。他們認為戰敗時常要被斬首，先做一番妝扮，死了看起來也體面一些。武士習慣的古老作戰方式是這樣的：一聲響箭射出，宣告戰鬥開始。隨之一個接一個的武士縱馬向前，挑戰對方級別相當的武士。為了找到相應的對手，上陣武士會高聲報出自己的身份和家

各為其主的日本武士在交戰。

世，並在挑戰結束時說幾句言不由衷的自謙話。在對方有人應戰後，這名武士就揮舞長刀，盡力把敵人打下馬來。如果敵人真的被打下了馬，他就跳下馬，用掛在腰間的短刀將對手殺死，並割下頭。戰鬥結束後，清點敵人的首級，帶回去獻給領主作為請賞的依據。

除了為領主出征作戰外，如有必要，武士還要為主人復仇，甚至以死報答。作為對愚忠思想的灌輸，在日本流傳着47"義士"的故事。1703年，以大石良雄為首的47名武士在主人淺野被殺後，一齊來到江戶（今東京）為主人報仇。他們割下仇人的頭供在主人墳前，在盡了對主子的義務後，這些武士集體切腹自殺。故事被搬上

4世紀中葉的武士首領足利尊氏。

武士為主人復仇殺了幕府高官。（右圖）

日本武士

日本武士

舞台，歌舞伎劇《忠臣藏》演的就是這些"義士"的故事。武士為主人獻身的觀念發展到極端，家臣要為主君殉死，殉死者多是領主的榮耀。1333 年，領主北條仲時因戰敗切腹自殺，作為他家臣的武士跟着集體自殺。

自殺時切腹而死成為日本武士的一種時尚，有時也被當作對他們的懲罰。武士切腹逐漸形成了一套儀式。切腹的地方要鋪好草墊，蓋上白布，還有人從旁協助。切腹時，武士要端坐着用短刀插入自己腹部，慢慢拉動。這時站在他身邊的助手揮舞長刀，砍下他的頭。還有一種十字形切腹，切腹者用刀在肚子上劃個十字，手伸進肚中將腸子拉出來，扔在地上。因為這種做法最痛苦，也就被認為是最勇敢的

一群武士在切腹自殺。（上圖）

15 世紀的一次武士混戰"應仁之亂"。（下圖）

日本中古的姬路城主樓。

切腹法。"勇敢"的含義被徹底歪曲了。

與歐洲騎士崇尚"騎士精神"相仿，日本武士也有一套需要遵守的行為準則，這就是所謂"武士道"。不過與"騎士精神"稍稍塗上一點西方文明和浪漫色彩不同，"武士道"灌輸的是好勇鬥狠，強調武士最重要的品德是不怕死。被奉

3 名武士就餐，侍女舀出清酒。

冷兵器時代

一隊日本騎馬武士與另一隊乘船武士作戰。

二戰中日軍下級軍官小野田戰敗後一直躲在菲律賓的森林中，1974年才放下武器投降。如此愚頑可見傳統"武士道"精神影響之深。（上圖）

日本武士

為"武士道"經典的《葉隱》中這樣解釋："所謂武士道就是把死當作家常便飯。"日本古代學者大道寺友山對武士提出的要求是："武士臨戰場，決不當顧家室。出陣應有戰死之決心，以生命付諸一擲，方得名譽。"1232年，政府公佈了作為武士行為規範的《御成敗式目》，核心內容是強調"忠、義、勇"。"忠"要求武士盲目服從，以培養對主君的愚忠；"義"是應有"義烈"精神，在主君戰敗時，武士面臨戰敗帶來的恥辱，應毫不畏懼地切腹自殺；"勇"是指武士不但要精通"弓馬之道"，還要勇於為主君獻身。

近代日本明治維新以後，法律上廢除了武士等級，武士佩刀的特權被取消，但在教育中仍長期宣揚和灌輸"武士道"精神。"武士道"精神仍被奉為軍人應當遵守的道德規範，這在日本的國內政治和對外活動中起了很惡劣的作用。1936年2月，日本一些下級軍官在國內發動政變，槍殺了3名大臣。政變者事先做好自殺的準備，政變失敗被處死前，他們又賦詩留下遺言，這都是在仿效古代武士。1941年，日本陸相東條英機發佈《戰陣訓》，要求軍人"命令一下要欣然投入死地"，"以從容就悠久之大義為樂"，言詞中也包含了傳統"武士道"的內涵。在侵略戰爭中，把"武士道"發揮得淋漓盡致的是二戰後期日本建立的神風特攻隊，隊員們駕駛飛機去撞擊美軍軍艦。這些受到"武士道"精神毒害的青年心甘情願地去送死，甚至像他們的武士前輩一樣把死浪漫化，想像自己"像小鳥一樣將遺體埋於藍天"，真是愚頑到了至死不悟的程度。

步兵復興

英國中古軍隊中的步兵和騎兵。

在12～13世紀歐洲十字軍東征和蒙古鐵騎橫掃歐亞大陸的200年中，騎兵的作用發展到了頂峰。但物極必反，隨之而來的是騎兵的衰落、步兵的復興。即使是在火器得到普遍應用之前，騎兵也已在冷兵器打擊下逐漸喪失了在戰場上的優勢地位。

在13世紀的歐洲，已有兩個技術上的變化影響到騎兵的發展。一是十字軍在東征過程中將歐洲馬與阿拉伯馬雜交，使得新的馬種品質退化，負重能力和奔跑速度都有所下降；二是鎖子甲被金屬片甲代替，使重裝騎兵負重累累，行動艱難，失去了作戰的機動性。

大約14世紀中葉，歐洲以騎士為主體的重裝騎兵開始走下坡路。1333年英國國王愛德華三世推行一種新戰法，讓重裝騎兵下馬與弓箭手配合作戰，這時英國威力強大的長弓已成為騎兵的克星。在1337～1453年英法百年戰爭中，有幾次大規模的會戰都是英國軍隊用下馬騎兵與長弓兵配合打敗了法國重裝騎兵。

騎兵得勢時的馬上混戰。

在1346年的克雷西戰役中，英軍騎兵大多不騎馬，他們徒步為長弓手提供防禦，而由作為步兵主力的長弓手出陣，打敗了裝備精良的法國騎兵。後來法國照搬英國的戰術，在1415年的阿讓庫爾戰役中，也讓他們的騎兵下馬步戰。身穿沉重鎧甲的法國騎士看不起由農民組

十字軍東征時的重裝騎兵。 （右圖）

冷兵器時代

成的英國長弓手，成群地去進攻與他們地位相 當的英國下馬騎士。而英國長弓手在射完箭 後，"丟下長弓，拿起斧頭、短刀和其他兵 器，向披戴盔甲的法軍騎士出擊"。 法軍鐵甲 騎士陷於泥濘之中，完全不是輕裝步兵的對 手，在一陣殺戮後幾乎全軍覆沒。

14 世紀，歐洲許多國家都模仿英國的做 法，讓重裝騎兵下馬作戰。但他們沒有注意到英 軍勝利的訣竅在於不同兵種間的配合：弓箭手與 下馬騎兵和馬上騎兵合作，從而使投射兵器的火

415年的阿讓庫爾戰役中，雙方都用了同樣的兵器和 隊列作戰。

1613年瑞典步兵排列的陣勢。

力（弓箭）、防禦的耐久力（下馬騎兵的防守） 和機動突擊力（馬上騎兵的衝擊）靈活地結合起 來，打敗戰術獃板、各自為戰的對手。

另外，歐洲步兵的復興還與當時城市的發展 有關。這時西歐許多城市已獲得了自治權。為防禦 外敵侵犯，不少城市建立了以行業手工業者組成的 軍隊。這些軍隊與中古騎士組成的軍隊完全不同， 沒有封建制度的約束，而且以步兵為主。在這些新 出現的軍隊中，以瑞士的長矛兵最有特色。

1291 年，熱愛自由的瑞士人組成了瑞士聯 邦，通過軍事上的革新，成功地脫離了奧地利， 實現了民族獨立。14 ～ 15 世紀，瑞士各州的長 矛兵多次打敗其他國家的騎兵。瑞士長矛兵的兵 員都是體格強壯的自由民。他們出於愛國情感參 軍上陣，每一隊成員往往都來自同一個城鎮、鄉 村，相互之間很熟悉，而且又經常在一起訓練， 有很強的組織紀律性。他們的主要兵器是長矛， 長矛的前三分之一由鐵製成，以防被騎兵的

長矛兵與馬上騎士對陣。（上圖）
瑞士長矛兵與騎士交戰。（左圖）
瑞士長矛兵以方陣隊列出戰。（下圖）

利劍砍斷。輔助兵器是戟，這種戟的前端有矛尖，下面是能劈鎧甲的利斧，再下面是鐵鉤，用來把騎兵從馬鞍上拉下來。

瑞士人把長矛和戟結合起來使用，作戰時先讓長矛兵發起衝鋒，擾亂敵人的隊形，然後位於兩翼的戟兵跟着衝進敵陣。他們很少披盔戴甲，只有前幾排的士兵有時會身着胸鎧。瑞士長矛兵以步兵方陣作戰，方陣正面形成一道由 4～6 排長矛組成的密集長矛屏障。進攻時，長矛兵手持的長矛矛頭向下，以獲得極大的向下的力量；防禦時，頭排士兵將矛柄支在地上，左手前伸握住矛桿。

分別充當法國和威尼斯僱傭軍的瑞士長矛兵在戰場上對峙。

到 14 世紀中葉，瑞士長矛兵被公認為歐洲的一支勁旅。勇敢敏捷、不穿盔甲的瑞士兵排成整齊的隊形向前推進，以排山倒海之勢衝擊對方的隊伍，簡直就是過去馬其頓方陣的再現。瑞士軍隊訓練有素，紀律嚴明，在操練、行軍甚至發動攻擊時都按照戰鼓的節奏進行。方陣能夠迅速變換方向，越過障礙，組成防禦隊形。瑞士人之所以能使一個 2,500 人的方陣在戰鬥中保持隊列不散，是因為他們將重步兵方陣分成許多縱列，每一列的列長排在前面，組成方陣的第一行，該行不超過 50 人。列長們通常肩並肩一個挨一個，這樣就可以保持方陣正面呈一條直線，而處在陣列中的士兵只要緊跟着前面的戰友行動就行了。

冷兵器時代

在軍事上獨樹一幟的瑞士人後來還將他們的軍隊"出口"，為歐洲各國君主當僱傭軍，甚至受僱當兵成了這個民族的一種職業。瑞士僱傭軍從軍成了商業行為，遵循給多少錢出多少力的原則作戰。僱傭軍內部實行的是類似軍事行業公會的自治制度，這種軍事傳統甚至到了今天還保留着一些痕跡，比如天主教的梵蒂岡教廷至今仍僱用瑞士人當衛兵。到 16 世紀後期，隨着火槍威力越來越大，使用冷兵器的瑞士長矛兵就顯得過時了。

在東歐，1410 年的所謂"偉大的戰爭"也

13 世紀土耳其軍隊與條頓騎士團作戰。

15 世紀的戰爭場景大多以步戰為主。（下圖）

步兵復興後的德意志士兵。

體現出步兵復興的趨勢。這是以德意志條頓騎士團為一方，與以波蘭、立陶宛為另一方進行的一場戰爭。這場戰爭是由條頓騎士團為擴大領地侵佔兩國領土引起的。條頓騎士團是一支以重裝騎兵為主力的職業軍隊，有 6 萬人。作戰時條頓人排成四線隊形作戰，在最前面的是富有作戰經驗、裝備齊全的重裝騎士。而波蘭、立陶宛聯軍主力則是由農民組成的步兵，其中立陶宛軍與瑞士長矛兵的組織體制相仿，按地區原則組建，各團官兵來自哪個地區就以這個地區來命名。1410 年 7 月，雙方軍隊交戰，會戰的結果是條頓騎士團大部被殲。馬克思對這一戰事評價道，"'偉大的戰爭'生動地證明，騎兵正在衰退，步兵又在興起"。

古代海軍

腓尼基（在今黎巴嫩境內）可能是世界上最早使用戰船的國家，在距今3,000多年前，腓尼基人的艦船就遍及整個地中海地區。他們的艦船是帆船，船身狹長，船頭帶有撞角，航速比較快。上千年中腓尼基人用這種船在地中海沿岸建立了許多殖民地，其中最大的一個就是後來也注重發展海軍的迦太基。

古希臘人尤其是雅典人對腓尼基的戰船做了改進。雅典的戰船稱三層槳戰船，因船槳在船兩邊各排成三層而得名。三層槳戰船上有槳手170人，上層62人，中下層各54人。槳手按鼓點的節奏划槳，時快時慢，在戰船向敵人衝擊時則奮力划槳。船的桅桿上安裝了風帆，作為槳的輔助動力，但在作戰時只划槳驅動。三層槳戰船的主要戰鬥部位是在吃水線處突出於船頭的黃銅撞角。如果撞角在吃水線處插進敵船舷側，就會讓敵船進水沉沒。另外還有一種戰術，就是把船划到敵船旁邊，然後接舷搭上跳板，強行登船襲擊敵人。

公元前480年爆發的薩拉米海戰是在雅典海軍與波斯海軍之間的一場決定性戰役。薩拉米是雅典海岸邊的一個小島。雅典海軍把入侵的波斯艦船引進小島附近的狹窄水道，然後發動反攻，用帶有撞角的快速小船撞擊波斯艦船。雅典海軍的另一種戰法是在與波斯艦船相遇時，就勢砍斷波斯船上長長的船槳，使這些艦隻在海中團團亂轉，指揮失靈。然後雅典軍艦發動全面攻擊，採用接舷登船、撞角衝擊、

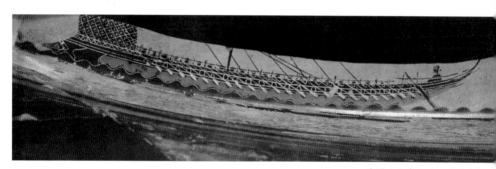

希臘陶瓶畫上的三層槳戰船。

希臘陶瓶畫上對陣的戰船。（左圖）

冷兵器時代

弓箭齊射，把波斯海軍打得大敗。

羅馬海軍創建於羅馬人與迦太基人交戰的布匿戰爭中。羅馬人為打敗海上強國迦太基，在艦船上發明了被稱為"烏鴉嘴"的吊橋，即在每艘艦船船首安裝一個前端裝有抓鈎、兩側裝有欄桿的吊橋，前進時豎起吊橋，繫在桅桿上，接近敵艦時放下，吊橋前端的抓鈎便像烏鴉嘴一樣鈎住敵艦的甲板，使兩隻船連在一起。這時羅馬步兵就如履平地般從吊橋上衝過去，在艦甲板上與敵展開肉搏。這實際上是在海上進行陸戰，以發揮羅馬軍隊的特長。公元前 260 年，羅馬艦隊與迦太基艦隊在西西里島北面打了一場海戰。羅馬艦隊 330 艘艦船排成楔形隊列對付迦太基的 350 艘戰船，羅馬人把戰鬥力強的戰船排在前列，沒有戰鬥力的運輸船則擺在楔形的底部。在海戰中，羅馬海軍就用這種吊橋通過接舷跳幫，打敗了迦太基海軍。

200多年後，羅馬海軍繼續發展這種將海戰化為陸戰的戰術。公元前 31 年，一場海戰在兩個羅馬將領屋大維和安東尼之間展開，戰場選在希臘的阿克興。屋大維的海軍將領阿格里帕將戰艦的吃水線用鐵紮木塊予以加固，以防敵艦撞角撞壞艦殼。這大概是海戰史上最早的防護裝甲艦。他還在艦船上設計了一種名為"鉗

古代海軍

羅馬壁畫上的海戰場景。

腓尼基人的航船。

復原的古希臘三層槳戰船。（下圖）

羅馬戰艦。艦首可見鈎船用的"烏鴉嘴"。（下圖）

子"的機械裝置。這種"鉗子"實際是一個鐵抓鉤，前端是用鐵皮包裹的一塊長木板，板身下裝有多爪鐵鉤，木板的另一端裝有鐵環，繫着繩索。當弩炮把"鉗子"投射出去，抓住敵人的艦船後，就用機械的力量絞動繩索把它拉回來。屋大維的士兵把"鉗子"投射出去，靠近敵船後，船上的士兵趁機跳到對方艦船的甲板上，用長矛和短劍打擊敵人。安東尼的士兵則用船鈎推開靠近的敵艦，用斧頭砍殺衝過來的步兵。屋大維下令改用火攻，把火箭、火把和

維金人的艦隊出航。

維金人出征用的海船。現藏於挪威。

木炭投到敵船上，打敗了安東尼的海軍。

在古代北歐，居住在斯堪的納維亞半島的維金人也是擅長航海的民族。他們造船的技藝高超，用松木做桅桿，用橡木製船舷，船頭高高地翹起，船尾有操作靈活的舵，使船適宜遠洋航行。這種船既有風帆又有長槳，在大海上順風航行時拉起船帆，而在逆風、無風或戰鬥中，維金人就靠槳來划船。他們就是靠這些滿載士兵的戰船，在從9世紀開始的幾百年裡揚帆遠航，縱橫四海，佔領了英國和西歐大陸的大片土地，其四處搶掠的行徑使他們獲得了"維金海盜"的惡名。

冷兵器時代

6世紀埃及人的皮影戲用具，表現的是古代戰船。

中國古代海軍出現得也很早，早在春秋時期就有水戰的記錄。公元前549年，"楚子為舟師以伐吳"，這是中國文獻中最早有關戰船的記載。吳國也針鋒相對，大力發展水軍。吳國名將五子胥重視將不同種類的戰船配合使用。當時吳國的戰船有"大翼"、"小翼"、"突冒"、"樓船"、"橋船"等多種名目。伍子胥向吳王陳說，以車戰作比方，認為"大翼"如重車，"小翼"似輕車，裝有衝角的"突冒"像衝車，"樓船"是指揮車，小型快艇"橋船"如同戰馬，只

有把各種戰船配合使用，才能在作戰中達到最好的效果。後來"樓船"的規模越造越大，漢代的"樓船"高30多米，建有3～4層樓。隋朝大將楊素建造的大型戰船上甚至建有5層樓，船的四周安有長3米多的拍桿，用來擊打敵船。

在中世紀晚期，朝鮮水軍還使用過一種叫"龜船"的特殊戰艦。1592年4月，日本統治者豐臣秀吉出動16萬大軍入侵朝鮮。日軍在朝鮮釜山登陸，長驅直入，不到20天就攻陷了朝鮮首都漢城。朝鮮軍民在愛國將領李舜臣指揮下奮起抗戰。李舜臣是水軍將領，長於謀略。他把原來的戰艦改裝成"龜船"，即把戰艦的外殼包上鐵板，形狀如龜，周圍插滿錐刀。這種"龜船"形制靈巧，行動快速敏捷，駛入敵艦陣內不易被敵方擊傷，又使敵人無法靠近攀登，在抗擊日軍的海戰中發揮了出奇制勝的作用。

就在這時，在世界海戰中稱雄的已是揚起多面風帆、在船舷兩側裝有多門火炮的大帆船了，海軍作戰中帆船海戰的時代已經開始了。

李舜臣發明的"龜船"。（下圖）

中世紀的戰船。船兩頭有弓箭手射箭用的塔樓。（左圖）

"龜船"列隊與日本艦船交戰。（左圖）

黑火藥兵器時代

　　黑火藥兵器時代是以火藥的發明為起點的。火藥是中國古代的偉大發明，至遲到12世紀北宋年間，中國已將火藥用於軍事，製造了火箭、火球、火蒺藜等原始火器，而歐洲國家卻遲於一兩百年後才使用火器。這時的火藥是以硝石、硫磺、木炭等原料製成，外觀呈黑色，故稱黑火藥，以區別於19世紀後期諾貝爾發明的烈性黃色炸藥。

　　火藥的發明是兵器與戰爭史上劃時代的事件。火藥問世後，隨之又發明了各種裝火藥以發射彈丸的火器。火器的出現完全改變了過去的作戰方式和社會觀念，比如以前的弓箭手需要多年苦練才能準確射中目標，而火槍手只要

很短時間的訓練就能上戰場列隊齊射。火器還摧垮了過去的一些等級觀念，有身份的騎士在戰場上經常不是平民火槍手的對手。

　　火器按照大小分為幾種，金屬桶狀的是火炮，有細長管的是長槍，短管的是手槍。這些火器都極大地改變了戰爭的方式。首先，火器使高聳的城牆不再固若金湯，城堡也在大炮轟鳴聲中成為一片瓦礫。1453年，拜占廷都城君士坦丁堡的高牆就在土耳其青銅大炮的轟擊下坍毀。面對火炮的威脅，築城技術也發生了變化。城牆的高度降低，厚度增加，還出現了經得住火炮轟擊的棱堡。其次，長槍使兵器在作戰者相距一定距離之外時就能相互殺傷，效果

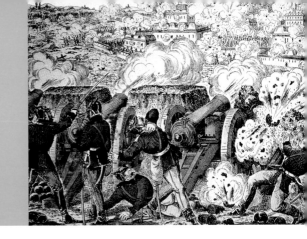

弓箭、投石要大得多。因為早期火槍的殺傷力有限，火槍手總是排成橫隊對敵人齊射，以發揮密集火力的優勢。再次，手槍屬於自衛兵器，在戰場上作用不大，曾被用作騎兵用槍，又因其便於隱藏，常被刺客作為行刺的兇器。

黑火藥兵器時代的火槍基本上都是前膛槍，由槍管裝進火藥。從點燃火藥的技術發展來看，前膛槍經歷了火門槍、火繩槍、燧發槍這樣幾個階段；從槍膛的變化來看，有滑膛槍和來復槍的區別。來復槍的槍膛內有螺旋線，彈丸射出後旋轉着向前，射擊精度和射程都有提高。在火槍剛出現的兩三個世紀內，還是冷熱兵器混用的時代，作戰時火槍手與長矛兵混合編隊。等到裝上了刺刀，火槍就既是熱兵器也是冷兵器。

黑火藥兵器時代最偉大的軍事家是法國的拿破侖。他一生打了60次勝仗，但也有滑鐵盧戰役這樣著名的敗績。拿破侖的軍事成就更多體現在他的戰略思想上。拿破侖善於集中兵力機動作戰，在關鍵時刻、關鍵地域投入優勢兵力殲敵，創造了一個個軍事奇跡。

這一時期的海軍是風帆海軍，在帆船戰艦側舷裝上火炮，使得海軍作戰成了真正的海戰。帆船海戰的偉大英雄是英國的納爾遜，他率英國戰船在特拉法加海戰中殲滅了法國艦隊。雖然納爾遜在這場海戰中陣亡，但他倡導的大膽出擊的混合戰術奠定了英國皇家海軍的傳統作戰風格。

步槍齊射

18 世紀初英國的火繩槍手，右手拿着槍架。

火藥在中國發明以後，很快就被用於戰爭，主要是用在槍械和火炮中。在槍械中，最初出現的是短小的手銃，在此基礎上又發展出較長的管狀射擊火器，這就是步槍，早期的步槍又被稱為"火槍"。19世紀中葉以前，在步槍家族裡，以射擊裝置的不同區分，曾經有過火門槍、火繩槍、燧發槍等品種，而以槍管內壁有無螺紋來區分，又可把步槍分為滑膛槍和來復槍。

世界上最早的火槍出現在火藥的故鄉中國。1132年，南宋人陳規造出了一種在長竹竿內裝火藥噴火殺敵的火器。1259年，在陳規發明的基礎上，安徽壽春府人製造了一種叫"突火槍"的管形火器。突火槍藉助火藥燃燒產生氣體的噴力發射彈丸。由於它是用竹子製成

發射火繩槍。（右圖）

18 世紀威尼斯人用的火繩槍。

的，容易被火燒焦，使用壽命不長，後來改用金屬材料，就製成了火銃。

1250 年前後，通過阿拉伯人的傳播，歐洲人才懂得如何使用火藥。14 世紀時，黑火藥在歐洲用於戰爭，歐洲人開始製造槍械。歐洲最早的火槍是火門槍，它由槍管、槍架、藥室、發火裝置等構件組成。火槍手在發射時直接點燃藥室中的火藥，射出石頭彈丸或金屬彈丸。通常火槍手左手握住槍管後面，左臂和身體夾住槍托，另一隻手用來點火，或是把槍托支在地上，或放在叉形支架上。火門槍的射擊精度很低，因為射擊時槍手必須始終盯住槍的火門，不能觀察要射擊

黑火藥兵器時代

魯士軍隊的
槍手。

火裝置"火繩"，克服了火門槍槍手需要一手持槍、一手拿火具以致無法瞄準的缺點，可以比較精確地射擊了。火繩是一根繩線或捻緊的布條，放在特製的助燃溶液中浸泡後晾乾，能燃燒並點燃火藥。每個士兵帶一節，掛在皮帶上。戰鬥時把火藥裝入槍管後，槍手把火繩點燃的一端插在槍的鋼嘴上，另一端與槍內火藥接觸，等火引發火藥爆炸把子彈發射出去。槍托也改進為曲形木托，這樣槍手一手前托槍身，一手後握槍托，可以穩定住火繩槍，提高射擊精度。但火繩槍也有致命的缺點，只能在氣候乾燥時使用，陰雨天就無法用；另外在戰鬥中火繩必須始終悶燒着，也不方便。

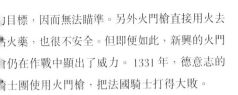

奴隸販子用火槍在森林中捕捉黑奴。

步槍齊射

目標，因而無法瞄準。另外火門槍直接用火去火藥，也很不安全。但即便如此，新興的火門仍在作戰中顯出了威力。1331年，德意志的士團使用火門槍，把法國騎士打得大敗。

實際上早期火槍的殺傷力不如當時步兵的統兵器弓箭，但火槍的使用比較簡便，步兵經過短時間訓練就可以掌握。相反要弓馬嫻熟，成為優秀的弓箭手，就得經過幾個月甚至幾年的刻苦訓練。經過幾個世紀，火槍逐步取代長矛、弓箭，成為步兵的主戰兵器。西歐國家在16世紀正式將火槍作為步兵的主要武器。

15世紀時，有人發明了火槍上更安全的點

非洲貝寧人的
銅雕作品，刻
畫的是一個舉
槍射擊的葡萄
牙士兵。

西班牙人曾研製出一種重型的火繩槍——穆什克特火槍，在16世紀30年代時用於實戰。它的槍管長，發射的彈丸重，可以穿透中世紀騎士身上的厚鎧甲，阻擊騎兵衝鋒。槍管延長使槍彈具有更高的速度，射程也更遠。西班牙就是以這種火槍為主要兵器，建立了歐洲最早的火槍團隊。但這種槍比較笨重，要用鐵叉作為射擊支架。射擊時士兵把槍架在鐵叉上射擊，需要兩個人操作。

在1610～1615年間，法國人馬漢發明了世界上第一支燧發槍。這種槍的射擊原理是通過打擊起火點燃火藥。燧發槍的點火器上連接一塊鐵片，射擊時火槍手扣動扳機，帶動燧石打擊鐵片，產生火花點燃藥池內的火藥。燧發克服了火繩槍的缺點，使用可以不受天氣晴的影響。

早期火槍的精度差，射程短，發射速低，使用不方便。在16世紀70年代，每分鐘發射兩發子彈的射手已是相當出色的了。由有這些缺點，在很長時間裡火槍不是單兵用，而是以密集的齊射對付排列成隊形的人，以求在槍林彈雨中總有一些子彈會擊中人。在近距離內進行密集齊射，槍的精確度顯得不那麼重要。這時的槍因射程短，不能發，還不能有效抵擋大隊騎兵的快速衝擊。

這些火繩槍、燧發槍都是槍管內壁平滑

步槍齊射

16世紀歐洲的火槍，包括火繩槍和燧發槍。

1745年，英格蘭軍隊鎮壓蘇格蘭起義者。英軍使用火槍，而對手手持刀矛。（上圖）

黑火藥兵器時代

...腔槍，後來出現了來復槍。傳說來復槍是奧利人科爾納發明的。來復槍與滑腔槍的不同處在於，槍管內壁刻有螺旋形的溝槽，稱做...復線，槍也因此而得名。這種螺旋槽使射出...子彈旋轉，這樣子彈的彈道就不會隨意偏...，從而增加準確性和射程。但來復槍也有缺...──造價高，因為射擊時要用木槌把槍彈敲...槍管裡，裝彈費時，發射速度慢。

　　首先大規模使用來復槍的是北美殖民地的居...。在美國獨立前，賓夕法尼亞的工匠大量生產...被誤稱為"肯塔基步槍"的燧發來復槍。這種...輕便靈巧，準確性好，被當地居民購買作自衛...。在北美獨立戰爭中，有上千名當地居民帶著

在薩拉托加戰役中英軍被大陸軍的來復槍打敗。

自家的來復槍加入大陸軍對英軍作戰。在1777年的薩拉托加戰役中，來復槍發揮了關鍵作用。10月7日，英國弗雷澤將軍率領1,600名裝備滑腔燧發槍的英軍士兵進攻大陸軍。當他們進入一片農場空地時，遭到大陸軍弗吉尼亞來復槍團的攻擊。英軍士兵站在沒有遮掩的開闊地上，端著滑腔槍齊射，來復槍團士兵卻躲在樹後從容地瞄準射擊。來復槍的射程是滑腔槍的5倍，所以英軍很快就傷亡慘重，弗雷澤身中數彈倒地，英軍士兵紛紛潰逃。來復槍團士兵趁機向英軍發起衝鋒，取得了勝利。

　　不過，這時的步槍還只是裝火藥發射彈丸的前腔槍，到19世紀中葉前後，發射圓錐形子彈的後腔槍問世，步槍具有了更大的威力，使得火藥兵器進入了新的時代。

"一分鐘人"，是北美獨立戰爭中對當地民兵的稱呼，他們能在接到警報的一分鐘之內趕來投入戰鬥。民兵手中拿的是來復槍。（上圖）

1809年拿破侖軍隊與奧地利軍隊在維也納附近交戰。雙方都裝備了火槍。

19世紀中期克里米亞戰爭中英軍火槍手列隊向俄軍射擊。

手槍點擊

二戰中蘇軍軍官使用的本國產轉輪手槍。

二戰中日軍軍官使用的手槍。右為仿製勃朗寧手槍

　　手槍是指能用一隻手發射的短槍，主要用點射來殺傷近距離的目標，適用於自衛和近戰。由於體積小，手槍是槍類家族中最便於攜帶的。與步槍相似，手槍的發展也經歷了火門槍、火繩槍、燧發槍和擊發槍幾個過程。

　　最早的手槍是 14 世紀意大利製造的"希奧皮"槍。這是一種發射石彈的火門手槍，實際是一根用鐵或黃銅造的短槍管，火門在槍管的上方。約在 14 世紀中葉，出現了用來支撐手槍槍管的槍托。起初手槍並沒有多大威力，是一種心理戰武器，手槍射擊時，火藥爆炸的聲響和煙塵會使騎兵的馬受驚嚇。

　　有實際效用的手槍是 16 世紀用輪盤打火燧發手槍。槍上的輪盤像時鐘的擺輪一樣能動，扣一下扳機，鐵輪盤猛擊燧石，發出火花點着火藥。這種手槍出現後很快就被騎兵採用但當時手槍的射程有限，只能在 5 步左右的近離有較大殺傷力。這時的手槍騎兵採用一種"馬回轉"的戰術：騎兵連續不斷地衝向敵陣，有效距離內開火後就立即向左或向右逸去，周復始，輪番上前。1544年，在倫特之戰中，普士手槍騎兵就是用這種戰術消滅了不少法軍。

　　由於手槍是小型槍枝，可以藏在身上，成了刺客喜歡用的武器。出於防範行刺的慮，1517 年神聖羅馬帝國皇帝馬克西米連宣

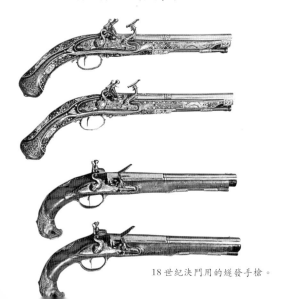

18世紀決鬥用的燧發手槍。

黑火藥兵器時代

俄國大文豪普希金。他是在與人用手槍決鬥時被打死的。

傑克遜提出與他決鬥。迪克森先開槍，打中傑克遜胸部，離心臟只差一點。負傷的傑克遜讓對手站回去，開槍把他擊倒在地。迪克森當天就送了命，為此傑克遜被人傳為神槍手。俄國大文豪普希金也因為妻子的名譽受損而與人用手槍決鬥，竟在決鬥時被打死。

1812年，英國人福薩斯製成了世界上第一枝擊發手槍。這種槍的工作原理是將雷汞裝在底火盤上，用擊針撞擊底火盤，使雷汞起爆，引燃火藥。1825年，美國人德林格發明的手槍也是以擊發雷汞火帽發射子彈，前裝彈藥，單發射擊。1865年刺殺林肯總統的刺客蒲斯用的就是這種手槍。

林肯遇刺。

私人製造手槍為非法。1523年，意大利有的城市規定，沒有得到官方的允許，任何人都不能使用手槍，違者要被當眾砍下一隻手。

17、18世紀前後的200多年間，隨着手槍的普及，在西方盛行的決鬥之風中，手槍代替劍成為決鬥的武器。一般都是男子為維護妻子的名譽而向敗壞其妻名譽者提出決鬥。為適應這一需要，槍械製造工匠還專門生產了決鬥專用的對槍，兩把手槍一模一樣，以顯示決鬥的公平。這樣的決鬥一般都有證人在場，甚至還有觀眾。美國第7任總統傑克遜在當總統前就曾多次與人決鬥，多半與維護他妻子的名譽有關。在迪克森嘲笑傑克遜妻子曾與人私奔時，

兩伊戰爭中伊朗婦女用手槍練習射擊。

手槍點擊

1835年，21歲的美國人塞繆爾·柯爾特發明了轉輪手槍（在中國又稱左輪手槍）。槍上裝有一個轉輪式的彈倉，輪內有幾個彈膛。旋轉裝好槍彈的轉輪，可以連續射擊。這種手槍結構簡單，安全可靠，尤其是在遇到瞎火時只要再扣一次扳機就又能發射了。不過早期的轉輪手槍是裝火藥的，到1873年柯爾特又推出一種名為"和平衛士"的新型轉輪槍，用的是金屬彈殼子彈，可以裝6發，使用方便，價格也低，銷路非常好。1880年，美國總統加菲爾德在巴爾的摩火車站候車時，一個叫吉托的年輕人突然掏出手槍，對準總統的背部開了兩槍，子彈

各種轉輪手槍。（上圖）

美國牛仔。每人都有一枝轉輪手槍。（左圖）

19世紀後期美國婦女在武器作坊校槍。（下圖）

穿過脊椎骨，兩個月後加菲爾德不治身亡，兇手用的就是這種轉輪手槍。

可以這麼說，19世紀後期，美國開發西部的西進運動與柯爾特的轉輪手槍息息相關。在美國西部，趕牛的牛仔們每人腰間都有一枝轉輪槍。他們在跋涉千里把牛送到目的地後，就會在當地小鎮上大把花錢，與人一言不合即拔槍對射。另外在西部為非作歹的罪犯也特別喜愛轉輪槍。殺人不眨眼的歹徒"比利小子"一有空閑就練槍，經常是把手中的轉輪槍拋出，接住，再拋，再接，如此練個不停。他拔槍極快，射擊也極準。1861年他被蓋立特警長跟蹤

黑火藥兵器時代

，被警長手中的轉輪手槍打死。在美國曾經傳過這樣一種説法：在西部，"柯爾特轉輪就是法官，6發子彈就是陪審員"。

1896年，德國開始生產毛瑟自動手槍。這手槍是德國的費德勒兄弟發明的，但由著名械師毛瑟申請專利並生產。毛瑟手槍首創空掛機裝置，由裝10發子彈的彈匣供彈。毛瑟槍出現後很快被各國仿造，生產的數量極。在1927年南昌起義中，朱德用的就是毛瑟槍。這種槍有多種型號，其中1932年式手槍有一個盒子式的木製槍套，是一種火力強、力大的衝鋒手槍。它的彈倉裡有20發子彈，連續射擊。這種槍在中國以"盒子炮"、"駁殼"、"二十響"等綽號著稱，抗日戰爭時期路軍武工隊常用的就是這種槍。

在自動手槍中除毛瑟槍外，勃朗寧手槍名也很大。這是美國人約翰·勃朗寧設計的。勃寧出身在一個槍械師家庭，從小就跟着父親修，因此對槍的構造、原理十分熟悉。1911年

中國抗日戰爭時期，八路軍在長城沿線抗擊日軍。指揮員手中拿着駁殼槍。

他設計了一種自動手槍。這種槍的使用主要通過拉動扳機護圈來完成，彈匣裡裝7發子彈。美國軍方對這種手槍非常欣賞，國防部長狄可遜當年就宣佈用它裝備部隊。一時間，美國軍官以得到一支勃朗寧手槍為榮。後來，製造該槍的柯爾特公司還進行了改進，使其更加完善。勃朗寧手槍的外形精致、美觀，被許多國家選為軍官佩槍，同時也是使用時間最長的手槍。

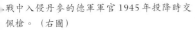

決俄國末代沙皇。行刑隊用的是轉輪手槍。

戰中入侵丹麥的德軍軍官1945年投降時交佩槍。（右圖）

大炮轟鳴

自火藥發明後,使用火藥的槍炮就相繼問世。中國是世界上最早製造火炮的國家,現存最早的一門火炮是元朝至順三年(1332年)鑄的大銅銃。這個銅銃銃管呈直筒狀,近銃口處張大成喇叭形,銃內充填火藥,發射石頭彈丸。

14世紀時火炮的鑄造技術通過阿拉伯人傳入歐洲,首先在西班牙得到運用,然後傳到歐洲其他國家。14世紀中期,西班牙、葡萄牙等國都有了自己的火炮。歐洲火炮後來居上,吸取了中國和阿拉伯火炮的優點,射程遠,射速快,殺傷力強。最先鑄造的是青銅或黃銅炮,但銅炮炮管容易變形,後來逐漸被鐵炮取代。火炮射出的

炮彈起初是石彈。1450年左右,鐵彈逐漸代[替]了石彈,增強了炮彈的衝擊力。到15世紀末[,]歐洲火炮的製造技術已經超過了中國。

早期火炮非常笨重,由炮身、炮尾等幾個[部]分組成。炮身用青銅或鑄鐵澆鑄成圓筒形,可[拆]卸的炮尾是在火藥裝填完後才裝在炮筒上的。[那]時還沒有製造炮架,所以當火炮放置在陣地[上]時,必須為火炮設置木墊板,將火炮架在上面[射]擊。由於火炮發射的石彈重達300磅以上,必[須]用大量火藥充填炮筒。火藥常常塞滿整個炮筒[,]石彈則突出在炮口外面,因此發射無精確度[可]言。為了提高火炮的效用,炮兵不得不將火炮[移]到離城牆很近的地方,這樣才能轟擊到目標[。]

中世紀的造炮作坊。(左圖)

葡萄牙人在印度果阿鑄造的銅炮。(下圖)

黑火藥兵器時代

隨着炮筒的加長，鑄造工藝的改進，攻城火□的威力不斷提高。從 1470 年起，攻城炮已經□摧毀中世紀的城牆和防禦工事。"過去那些能□任何敵人圍攻下堅持一年的堅固城池，現在在□個月內就陷落了，"有一位編年史家記載道，□西班牙人圍攻阿拉伯人佔據的城市時，"把大□拉到城牆下面，它們以難以置信的速度被架設□來，轉眼間就開始發射。它們轟擊得如此迅速□有效，以致過去要花幾天才能完成的任務，在□小時內就做到了"。意大利著名學者馬基亞維□在 1519 年寫道："沒有什麼城牆能留存下來，□論多麼厚，大炮也會在幾天內就摧毀它。"

用大炮攻城的經典戰例是對君士坦丁堡的圍

土耳其的青銅大炮。（左圖）

意大利的青銅大炮。

1507 年土耳其軍隊用火炮轟擊貝爾格萊德城。

攻戰。1453 年，奧斯曼土耳其人圍攻拜占廷帝國的都城君士坦丁堡。經過上千年的建造，這座城的城防工事異常堅固。奧斯曼帝國素丹穆罕默德二世為攻城聘請匈牙利工匠鑄造巨炮，其中最大的一門炮口徑為 88.9 厘米，彈丸重量超過 270 千克。它發射的一發炮彈落地後，衝擊力把一艘威尼斯人的船打為兩段。移動這樣的巨炮，據說需要近千名士兵和 70 頭牛拖曳才能辦到。巨炮發射時威力強大，以致人們傳說孕婦聽了它射擊的轟鳴聲會流產。土耳其軍隊巨炮不停地轟擊君士坦丁堡長達 50 天，把城牆轟塌了一大段，總算攻下了這座中世紀最大的城堡。土耳其人把攻城用的巨炮作為文物長期在君士

固定在木架上的鐵炮。

大炮轟鳴

英法百年戰爭後期，法軍用火炮轟擊英軍艦船。

印度莫臥爾王朝阿克巴的軍隊用火炮對阿富汗人作戰獲勝。（右上圖）

坦丁堡展出，在 350 多年後的 1807 年，這些炮又被用於抗擊入侵的英國艦隊。有兩發 300 多千克重的炮彈擊中一艘英國軍艦，打死了 60 名英國水兵。

　　15 世紀中期，在英法百年戰爭末期，法國把原來用於攻城的火炮轉而用來轟擊英軍部隊，取得了勝利。1490 年前後，法國最早在大炮上造出了炮耳軸，這樣火炮就能穩固地架在炮車上，既移動靈活，又能提高射擊的精度。法國國王查理八世對火炮的改進做了不少貢獻。他取消了可拆卸的炮尾，下令鑄造完整的火炮。他還統一了火炮口徑，把裝在炮車上的火炮用於野戰。在 1494 年法國對意大利的戰爭中，法國野戰炮兵擁有顯著的優勢，炮隊可以根據戰鬥需要隨時

裝在炮車上的鐵炮。

變換陣地，而意大利炮兵卻只能在固定的陣地上開炮，結果敗於法軍炮兵之手。1519 年，法軍在與瑞士軍隊作戰中，再次發揮了野戰炮兵的優勢。瑞士軍隊的主力是長矛兵。在兩天的激戰中，法軍炮兵以強大的火力轟擊長矛兵，使得在歐洲稱霸一個多世紀的瑞士長矛兵大敗而歸。

　　同一時期，善於在野戰中使用火炮的還有捷克名將約翰·傑式卡。15 世紀 20 年代，為了增強火炮的機動性，傑式卡創造出把火炮放在

黑火藥兵器時代

車上圍成營壘的作戰方式。他的軍隊將兩輪或四輪馬車排成縱隊前進，大部分馬車都有金屬裝甲，馬車兩邊開着炮眼，在馬車上裝了許多小型射石炮。炮隊停止前進時，炮車圍成臨時的防禦營壘。士兵們用鏈條將這些炮車連接起來，並在防禦營壘前挖一條防護溝。射石炮或者放在四輪敞篷馬車上面，或者架在泥築的工事或木製炮架上。火槍手和十字弓手在車與車之間射擊，或者通過裝甲馬車的炮眼射擊。還有一些長矛兵負責保護射石炮，防止敵人步兵砍斷連接馬車的鏈條。一旦敵人的進攻被擊退，傑式卡的長矛兵和騎兵就發起反攻，最後解決戰鬥。傑式卡用這種新式戰法率領2.5萬人打敗了德意志人近20萬的精兵。

17世紀時，瑞典國王古斯塔夫首先設想將炮兵作為軍隊中的一個獨立兵種。他認為炮兵是專業性很強的兵種，火炮是技術複雜的兵器，不能讓那些鑄炮工匠壟斷使用火炮的技術。1623年，他組建了世界上第一個炮兵連。1629年，他又將炮兵連擴建為由6個連組成的炮兵團。另外古斯塔夫的炮兵還簡化了裝彈程序，提高了發射速度。在實戰中，正是在瑞典炮兵的轟擊下，西班牙長矛兵大敗，冷兵器最終在戰場上被淘汰。這表明火炮這時已成為決定戰爭勝負的主要兵器。

1525年，印度莫臥爾王朝軍隊在作戰中使用火炮。

15世紀歐洲戰場上炮兵配合步兵作戰。

1870年，普法戰爭中普軍用大炮轟擊巴黎城。（下圖）

城堡攻防

14世紀建造的一座法國城堡。

城堡攻防

　　對使用冷兵器的進攻者來說，歐洲中世紀建造的石頭城堡是難以攻克的。但從15世紀開始，隨着黑火藥兵器的問世，攻城炮對城堡的防守產生了決定性的影響，高聳的磚石建築在大炮轟擊下頃刻間就會土崩瓦解。1453年，奧斯曼土耳其軍隊用青銅巨炮在40天內攻下了以前被認為是堅不可摧的君士坦丁堡。1495年2月，法國國王查理八世率領近兩萬軍隊來到意大利的聖齊奧瓦尼要塞前。這座要塞曾經受過多年的圍攻而沒有陷落，但這次查理八世帶來了40門大炮，在4個小時內要塞圍牆就被大炮轟塌。

　　面對威力強大的火炮，築城技術發生了變化。城牆的高度降低，厚度增加，城牆上每隔一段距離修築一個半圓形塔樓，在城牆和塔樓上架設火炮，對攻城軍隊造成威脅。同時在城堡外挖一條護城河，挖河掘出的土就在城牆內構成壘道，在上面也設置火炮。

火炮出現後建造的法國卡加卡松城牆。

　　為抵擋攻城火炮的轟擊，意大利的軍事工程師設計了一種被稱為棱堡的要塞。棱堡是不等邊的五角形工事，一面朝裡，四面向外。152　年，意大利人桑米凱利在維羅納河岸修建了兩座棱堡。棱堡不僅堅固結實，經得起炮火打擊，而且也便於防守者構成交叉火力。為抵禦歐洲大陸國家的入侵，16世紀30年代英國國王亨利八世下令在英吉利海峽邊修築了28座圓台堡壘，堡壘上佈滿了炮眼。設計堡壘成了一門高深的學

君士坦丁堡城牆。

黑火藥兵器時代

1521 年土耳其人圍攻貝爾格萊德城。

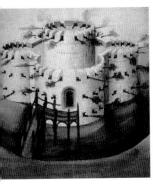

1884 年法軍在越南北部邊境圍攻中國清軍防守的興化城。（右上圖）

英王亨利八世在海岸邊建的堡壘。

問，需要數學和建築學的專門知識。當時有些著名學者也從事這一行業，文藝復興時期的伽利略就在一所大學裡教過築堡工程學。

低矮厚實的城牆結合棱堡，使得攻打要塞成了一樁苦差事，幾乎與建一座要塞一樣辛苦，經常是為了攻城先得造圍城工事，用重兵圍困，迫使城裡人因缺糧而不得不投降。1552 年，在法國梅斯城爆發了 16 世紀歐洲規模最大的一次圍城戰。為了迎擊神聖羅馬帝國皇帝查理五世的大軍，法國軍隊用了 5 個月時間加強這座城市的防務。5,800 名法軍士兵日夜苦幹，加築了厚實的城牆，有的地方竟厚達 16 米，薄弱部位主牆兩邊還建有側牆。11 月 27 日，圍攻者對準一段城牆發射了 7,000 多發炮彈，轟開了 70 多米寬的缺口，仍然攻不進去，因為在缺口兩側，法軍也佈置了不少大炮防守。西班牙人圍困荷蘭海港城市澳斯坦特，是在圍了 3 年之後才破城的。由此可見城防的完善使攻城變得極為艱難。

意大利軍事工程師還創造了新的攻城技術。他們重視攻城的土工作業，首先在要塞四周挖壕溝，先從炮火的射程之外挖起。由這些寬可容人的壕溝朝要塞方向挖成直角鋸齒形的壕溝，寬度剛好能避開從要塞射來的縱向火力，並在沿線按一定間隔佈置大炮。一旦挖到要塞前的斜坡邊緣，工兵就將地雷埋到城堡下面。等到一切都安排好，攻城部隊才用大炮集中火力轟擊突破口，引發埋好的地雷，發動總攻。

因為意大利在城堡攻防技術上比較先進，法國國王法蘭西斯一世不惜重金聘請意大利專家來法國工作，使得法國後來居上，在這方面人才輩出，其中尤以法國國王路易十四時的元帥沃邦成就最大。沃邦設計了有着鈍角的多邊形堡壘，並且堡壘的大部分都建在地下，以減少受炮火轟擊的機會。在沃邦主持下，法國修築的堡壘、要塞不下100個，大多位於北部邊境，裡面存放了大量物資，供邊境的兵站使用。

另外，沃邦還總結出攻城的有效戰術，其核心是挖一系列平行塹壕逐步向要塞推進。他的做法是先切斷要塞的外援，然後在敵方炮火射程之外開挖，構築第一道塹壕。以此為依託，再掘進第二道平行的塹壕。然後以同樣的方式，漸次掘

1631年，德意志的馬格德堡受到圍攻。

1683年，土耳其大軍圍攻維也納。

進第三道平行塹壕，直至要塞腳下，使要塞處在進攻火力的打擊之下，並在要塞城牆下埋設地雷。進攻時，攻城部隊引爆地雷，摧毀要塞壁壘。埋伏在第三平行壕裡的進攻部隊乘勢踏着殘垣斷壁衝鋒，攻陷內城的防禦工事。沃邦一生指揮過40次攻城，全都獲得了勝利。

沃邦攻城還有一個特點，就是每逢攻堅，都要攜帶龐大的觀戰團，有時甚至是路易十四御駕親征，帶領大批宮廷顯貴去觀戰。他們在軍隊營帳旁另建營地，在選定的高地上大飽眼福，看着沃邦指揮士兵挖掘攻城壕溝，有時還

法國國王路易十四。

攻城部隊在野外架設的營帳。

1655年，瑞典軍隊圍攻波蘭都城克拉克夫。（下圖）

有鐵軌連接的"馬其諾防線"。

城堡攻防

會為未來的戰事打賭。當要塞攻克時，觀戰團尤會爭着去參觀俘虜的隊列。

繼沃邦之後，法國軍事工程師蒙塔朗貝爾創立了有獨立堡壘的構築體系。他主張在大的要塞周圍修建一些獨立的小堡壘。這些堡壘看起來彼此孤立，但能夠用火力相互支援。沃邦構築的要塞周圍的防禦工事是由連綿不斷的堡壘群組成的，容易被分割突破。而蒙塔朗貝爾設計的獨立堡壘就難對付得多，因為每座堡壘都必須一一奪取，敵人在沒有奪得其中三四座前就不可能對要塞本身實施圍攻，而且對每座堡壘的圍攻，隨時都有可能被附近堡壘內的守軍打斷，這就大大地加強了防禦的效果。法國一直保持着建築防禦壁壘的軍事傳統。二戰前，在當時陸軍部長馬其諾的倡議下，法國在與德國交界的邊境上建造了'馬其諾防線'。這條防線全長 314 千米，由一系列有鐵軌連接的要塞和輔助工事組成，築有許多地下工事和混凝土掩體。可惜的是，這個曾被人認為是無法攻克的防線，後來在戰爭中竟然沒有發揮多大作用。

列隊橫行

排成橫隊的線式隊列是從步兵方陣發展而來的。之所以要排成橫隊，主要是由於步兵兵器發生了變化，士兵們手中拿的不再是刀矛等冷兵器，而是發射彈丸的火槍。早期火槍殺傷力有限，要想瞄得很準不容易，士兵們列成橫隊排槍齊射可以加強火力，增大作戰的威力。在歐洲，最早的火槍手橫隊出現在 16 世紀西班牙的步兵方陣中。

16 世紀前期，西班牙國王查理一世進行軍事改革，由火槍手和長矛兵合編組成步兵方陣。在實戰中，方陣中的火槍手創造出一種新戰術——後退裝彈技術。在齊射後，前排的火槍手在排與排的間隙中成排退到後排去裝彈

藥。這樣如果有 10 排以上的火槍手橫隊，就可以保持火力一直不間斷。這種由步兵排成橫隊作戰的火力優勢很快就在戰爭中表現出來。1525 年，法國國王法蘭西斯一世率軍在意大利與西班牙步兵交戰，結果法軍大敗，法蘭西斯一世本人也被俘。法軍傷亡8,000人，西班牙軍傷亡不到1,000人。在法軍傷亡者中大部分是被密集的火槍子彈擊中的。

16 世紀末，荷蘭名將摩里斯對步兵團隊也進行了改革。他把火槍手的縱深行列減少，而每列的橫隊則加寬到 250 米。這種戰鬥隊形就以他的名字命名為"摩里斯橫隊"。他對軍事訓練很重視，要求士兵在複雜的地形條件下也能

在美國獨立戰爭中，排列成 3 列橫隊的英軍準備攻打崩克山。那時的北美民兵不排隊形。（上圖）

英軍以線式隊列鎮壓愛爾蘭起義者。

19世紀中期的克里米亞戰役中，線式隊列仍是步兵的常用隊形。（右圖）

迅速編隊並進行隊形變換。摩里斯的改革大大
增強了軍隊的戰鬥力。他手下部隊不多，通常
不到 1 萬人，但打了許多勝仗。這些都是原始
的線式隊列，幾十年後當西方的步兵大多使用
火槍時，就普遍採用橫隊的線式隊列作戰了。

18 世紀初，歐洲的火器技術發展迅速，過
去的刀矛劍戈等冷兵器基本已被淘汰，步兵都
裝備了帶刺刀的前裝燧發槍。火器的射程，步
槍為 200～300 米，前裝滑膛炮 600～800 米，
射速每分鐘 1～2 發。這樣比起冷兵器來有了更
大的攻擊距離，士兵不用短兵相接就能殺傷對

在美國獨立戰爭的約克戰役中，英軍以標準
的橫隊作戰。

在 18 世紀中期的七年戰爭中，各國軍隊都
用典型的線式隊列作戰。（左圖）

在克里米亞戰場，英、俄兩軍用橫隊交戰。

方。為了有效地發揮火器的威力，軍隊排成線式
橫隊作戰。起初，這種隊形的縱深達到 10 列，
後來隨着彈藥裝填速度加快，逐漸減少到 3～4
列。在接近敵方陣地時，第一列士兵取跪姿，第
二列取立姿，按照統一口令齊射，然後反方向行
進裝彈；接着後面兩列已做好準備的士兵依次前
進一起射擊。在齊射的同時整個隊列以緩慢的速
度前進，最後用刺刀同敵人短兵相接。

當時之所以採用這種隊形作戰，是因為士
兵用的燧發槍裝換彈藥需要一定的時間，同時射
擊精度又不高。為增強作戰的火力，也為保證軍
官能有效地控制部隊，就需要士兵排成橫列的編
隊，按照統一命令齊射。這種作戰勝負差不多完
全是靠一次橫隊衝擊來決定的。1759 年 9 月，
在英國與法國爭奪北美殖民地魁北克的戰鬥中，
英軍和法軍都排開線式隊列交戰。身穿猩

列隊橫行

在1759年的一次作戰中，法軍用騎兵衝擊英軍步兵橫隊。

列隊橫行

紅軍服的英軍士兵先擺開長長的橫隊陣勢，等着同樣也排成橫隊的法軍士兵來進攻。在上了刺刀的法軍排成3列衝到雙方相距只有50米的地方，英軍突然齊射，打得法軍士兵愕然止步。英軍隊列再向前邁進幾步，接着又是一陣齊射……時間不長戰鬥就結束了，魁北克就此從法國手中劃出歸了英國。

為了使橫隊排列得整齊劃一，要對士兵進行正規訓練。因此，閱兵場從這時起有了更重要的作用，每個士兵成天訓練用統一的步伐行進，手持武器保持同樣的角度，射擊的每個動作都要同

北美大陸軍以線式隊列前進。

時完成。據說訓練這樣一支能打仗的軍隊需要年時間。這時的軍隊開始注重軍服的華美和綬帶的裝飾。這也就形成了18世紀作戰的特點：機械死板，注重形式，墨守成規，缺乏創見。

儘管如此，在線式隊列的發展中，18世紀前期普魯士軍隊還是做出了自己的貢獻。在歐洲各國軍隊中，普軍對士兵的訓練最嚴，尤其是隊列訓練，要求士兵在行進中保持精確的步伐。當有許多部隊在一起作戰時，也要求他們在行進中保持線式隊列。為使各個營並列行進，保持一條線，條令規定隊列行進每分鐘7

步。普軍讓每一列中的士兵肩並肩挨着，在戰場上一步一步行進，隊列牢固的程度要能抵擋得住騎兵的衝擊。1740年，腓特烈當上了普魯士國王，稱腓特烈大帝。他經常在早上4點就去部隊巡視，並親自訓練士兵。有個法國人講述親見他在營房裡訓練一個營："天空中下着鵝毛大雪，但這一點也沒有影響全營的訓練，他們還像在好天氣裡一樣照常訓練。"嚴格訓

黑火藥兵器時代

腓特烈大帝檢閱隊列整齊的普軍。

普魯士的腓特烈大帝。（左圖）

在1815年的新奧爾良戰役中，美軍構築堅固陣地，並以炮兵支援，抗擊英軍線式進攻隊列。

練造就的普軍排列的線式隊列陣勢嚴整，並能迅速組成戰鬥隊形。1757年10月，腓特烈率普軍與奧地利軍隊作戰。兩軍相遇時，普軍各排之間的距離與每排正面的寬度保持精確一致，在軍官統一指揮下，兩個縱隊的各排同時向左轉90°。面對奧軍隊列，所有普軍突然展開呈戰鬥隊形。普軍用傳統的交替射擊方式猛衝奧軍的側翼，致使奧軍全面潰敗。可以說，腓特烈是把線式隊列戰術運用到極至的軍事家。

　　經過長時間戰鬥的檢驗，線式隊列的缺點也明顯地暴露出來。它的橫隊縱深很淺，比較單

1900 年的天津楊柳青版畫，描繪義和團大戰八國聯軍。畫中兩軍都排成橫隊迎敵。

薄，很容易被攻破；正面過寬，狹長的橫隊只能適應平坦開闊的地形；兩翼薄弱，無法實施機動作戰。因而排列成橫隊的步兵在獲勝後也難以乘勝追擊，只能打擊潰戰。到 19 世紀初，有些軍事家開始考慮用散兵隊列來代替線式隊列，以提高作戰的機動性，同時也減少戰鬥的傷亡。

列隊橫行

軍事奇才拿破侖

　　拿破侖是法國傑出的軍事家。他縱橫馳騁歐洲戰場 20 多年，一生指揮過的戰役將近 60 次，其中多數打了勝仗。他常以少勝多，以弱勝強，多次戰勝反法聯軍。他的軍事思想對於軍事科學的發展有重要貢獻，被後人稱為"真正的軍事藝術的巨匠"。

　　1769 年，拿破侖生於科西嘉島一個沒落貴族之家。不滿 10 歲他就被送到一所軍官預備學校學習，6 年後又被保送到巴黎軍事學校深造，學習炮兵業務。畢業後他在一個炮兵團服役，在部隊時他勤奮讀書，讀了不少歷史上名將的傳記，還系統鑽研了炮兵的專業知識。

　　1789 年，法國大革命爆發。拿破侖擁護這場革命，站在革命政府一邊。1793 年 9 月，他被派到土倫參加攻城的戰鬥。土倫是個海港城市，城防堅固，被王黨分子和英國軍隊控制，

法國畫家萊因斯的作品《拿破侖皇帝》。

拿破侖在土倫港點燃大炮轟擊英國軍艦。

政府軍久攻不下。在海港裡還停泊着英國艦隊。拿破侖到達土倫，經過周密考察，提出了自己的攻城方案。他的設想是發揮炮兵優勢，把大炮架到海港附近的高地上，居高臨下，用密集炮火轟擊英國艦船，趕走英國艦隊後再攻城。在他參與指揮下，英國艦隊撤走，土倫城被攻下。在這一戰役中，拿破侖顯示出了軍事才能，很快就被提升為準將。

　　1795 年 10 月，法國政局動蕩，王黨分子組織了兩萬多人在巴黎發動叛亂。拿破侖臨危受命，帶人鎮壓叛亂。他命令在街頭用大炮轟擊王黨的叛亂隊伍，開創了用大炮鎮壓城市叛亂的先例，由此他名聲大噪。1796 年 3 月，他被任命為意大利方面軍司令，率軍出征。4 月，他率軍4

黑火藥兵器時代

萬多人翻越阿爾卑斯山天險，進入意大利。而他
面對的奧地利和撒丁王國聯軍卻有6萬人之多。
他利用敵人防守分散的弱點，集中優勢兵力，分
割包圍，先打敗撒丁軍隊，再重創奧軍，攻入奧
地利境內，直逼維也納，迫使奧地利求和。

　　奧地利被擊敗後，反法聯盟中只剩下英國
在同法國作戰。為了打擊英國，拿破崙提出遠
征埃及以切斷英國與東方聯繫的計劃，得到批
准。1798年5月，他率領3萬多遠征軍出發，
月在埃及登陸。法軍在開羅附近金字塔下打敗
了當地騎兵，但停泊在埃及港口的法國艦隊被
英國海軍名將納爾遜的艦隊全殲。第二年7
月，拿破崙得知國內局勢不穩，法軍已被趕出
意大利。他果斷地決定把軍隊交給部下，自己
帶500人乘4艘戰艦躲過納爾遜艦隊的攔截，返
回法國。這年11月9日，身為巴黎衛戍司令的
拿破崙發動軍事政變，推翻了原有的督政府，
成為掌權的執政府的第一執政。

　　拿破崙執政後決定再次遠征意大利，打擊
意大利境內的奧地利軍隊。這一次他翻越阿爾
卑斯山沒有走原路，而是選擇了一條距離最短

但難以通行的行軍路線。他率軍攀越號稱"天
險"的聖伯納德山口，只用7天就越過阿爾卑斯

拿破崙發動政變，推翻督政府。

法國畫家大衛的作
品《拿破崙越過阿爾
卑斯山》。

大衛的作品《拿破崙頒授鷹旗》。

山，進入意大利。這一行動完全出乎奧軍司令意料之外。1800年6月，法軍和奧軍主力在馬倫哥決戰。奧軍兵力佔有優勢，法軍起初損失慘重，不斷退卻。但拿破侖在法軍面臨潰敗的情況下穩定了軍心，在得到一個師增援後發動反攻，又一次打敗了奧軍。

1804年，拿破侖宣佈法國為帝國，他本人在巴黎聖母院受教皇加冕，稱拿破侖一世。第二年12月2日，拿破侖在加冕一周年的日子，在奧斯特利茨大敗俄國和奧地利聯軍，取得了軍事上空前的勝利。1806年，他率領近20萬法軍在德意志境內的耶拿與普魯士軍隊交戰，僅用6天就結束了戰鬥，法軍長驅直入佔領了普魯士都城柏林。第二年2月，在波蘭境內的艾勞，法軍與

拿破侖在耶拿戰役中獲勝。

拿破侖在艾勞戰役中。

俄軍打了一仗。這是一場惡仗，拿破侖親臨前線，在炮火不斷襲來的艾勞墓地指揮戰鬥。他身邊的侍衛人員許多人在炮火中喪命，但他為了激勵士氣，鎮定自若，終於使法軍擋住了俄軍的猛攻。不久，俄軍在另一次會戰中被法軍消滅了三分之一，俄國被迫與法國簽訂和約。

1812年6月，拿破侖不滿俄國暗中繼續與英國有貿易來往，率領60萬大軍入侵俄國。9月，兩軍在離莫斯科120千米的博羅金諾村激戰，雙方都損失慘重。隨後俄軍退卻，實行堅壁清野。法軍進入莫斯科，但這座城市在一場大火中被燒毀。10月，處於困境的法軍只得撤退。在撤退途中，法軍沿路不斷遭受攻擊，死傷累累，潰不成軍。只是靠了拿破侖的疑兵之計，殘餘的法軍才得以渡過別列津納河，避免了全軍覆沒的命運。離開俄境時拿破侖率領的法軍只剩下兩萬多人。

1813年10月，法軍與反法聯盟各國的軍隊在德意志境內的萊比錫會戰。法軍處於劣勢，被打得大敗。第二年拿破侖被迫退位，被放逐到地

黑火藥兵器時代

寫一執政拿破侖。（左上圖）

衛的作品《拿破侖加冕》。（右上圖）

中海的厄爾巴島。 1815 年 2 月，他奇跡般地返回法國，重新登上帝位。6月，重整旗鼓的法軍與聯軍在比利時境內的滑鐵盧會戰。在這場關鍵性的戰役中法軍再次戰敗。他又第二次退位，被流放到大西洋中遙遠的聖赫勒拿島。在那裡拿破侖住了 6 年，直至 1821 年去世。

　　作為世界戰爭史上最有影響的軍事家，拿破侖戎馬一生，積累了豐富的作戰經驗。他善於鼓勵、激勵士兵，大膽提拔有才能的將領。他是炮兵出身，重視炮兵的作用，可以說，直到拿破侖統率軍隊，炮兵才真正成為一個完全獨立的兵種。在戰略上，他注重軍隊的機動性，在作戰時經常集中優勢兵力，在最適當的時機和地點各個擊破分散之敵，取得讓人意想不到的勝利。但"善泳者終溺於水"的慨嘆應驗了，在對手逐漸熟悉了他的作戰風格以及他發動的戰爭帶有侵略性質時，即使有一代名將之稱的拿破侖也難有作為，最終在滑鐵盧結束了他的軍事生涯。

莫斯科大火。　　　拿破侖從厄爾巴島返回法國。
（左上圖）　　　　（上圖）

萊比錫之戰。　（左圖）

奧斯特利茨戰役

　　奧斯特利茨戰役是拿破崙指揮的最著名的
一場大戰。這次戰役被恩格斯稱為 "戰略上的
奇跡"。他認為,只要戰爭還存在,這次戰役
就不會被忘記。

　　這一戰役爆發的背景是:1805 年,俄國、
奧地利、英國和瑞典等國組成了第三次反法聯
盟,與法國在軍事上對抗。這年 8 月,拿破崙
因法國艦隊在特拉法加被英國海軍名將納爾遜
的艦隊消滅,放棄了登陸英國的計劃,轉而把
進攻的鋒芒對準歐洲大陸的反法聯軍。這時,
拿破崙得到奧軍向西進發、俄軍正出發要與奧
軍會師的消息,於是決定統率大軍東進,趕在
敵人兩軍會師前攻佔奧地利首都維也納。

　　決心既下,拿破崙立即命令集結在加來海峽
岸邊布倫軍營的 17 萬法軍強行軍,趕到多瑙河
邊。在不到 20 天的時間內,這支龐大的軍隊快速
穿越法國本土,從英吉利海峽開到多瑙河,幾乎沒
有病號和掉隊的,由此可見拿破崙軍隊兵員意志之
堅,身體素質之高。由於法軍行動迅速,駐守在奧
地利境內烏爾姆附近的奧軍沒有防備,遭到法軍的
迂迴包圍,被打得大敗。不久法軍又佔領了維也
納,但不久為對付其他戰線,法軍被迫分兵。

　　遭到失敗的奧軍放棄了維也納,向北轉
移。俄軍得知奧軍戰敗的消息後,與退卻的奧

法國畫家魯菲渥魯筆下拿破崙戎裝胸像。

法軍騎兵。

黑火藥兵器時代

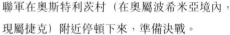

會合，一起向東撤退。這時俄奧聯軍有8.7萬
人，而追擊的法軍只有7.3萬人，處於相對的弱
勢。而聯軍兵力還有很快得到增強的可能，10
萬普魯士軍隊正準備出發來增援聯軍。法軍和

俄國沙皇亞歷山
大一世。

庫圖佐夫元帥。
（下圖）

聯軍在奧斯特利茨村（在奧屬波希米亞境內，
現屬捷克）附近停頓下來，準備決戰。

決戰前夕，拿破侖故意示弱，引誘敵人來進
攻。他故意命令前哨部隊撤出奧斯特利茨村西面
利於防守的普拉欽高地，還派人去向俄國沙皇求
和。在與沙皇派來的代表會見時，拿破侖裝出一
副憂傷、不安的模樣，給對手留下他已膽怯、急
於求和的印象。這一假象起了作用，誘使聯軍決
定主動向法軍進攻。沙皇亞歷山大一世和奧國皇
帝弗蘭茨一世都親自參戰，法方除拿破侖自己在
戰場指揮外，幾乎所有的元帥都在場。因為有三
國的皇帝到場指揮作戰，所以這一戰役又被稱為
"三皇之戰"。俄軍司令庫圖佐夫很有軍事才
幹，但他必須執行兩位皇帝共同制定的作戰計
劃，在兩位皇帝的干預下他無法有效地指揮作
戰。由於失望，庫圖佐夫在會戰前的軍事會議
上，當參謀人員宣佈沙皇的作戰計劃時，他一聲
不響，臉上一副漠然的表情。實際上他知道這一
計劃行不通，並反對打這一仗。

1805 年 12 月 2 日早晨，濃霧散去，天空放
晴，太陽冉冉升起，拿破侖事後稱之為"奧斯特
利茨的太陽"。這一天是拿破侖加冕稱帝一周年
的紀念日。聯軍4萬人先發起進攻。拿破侖只用

奧斯特利茨戰役

某拉元帥。他指揮法軍騎兵參加了奧斯特利茨戰役。　　　　　　　　　拿破侖在奧斯特利茨戰役中。

奧斯特利茨戰場上的普拉欽高地。

跟隨拿破侖四處征戰的法軍步兵。

奧斯特利茨戰役

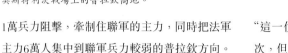

1萬兵力阻擊,牽制住聯軍的主力,同時把法軍主力6萬人集中到聯軍兵力較弱的普拉欽方向。

　　戰鬥打響後,達烏元帥指揮的法軍首先頂住了聯軍的進攻。接着蘇爾特元帥指揮法軍主力把握時機,搶佔普拉欽高地。中午,法軍在普拉欽方向擊潰聯軍,並切斷了聯軍的後路。俄軍被壓迫到半冰凍的薩地斯湖上,突然遭到法軍炮火猛擊,冰層被炸碎,俄軍的火炮等重裝備大部分掉進冰湖中。俄國近衛騎兵陷入泥潭,淹死、凍死、被殺的很多。法軍把幾十門大炮架在普拉欽高地上,向在湖中掙扎的俄軍開炮,戰鬥變成了屠殺。聯軍士兵四散逃命,奧皇弗蘭茨一世和俄皇亞歷山大一世倉皇騎馬逃走。庫圖佐夫臉上受傷,差點被俘。

　　在這次戰役中,俄奧聯軍損失3.5萬人,炮兵幾乎被全殲,丟下了全部的彈藥和糧食,而法軍損失不到1萬人。這一戰役一舉打垮了第三次反法聯盟,奧皇宣布廢除早已名存實亡的"德意志民族神聖羅馬帝國"皇帝的稱號。這是拿破侖戰爭史上最輝煌的一次勝利,使他獲得了歐洲第一名將的榮譽。拿破侖晚年曾說:

"這一仗打得實在是好。同樣的仗我曾打過3次,但沒有一次比得上這一次。"

　　第二天,拿破侖向參戰的士兵發佈文告讚揚他們:"不朽的光榮歸於你們,我的雄[ ]們。在俄奧皇帝指揮下的10萬軍隊,不到4[ ]時就被打得落花流水,沒有死在你們劍下的[ ]些人,也在湖裡淹死了。"戰後第四天,普[ ]士的外交使節來見拿破侖。他本來的使命是[ ]表普魯士向法國宣戰,但看到拿破侖獲得了空[ ]前的勝利,他立刻隨機應變,面帶微笑向拿破[ ]

共軍炮兵。

使用不同武器的法軍步兵。

成趕入冰湖的俄軍。（下圖）

1814年，弗蘭茨一世和亞歷山大一世在維也納城外會面。這時他們已經戰勝了拿破侖，報了奧斯特利茨戰役戰敗的一箭之仇。

侖祝賀勝利，並表示普魯士願與法國結盟。拿破侖知道他態度變化的原因，譏諷地對他説："命運女神把您祝賀的對象改變了。"

1806年1月，在巴黎，人們以盛大儀式迎接拿破侖凱旋。在倫敦，人們在哀樂聲中為反法聯盟的主要組織者英國首相小皮特舉行葬禮。奧斯特利茨戰役中俄奧的慘敗，使小皮特心力交瘁，一病不起。臨終前，他讓人取下掛在牆上的歐洲地圖説："捲起來吧！今後10年不需要它了。"言外之意是拿破侖的軍事勝利將大大改變歐洲的政治地圖。

在軍事史上，奧斯特利茨戰役有着極為重要的地位。按照著名軍事家約米尼的説法，近代大規模的野戰產生於1805年，也就是以這一戰役為起點。以前的作戰大多採用的是刻板的傳統戰法，一方猛攻，一方堅守。而在這一戰役中，拿破侖靈活用兵，以計謀驕縱敵人，誘敵分兵，自己則集中兵力，擊敵虛弱之處。法軍以一部分兵力抗擊、牽制敵人的主力，寧可在局部處於不利地位，甚至還蒙受損失，但使用優勢兵力於敵軍的薄弱之處，予以殲滅性的打擊，獲得全局的勝利。這種打法後來成為拿破侖指揮作戰的典型戰術。

滑鐵盧戰役

　　滑鐵盧戰役是拿破崙20年軍事生涯中打的最後一仗，但卻是一場敗仗，也就由此決定了他政治生涯的終結。交戰雙方之所以要打這一仗，與拿破崙在前幾個月戲劇性地從厄爾巴島返回法國有關。

　　1815年3月，拿破崙率1,000多人從地中海中厄爾巴島的流放地逃脫，返回法國。他只用了23天時間就順利地回到巴黎，重新執掌政權。一聽說拿破崙又重新在政治舞台上活躍起來，英國、俄國、普魯士、奧地利等國立刻重組反法聯盟，調兵遣將，準備動員70萬大軍對拿破崙開戰。而拿破崙最多只能調集30萬法軍迎戰。考慮到兵力不足的問題，拿破崙決定先發制人，趁反法聯盟軍隊還沒集結好就主動出擊，以攻為守，進軍比利時，打敗駐紮在那裡的英軍和普魯士軍隊，以改變對他不利的軍事態勢。

　　因為要留下軍隊在國內鎮守，拿破崙能夠調出國境作戰的軍隊只有12萬人，但他卻要對付英國威靈頓公爵統率的9萬英軍和布呂歇爾元帥的12萬普魯士軍。而且一旦拖延時間，眼看還有21萬奧地利軍隊和15萬俄國軍隊也會趕來參戰。到那時拿破崙面對的敵人對他將更加具有兵力上壓倒的優勢。拿破崙便計劃採用他慣用的戰術，趕在英軍和普軍會合前將它們各

個擊破。

　　1815年6月16日，戰役開始。拿破崙親率法軍主力攻打布呂歇爾統率的普軍，初戰獲勝，但被打敗北撤的普軍仍有戰鬥力。17日天下起了大雨，拿破崙讓格魯希元帥率領三分之一法軍去追擊去向不明的普軍，其餘法軍在原地休息。威靈頓則抓緊時間命令英軍在離布魯塞爾不遠的小村子滑鐵盧附近設防。

威靈頓公爵。

法軍在猛攻聖拉埃莊園。（下圖

法軍騎兵
損失慘重。

威靈頓公爵
在滑鐵盧。
（左圖）

遠又便於瞄準的來復槍，強攻堅固堡壘實在不易。交戰處於膠着狀態，法軍在泥濘的山坡上留下了1萬多具屍體，沒有多大突破。雙方軍隊疲憊不堪，統帥們也焦慮不安，都在等待增援。威靈頓等待布呂歇爾，拿破崙則等待格魯希。這時格魯希正率軍轉來轉去，一直沒有發現被打敗北撤的普軍的蹤跡。他雖然已聽到從不遠處滑鐵盧戰場傳來的炮聲，可是未去增援，因為他要執行拿破崙追擊普軍的命令。

　　到下午，法軍新的攻勢已開始動搖英軍防線，如果這時得到增援，局勢定能改觀。為躲避法軍猛烈的炮擊，威靈頓把英軍撤往山崗的後坡。內伊以為英軍是在潰退，就命令騎兵衝鋒。頓時近2萬法軍騎兵猛衝蘇格蘭團隊的步兵方

　　18日快到中午時，拿破崙命令內伊元帥率法軍主力進攻英軍陣地。法軍在大炮數量上佔有優勢，就先用炮轟擊，然後進攻英軍陣地左翼的聖拉埃莊園。這裡是威靈頓堅固設防的堡壘。法軍步兵以密集縱隊衝鋒，遭到莊園裡排槍齊射火力的阻擊，傷亡很大。當時英軍裝備的已是射程

法軍騎兵衝擊蘇格蘭步兵方陣。

陣，在密集的防禦點之間來回穿插，傷亡很大，但並沒有取得突破。成群騎兵遭到英軍步兵的排槍射擊，傷亡枕藉，地上的屍體和傷員經常擋住騎兵衝擊的去路，他們只好用馬刀亂砍一氣，試圖殺出一條血路。英軍的傷亡也很大，在得到快守不住的報告時，威靈頓下達了一道死命令："讓大家都死在自己的崗位上吧！我已經沒有援軍了。即使犧牲到最後一個人，我們仍要堅持到布呂歇爾的到來。"

正在這生死存亡之際，沒有被格魯希找到的普軍幾萬人卻趕到戰場來增援。拿破崙以為格魯希也會跟隨普軍趕來，他孤注一擲，調動了最後的預備隊——老近衛軍投入決戰。直到最後一

LIGHT DRAGOONS *Serving in the* EAST INDIES.

刻，他還在等待格魯希的到來。但拿破崙的敗局已定，普魯士援軍已在攻擊法軍側翼，英軍也開始轉入反攻。他的老近衛軍列成方陣慢慢退了下來。英軍向四面被圍的老近衛軍勸降，老近衛軍寧死不降，罵聲不絕，直至全軍覆沒。等到大戰結束格魯希趕到戰場時，一個參謀軍官告訴他已經沒有法蘭西帝國和拿破崙皇帝了，他的3萬多

老近衛軍被打敗。（上圖）

英軍諾福克步兵團。（左圖）

英軍炮兵。（上圖）

英軍輕騎兵。（左圖）

英軍槍騎兵。（中圖）

蘇格蘭人繳獲了法軍鷹旗。

那隊完整地回到了法國。

　　拿破侖從戰場逃脫回到巴黎，不久他就宣佈退位，在戰勝國代表的押送下，被英國巡洋艦"諾森伯蘭"號送到新的流放地——大西洋中的聖赫勒拿島。在閑散的流放生活中，他後悔自己沒能死在 1812 年與俄軍激戰的戰場上：要是我死在博羅金諾，我的死就會像亞歷山大帝的去世那樣令人惋惜。在滑鐵盧捐軀也不錯。"就在這無盡的悔恨中， 1821 年 5 月他死在這個荒島上。

　　滑鐵盧戰役是拿破侖的命運中關鍵的一戰，後來許多軍事史專家都探討過其中的得失成敗。首先是拿破侖用人不當，他依靠的兩位主將格魯希和內伊都算不得上將之才。格魯希愚魯遲鈍，對滑鐵盧戰敗負有很大責任；內伊雖作戰勇敢，但缺乏獨立指揮大兵團作戰的能力。其次，威靈頓是個擅長打防禦戰的將軍，他善於利用地形地物的掩護等待敵人進攻，在用有效火力阻止住敵人後尋機發動反攻。威靈頓成功地選擇滑鐵盧南面的山坡設置陣地，堅守待援，最終取得了勝利。再次，拿破侖的對手已很熟悉他慣用的戰術，因而相當注意兵力的集結和相互間的救援。而拿破侖在滑鐵盧大戰前的幾次前哨戰中只是一再擊潰敵人，沒有一舉殲滅，所以才會出現後來在關鍵時刻敗於敵人援軍的恨事。最後，當時槍手使用的來復槍殺傷力較強，若是眾多槍手排成密集隊形射擊，對主要依靠馬刀等冷兵器衝擊作戰的騎兵的殺傷力極大。所以說，在滑鐵盧戰役中，拿破侖總的戰略安排是正確的，但在一系列具體戰術實施上卻一再失誤。結果正如法國作家雨果所說："滑鐵盧是一場頭等戰爭，卻被一個次等的將領勝了去。"

在英國軍艦甲板上的拿破侖。（左圖）

帆船海戰

英王亨利八世時建造的“瑪麗玫瑰”號戰船。

從 16 世紀開始，在世界範圍內海軍進入了帆船海戰的時代。1500 年，歐洲出現了“全索具帆船”，有多根桅桿、多面風帆的新式艦船不僅在順風時能藉助風力航行，就是在逆風時也可掛上三角斜帆前進。最早採用風帆航海的國家西班牙和葡萄牙曾嘗試把火炮安裝在帆船上，但由於火炮後坐力大，安裝在船頭、船尾的火炮數量不能太多，否則艦船就要失去平衡。後來英國較為成功地把火炮與帆船結合在一起，建造了風帆戰船。

15 世紀末，英王亨利七世建造了戰船“偉大亨利”號，重 1,500 噸，是世界上第一艘風帆戰船。英王亨利八世比他父親更重視海軍建設，下令建造快速靈活的新型戰艦，艦上裝有前膛式火炮。因為這種炮太重，只能裝在甲[板]上。後來有個叫貝克的造船木工想出個辦法，在船的兩舷開設圓形炮口孔，航行時關上，需要時可以把炮伸出來。這樣不僅船頭有火力，而且側舷也有火力，因為炮多，火力更猛。第一艘裝有側舷火炮的戰船是“瑪麗玫瑰”號。亨利八世的軍艦最大的有 80 門火炮、4 根桅桿。從這時起，舷炮齊射成了海軍的主要戰術。

1571 年在希臘境內爆發的勒班多海戰是戈

勒班多海戰

黑火藥兵器時代

勒班多海戰後，隨之而來的是英國與西班牙爭奪海上霸權的戰爭。依實力而論，英國海軍起初不如西班牙海軍。英國女王伊麗莎白一世於是下令重新設計建造艦船，拆除舊式戰船上的船樓炮台，使新式戰船航速快，更靈活，因而被稱為"快帆船"。1588年，西班牙國王腓力二世派遣號稱"無敵艦隊"的船隊前去攻打

帆船海戰時代有時也有跳幫登船的舊戰法。（左上圖）

皇家海軍在徵召水兵。（上圖）

西班牙的"無敵艦隊"。（左圖）

槳戰船與風帆戰船混用的一次海戰。作戰雙方是西班牙、威尼斯的聯軍艦隊與土耳其艦隊。這次海戰中的戰船帆槳並用，船頭上已配備了大炮。聯軍在火炮上佔有優勢，並在船上配有火槍手，而土耳其人還依靠船上的弓箭手。開戰後，"戰船撞擊聲與炮擊聲同時響起"。當時土耳其海軍用的還是古代撞擊、登船和火攻這些傳統戰術，在火炮轟擊和火槍阻擊下多次被擊退，土軍司令卡普丹也在炮戰中被炸死。聯軍士兵乘亂接舷登上土艦，割下卡普丹的頭掛在桅桿上。土軍頓時士氣受挫，很快戰敗，損失了200艘船和3萬人。這一海戰宣告了划槳戰船時代的終結以及風帆戰船時代的到來。在勒班多海戰獲勝後，聯軍艦隊司令約翰下令給參戰的1.5萬名奴隸槳手以自由。

英國。"無敵艦隊"擁有130艘戰船（總噸位5.6萬多噸）、8,000名水手和兩萬名士兵，準備在海戰獲勝後由船上的陸軍在英國登陸。英國積極應戰，調集了180艘戰艦（總噸位3萬噸）迎戰"無敵艦隊"。

7月底，兩支艦隊在英吉利海峽遭遇，接連進行了多次戰鬥，前後持續了好幾天。雙方都根

1783年英國艦隊與法國艦隊在西印度群島的一場海戰。

據自己的優勢確定戰術。英國艦隻構造精良，行駛靈活，船上有遠程火炮，射程是西班牙戰船的3倍。西班牙戰船船身高大，航行遲緩，但配備的是殺傷力強的短程重炮。西班牙戰船組成一道密集的新月形隊列，企圖把英艦引入射擊圈，以便能用重炮轟擊，再由水兵隨後緊跟登船。英國艦隊拒不向前，只是把艦船排成一條直線，用遠程火炮猛轟。"無敵艦隊"火炮射程短，無法還擊，處於被動捱打的局面。英國艦隊還以8艘舊船改裝成火船，燃燒後順風急駛，衝破西班牙的新月形防線，使西班牙艦隊亂成一團，只得向北退卻。英國戰船緊隨其後，不停轟擊，直至炮彈打完後才返航。"無敵艦隊"有十多艘船被俘，

在返航途經蘇格蘭時又遭遇風暴，損失了更多的船，最後只有43艘艦船回到西班牙。"無敵艦隊"在幾天的海戰中發射了10萬多發炮彈，竟沒有打沉一艘英國艦船。最後的結果是，西班牙損失了大部分戰船、1.5萬人，而英國只損失了100多人，一些戰船受傷。

這是世界海戰史上第一次風帆戰船間的較量。在這次海戰中，英國海軍充分發揮了側舷炮的火力優勢。每5艘戰船編成一組，一艘側舷炮射擊時，其餘的裝填彈藥。5艘戰船接力般不間斷射擊，不僅火力強大，射擊速度也快。

17世紀後期，英國與有"海上馬車夫"之稱的荷蘭之間爆發了3次戰爭。每次英荷戰爭

1672年英荷戰爭中的一場海戰。（上圖）
"無敵艦隊"潰敗。（左圖）
1803年英法艦隊在布倫相互炮擊。（下圖）

黑火藥兵器時代

都以海戰為主，雙方各有勝負。但在海戰中，荷蘭的海上優勢逐漸喪失，英國取而代之，成為海上強國。在英荷戰爭中，英國皇家海軍逐漸拋棄了古代的單橫隊或新月隊形，形成了線式隊形。這就是在海戰中，戰船排成連貫的縱列，中間不能有斷缺。到18世紀前期，戰船兩舷已佈滿大炮，桅桿上下掛滿風帆。當時英國海軍已形成了一種慣用的作戰方式：每隊戰船大約為12艘，首尾相接，排成一路縱隊，駛過敵船時艦炮齊射。採用這種海軍隊列作戰有一個前提，就是要求對方也採用同樣的隊列。另外用這樣的戰術隊列很容易使海戰打成一場消耗戰，雙方的炮戰只是互有損傷，難以殲滅對手。18世紀中葉，法國軍事理論家克拉克寫了《論海軍戰術》一書，提出在海戰中實施機動作戰的思想，要不怕打亂艦船隊形，敢於切斷敵艦隊隊列，殲滅敵人。19世紀初，英國海軍名

英國皇家海軍"波瑞阿"號戰艦，裝有28門大炮。

將納爾遜採納了這一海戰戰術思想，並有所發展用之於實戰，取得了特拉法加海戰的勝利。

最後一次大規模的帆船海戰是1827年的納瓦里諾海戰。這場海戰是英法俄三國聯合艦隊為支持希臘獨立與土耳其艦隊作戰，戰場選在希臘的納瓦里諾灣，英國海軍將領考德林頓率聯合艦隊全殲了土耳其艦隊。納瓦里諾海戰標誌着帆船海戰的終結，隨之而來的將是海軍蒸汽鐵甲艦的時代。

納爾遜率領的皇家海軍艦隊。

納瓦里諾海戰。（右圖）

特拉法加海戰

納爾遜。

　　特拉法加海戰是世界海軍帆船時代最著名的一場戰役。在這場海戰中，英國皇家海軍名將納爾遜功成身歿，成為受英國人景仰的民族英雄；也在此一戰中，稱霸歐洲大陸的拿破侖大軍永遠喪失了入侵英倫三島的機會。這場海戰的緣起與拿破侖企圖跨海攻打英國的計劃有關。

　　1805 年秋，英吉利海峽戰雲密佈。拿破侖在法國西北的布倫海岸集結了 17 萬法軍，還造了上千艘登陸用的平底船，準備跨海進攻英國。當時拿破侖成天盼着起霧，在霧天，法國船隊不被英國艦隊發現，就能把法軍護送過海峽。他説："只要起 3 天霧，我就能成為英國的主人。"面對海峽天險，大膽想象的拿破侖還冒出一個從空中、海上、地下三路進攻的立體戰計劃：製作幾千隻氣球，讓法國士兵靠氣球順風飄往英國；在地下挖一條穿越海峽的隧道，派一支

拿破侖攻打英國的海陸空立體戰計劃示意圖。

駐紮在布倫的拿破侖大軍，
準備用於跨海攻打英國。

黑火藥兵器時代

納爾遜的旗艦 "勝利" 號。

勝利" 號衝入敵艦隊。

力旅通過隧道突然出現在英國；在海上用船在軍
艦護航下運送法軍在英國海岸登陸。這一計劃有
一個致命的弱點，就是不切實際。

　　讓英國人感到放心的是，他們有納爾遜統率
的皇家海軍在海上保駕。英國海軍名將納爾遜從
就在海上服役，12歲時以海軍候補生身份上
艦實習，21歲當艦長，有着豐富的海上作戰經
驗。他曾多次指揮英國戰艦取得海戰的勝利，也
多次受傷，右臂失去，右眼失明。這時他擔任
國海軍艦隊司令，率艦隊在海上封鎖法國的港
口，時刻在尋找殲滅法國艦隊的機會。

　　拿破侖知道，要攻入英國關鍵是要掌握制
海權。這時西班牙站在法國一邊，把海軍交給拿
破侖指揮，這樣法國艦隊實際成了法國和西班牙
的聯合艦隊。拿破侖命令海軍上將維爾納夫率聯
合艦隊離開西班牙的加的斯港，開赴意大利那不
勒斯，如果在途中遭遇英國艦隊就予以消滅。

　　1805年10月21日，維爾納夫的聯合艦隊與
納爾遜的艦隊在西班牙的特拉法加海角遭遇。
聯合艦隊有32艘艦船，納爾遜的艦隊只有27
艘，在數量上處於劣勢。但納爾遜帶兵有方，
英國艦隊在軍事訓練、作戰經驗和武器裝備等
方面都比對方強得多。納爾遜在戰前已把自己
的作戰設想向各艦長細加說明，他決定採用快
速突擊、近戰殲敵的戰術。納爾遜一反當時各
國海軍艦隊慣用的一路縱隊線式隊列，把艦隊
一分為二，用兩列縱隊隊形以垂直角度攻擊敵
艦。他的第一分隊有15艘艦船，交給海軍上將
柯林伍德指揮；第二分隊由他親自指揮，只有
12艘艦船。

　　大戰在即，納爾遜的旗艦 "勝利" 號上打出
一句著名的旗語："英國期待人人恪盡職責。"
這是納爾遜每逢決戰時必打的信號。而維爾納夫
在大戰前卻有些怯戰，發出改變航向的命令，想
讓艦隊靠近加的斯港，以便在作戰不利時好讓

兩支艦隊在特拉法加遭遇。

特拉法加海戰

艦隊有個退路。這一命令使聯合艦隊的隊形被打亂，一直到戰鬥打響，戰鬥隊形都沒排列好。

正午時分，交鋒開始。柯林伍德的旗艦"君主"號做了個漂亮的轉身動作，首先突入敵艦隊尾部。柯林伍德抓住戰機，下令艦船兩側舷炮齊射，使一艘西班牙戰艦喪失了戰鬥力。尾隨的英國艦船也照此行事，插入敵艦隊列，用船上兩側的舷炮同時射擊。

這時納爾遜親自指揮的第二分隊面對着 21 艘敵艦。他本想衝擊敵艦隊前衛，但臨時發現敵人艦隊中央薄弱，便隨機應變率艦隊快速插入敵艦隊中部。納爾遜身着海軍上將的華麗軍服，胸前佩戴漂亮的勳章，站在前甲板上，指

揮艦船集中火力攻擊維爾納夫的旗艦"比桑托號，很快就打得它濃煙滾滾。聯合艦隊被攔腰截成兩段，陣勢大亂。

英國艦船衝進對方艦隊隊列後，出現了混戰、近戰的局面，艦船與艦船間都靠得很近。法國戰艦"可畏"號以為英國水兵會跳幫登船，就停止了開炮，讓水手拿着火槍去艙面阻擊。納爾遜當然不會採用跳幫這種古老的海戰方式，但他誤以為"可畏"號不開炮是準備投降，就下令"勝利"號暫停開炮。納爾遜的這一誤會給他本人帶來了致命的後果。"可畏"號趁此機會用艦

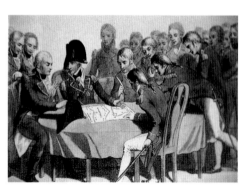

納爾遜在大戰前夜向艦長們説明作戰計劃。

炮向"勝利"號開火，船桅上的槍手還抓住機會一槍擊中了納爾遜。由於子彈射入脊椎骨，納爾遜受了致命傷，在戰鬥結束前死在船艙裡。

柯林伍德這時已殲滅了敵後衛艦船，接替納爾遜指揮作戰。他下令集中艦炮火力，猛攻敵艦隊中部。下午兩點多鐘，聯合艦隊招架不住，全線潰退。大部分艦隻起火，船體傾斜，水兵們紛紛跳入水中逃命。"比桑托"號動彈不

雙方艦船在特拉法加海戰中抵舷近戰。

黑火藥兵器時代

用側舷炮齊射攻擊敵艦。（上圖）

納爾遜中彈。（左圖）

拿破侖頒布“大陸封鎖令”後，法軍在
燒毀從英國走私來的貨物。（右圖）

在帆船海戰中，18世紀標準的戰術是排成
縱隊作戰，一支艦隊作為一個整體參戰，一艘船
接一艘船依照整齊的順序偏舷齊放，反復以縱隊
隊列與敵艦隊接戰。這種戰術重視的是隊列的秩
序，但雙方只是進行互有損傷的炮擊，不能進行
決戰。納爾遜改變了這種海戰方式，強調戰術的
進攻性，採用二列隊形，快速衝進敵戰鬥編隊，
以船對船的混戰方式作戰。英國皇家海軍艦長的
指揮水平和水兵的軍事素質都遠遠超過對手，善
於獨立作戰，即使是在隊形被打亂，無法進行有
序指揮的情況下，也能體現艦隊指揮官的作戰意
圖。正是有了這樣的前提，納爾遜大膽攻擊的混
成戰術才取得了巨大的成功。

19世紀早期英國一種
軍棋的封皮，表現從少
年水兵到海軍上將的成
長過程。納爾遜就有這
樣的經歷。

特拉法加海戰

導，被迫降旗投降，維爾納夫當了俘虜。

特拉法加海戰是帆船海戰史上一場以少勝
多的殲滅戰，英國大獲全勝。法西艦隊除幾艘艦
船帶傷逃回外，其餘的都被擊沉或被俘，官兵死
傷1.4萬多人；英國方面僅傷亡1,500人，艦船
的損失也很小。經此一戰，拿破侖放棄了跨海攻
英的計劃，後來他頒佈“大陸封鎖令”，禁止英
國商品在歐洲大陸出售，以此來打擊英國。

近代兵器時代

　　近代兵器出現於何時沒有一個確定的年份，大致可以定在 19 世紀中葉。兵器發展到脫離黑火藥時代首先反映在火藥的變化上。1846 年，意大利人索布雷羅發明了用硝化甘油製作烈性炸藥的方法，但因為硝化甘油性能不穩定，隨時可能發生爆炸，也就難以用於軍事。1867 年，瑞典人諾貝爾發現用硅藻土作穩定劑，能使硝化甘油成為使用安全的炸藥。從此火藥的威力大大增強，為兵器進入近代奠定了基礎。

　　與火藥的變化幾乎同時，槍炮的設計開始由前腔裝藥轉變為後腔裝彈，還出現了可用於撞擊點火的雷汞以及圓錐形彈頭，這就形成了現在所用槍炮的基本式樣。1861～1865 年的美國內戰是處於兵器過渡時期的一場戰爭，前膛槍炮與後腔槍炮並存。南軍在葛底斯堡戰役中的慘敗反映了這樣一個趨勢：隨着槍炮火力的增強，作戰時再沿用過去列隊橫行的線式隊形已不合時宜。由於火器有了更大的殺傷力，作戰隊形隨之改變，散兵隊形越來越多地用於實戰。19 世紀後期，槍枝家族又添了一個具有更大威力的新成員——機槍。馬克沁發明的重機槍完全改變了作戰方式，連發的機槍使密集衝鋒的戰場成了殺戮場。日俄戰爭中旅順攻堅的艱難就體現了這一點。

　　20 世紀初的第一次世界大戰表現出與以前截然不同的戰爭模式，戰爭中巨大的傷亡使作

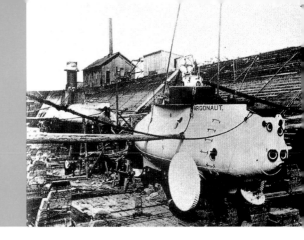

戰雙方都難以承受。多重設防的塹壕幾乎無法
攻克，複雜的防禦工事、密集的鐵絲網、機槍
構成的交叉火力、炮群無休止的轟擊，使對峙
的塹壕戰長時間拖延。為打破僵局，交戰雙方
發明了新式兵器。英國發明的坦克將兵器的攻
防功能集於一身，要以坦克履帶碾開塹壕防
線；德國發明的毒氣踐踏戰爭法規，毒霧瀰漫
使防禦者在不覺中棄守、致殘。

　　一戰中由飛機升空引發出空戰，將戰爭範
圍擴大到空中，出現了海陸空立體戰的概念。
盡管早期空戰還沒有以後那麼殘酷，但意大利
軍事理論家杜黑已經預言，在以後的戰爭中控
制制空權將至關重要。

　　近代海軍在3個方面有重大進展：一是以蒸
汽動力代替風帆；二是以鐵甲軍艦代替木頭戰
船；三是以新式艦炮代替前膛舷炮。一時間海軍
強國的鐵甲艦在世界各地耀武揚威，各國競相發
展標誌本國軍力的萬噸"無畏艦"。根據這一情
況，美國軍事理論家馬漢提出了"海權論"，認
為在當時的世界，誰掌握了制海權，誰就能制敵
於死地，稱霸於世界。1905 年對馬海戰中日本
海軍全殲俄國艦隊，更使各國堅持海軍發展中的
"大炮巨艦主義"。在一戰中，潛艇發揮了很大
作用，尤其是水面艦隻不如英國的德國海軍，大
量使用潛艇擊沉對手的商船，以破壞敵國的海上
運輸，這就把作戰範圍又擴大到了水下。

後膛槍炮

從前膛槍炮轉變為後膛槍炮是兵器的一大進步，首先是威力增強，再者使用也更加方便。比如，後膛槍裝填彈藥就不必豎起槍身，只需打開槍管的尾部。裝彈速度和發射速度都大為加快。最早的後膛槍是英國軍官弗格森發明的。1777年，弗格森帶了100枝他設計的後膛槍去北美殖民地，參加鎮壓當地的反英起義。這種槍每分鐘能裝彈6～8次，速度遠遠超過別的步槍。1780年，弗格森在一次戰鬥中被打死，奇怪的是英軍以後再沒有繼續使用這種後膛槍。

後來出現的擊針後膛槍使槍械發生了革命性的變化。1835年，普魯士人道賴澤發明了擊針後膛槍。這種槍增加了槍機，槍機的機頭與槍筒尾部緊密連接，射擊時火藥氣體不會泄漏，這樣就增加了射速，同時也提高了命中精度。不久又出現了圓錐形子彈，將火帽與引殼、彈頭合為一體，通過撞針撞擊發火。

但在後膛槍剛出現時，也有人阻礙它在軍隊中的使用和推廣。據説，有個普魯士將軍討厭後膛槍，臨終前留下遺言，在他的墓地舉行葬禮時，要用前膛槍鳴放，否則他死不瞑目。另一次，一個瑞士軍事代表團訪問普魯士，其中一個將軍在檢閱了裝備後膛槍的部隊後説："用嘴吃東西是高貴的（指前膛槍），瑞士人不會用從後面裝填的'灌腸槍'來射擊。"但戰場上的現實卻最能説明問題。

手握後膛槍的美國印第安人阿帕奇部落酋長。

美國兵在二戰中用的全套步兵武器。（右圖）

近代兵器時代

1866 年，普魯士和奧地利兩國發生戰爭。奧軍裝備的是前膛槍，裝彈速度慢，火力比裝備後膛槍的普軍差得多。結果在薩多瓦戰役中奧軍大敗。這場戰爭之後，奧地利、法國、瑞士等國很快淘汰了前膛槍。俄國對是否換用後膛槍有爭議。陸軍大臣米柳京在看到後膛槍的威力後立即上書沙皇稱："採用後膛槍的決心如果稍有猶豫，後果將不堪設想。"沙皇於是讓陸軍部派人出國考察，去美國考察的戈洛夫少校回國後，盛讚後膛槍火力猛的優點，在事實面前，俄軍全部換用後膛槍。

1865 年，德國槍械設計師毛瑟設計了發射金屬子彈的後膛單發步槍，1872 年這種槍被定

南非布爾游擊隊員懷中的槍是新式的毛瑟步槍。

後膛槍炮

為德國陸軍的制式裝備。這是世界上最早採用金屬彈殼槍彈的機柄式步槍。1880 年，毛瑟在槍管下方增設了可裝 8 發子彈的彈倉，射手可接連不斷地推拉機柄發射，直到子彈射完。1888 年，毛瑟又對他的步槍作了改進，使用盒式彈倉，裝 5 發子彈，發射新發明的無煙火藥槍彈。許多國家都仿造過這種槍，1893 年中國的漢陽兵工廠開始生產的俗稱"老套筒"的步槍，就是這種毛瑟槍。19 世紀末，各國相繼採用阻力小的尖頭流線形子彈，槍彈基本定型。

19 世紀 80 年代，美國軍方曾為陸軍使用的步槍向各國軍火商招標，結果中標的是北歐生產的克雷格步槍。這種槍的性能遠不如毛瑟槍。在 1898 年的美西戰爭中，美國士兵手中的克雷格步槍根本不是西班牙士兵用的毛瑟槍的對手。由於美軍具有人數的優勢，並且使用了加特林

1899 年在菲律賓的美國兵用的步槍不如他們的對手西班牙人。

年，意大利的卡韋利少校製造了世界上第一門後膛炮。這門炮的炮管中有兩條旋轉的來復線，使用圓柱形炮彈。1859 年，法軍在意大利

二戰中德國兵用的突擊步槍。槍管彎曲的是曲射槍可以向一般武器無法射擊到的死角開火。

重機槍，才打敗了西班牙軍隊。事後美國的斯普林菲爾德兵工廠乾脆模仿毛瑟槍，生產一種改進型步槍裝備美軍。

在一戰中，出現了發射手槍子彈的步兵連發武器——衝鋒槍，但衝鋒槍因為槍管較短，射擊命中率低。為把衝鋒槍和步槍的優點結合起來，二戰中德國發明了一種新槍種——突擊步槍。這種槍射速快，命中率高，兼有步槍和衝鋒槍的雙重功能。有一個叫卡拉什尼科夫的蘇軍坦克手在戰鬥中負傷，住在醫院裡。他知道德國有這種射擊準確的衝鋒槍，就立志要發明一種更好的槍來打擊敵人。從此他就成為一個專業槍械設計師。1947 年卡拉什尼科夫設計的 AK47 突擊步槍被定為蘇軍的制式武器。這種槍火力猛、精度高、維修保養方便，被前蘇聯及其盟國軍隊使用。僅在冷戰期間前蘇聯國內就生產了 780 萬支 AK47 突擊步槍。而美國軍隊使用的是槍械師斯通納設計的 M16 突擊步槍。在越南戰爭中，交戰雙方的步兵用的就是這兩種名槍。

後膛炮最早出現在 19 世紀 40 年代。1846

這個非洲烏干達少年兵手中的槍是前蘇聯的 AK47 突擊步槍。

一戰中索姆河戰場上的榴彈炮陣地。（左圖）

近代兵器時代

與奧地利軍隊作戰，法軍用的後膛炮威力顯然超過了奧軍的前膛炮。1854年，英國的阿姆斯特朗爵士改進了炮栓，製造出更加完善的後膛炮。這種炮炮身用鋼材製造，炮彈也是圓柱尖頭形的。擊發時強大的爆炸力使炮彈嵌入膛線，既解決了漏氣問題，又獲得了高速的旋轉運動。在製造後膛炮的隊伍中，德國的克虜伯公司奮起直追，長時期處於領先地位。這家公司的創辦人阿爾弗雷德·克虜伯自幼喜愛研究槍炮製造，年輕時曾去英國深造，回國後創建了這家公司。在火炮生產中，他注意使用優質鋼材，製造出的克虜伯大炮是世界上最先進的。

後膛炮問世後，為滿足實戰的需要，到今

美國戰後研製的自行火炮。

奧地利在一戰中使用的重迫擊炮。

馬島戰爭中英國海軍陸戰隊員
使用帶有瞄準器的突擊步槍。

美軍在越南戰場常用的步兵武器
是這種M16輕型步槍。（左圖）

德國在二戰中
使用的反坦克
炮。（右圖）

天火炮已經發展成為一個種類齊全的大家族。在1904年的日俄戰爭中，俄軍為使炮彈能打到躲在近處戰壕裡的日軍，試着將大炮進行大仰角發射，使彈道高拋，炮彈就能落在敵人藏身的戰壕裡。俄軍從這件事得到啟發，研製出發射仰角大於45°的曲射火炮，這就是迫擊炮。1870年普法戰爭後，德國為了打落法軍的軍用氣球，研製出了"氣球炮"，這種炮後來發展成為打飛機用的高射炮。一戰中俄國把火炮裝在卡車底盤上，這就出現了自行火炮。還有用於摧毀坦克的反坦克炮、發射火箭彈的火箭炮等。這些新出現的火炮與原有的加農炮（長炮管）、榴彈炮（短炮管）一起，成為歷次戰爭中炮火轟鳴的重要角色。

後膛槍炮

散兵遍野

在西方，整個18世紀步兵基本上都是排着線式隊列作戰的。但就在這時，這種標準隊形的弊端也顯露出來，其死板、僵硬的隊列既不靈活，也容易將自己暴露在敵人的火力之下。為糾正這些弊病，當時就有在戰場上廝殺的軍人自發地嘗試用新的隊列來代替線式隊列。早在18世紀中葉的奧地利王位繼承戰中，在奧軍中服役的克羅地亞人就不用線式隊列，而是散佈在戰場上，使與他們作戰的土耳其人窮於應付。

在1775～1783年的美國獨立戰爭中，北美起義者的兵員素質、武器裝備都無法與訓練有素、裝備精良的英軍相比，因此起義者不可能用正規戰術戰勝採用線式隊列作戰的敵軍。不過起義者也有優勢，他們熟悉地形，有作戰的積極性，於是他們就本能地採用了散兵群戰術。所謂散兵群，是一種三五單兵成群，彼此疏散分開作戰的隊形。美軍常把英軍引到農場、森林等等地形複雜的區域作戰。在那裡訓練較差但行動靈活的散兵群，可以找到抵擋敵人密集火力的掩護物，靈活變換位置，打擊敵人。而排成橫隊的英軍，難以保持隊形，容易暴露在對方的火力打擊下。比如，在1775年6月的崩克山會戰中，1,500名北美民兵就是利用山地的有利地形，用散亂隊形阻擊了3,000名並肩排成橫隊的英軍士兵。

到18世紀70年代，歐洲的步兵武器有了轉

在崩克山之戰中北美民兵用散亂隊形與排成橫隊的英軍交戰。（上圖）

意大利愛國者加里波第組織的"千人紅衫軍"。他的這支部隊不按操典作戰，衝鋒時隊列散亂。（左圖）

近代兵器時代

大改進。後坐力大、不便於瞄準的步槍直槍托被改為彎槍托；笨重的炮架被改為比較輕便、堅固的炮架。隨着兵器的改進，俄國軍隊在隊列戰術上也做了改革。俄軍將領魯緬採夫和蘇沃洛夫在戰鬥中有意識地將步兵編成散開隊形，並與縱隊隊列配合使用。1812年，在博羅金諾戰役中，俄軍在與拿破侖大軍作戰時，已將步兵縱隊和散開隊形運用得相當熟練。這種戰鬥隊形的特點是：前為散兵線，後為密集縱隊，另外配備騎兵和炮兵。戰鬥開始時，先以炮火猛轟，後以散兵攻擊，繼以騎兵襲擊。這樣幾次輪番攻擊後，步兵縱隊再投入衝擊，以決定最後的勝負。

到19世紀以後，軍事技術尤其是步兵兵器發生了革命性的變化。來復槍代替滑膛槍，後膛槍代替前膛槍，連發射擊代替單發射擊。這一系列變化使步槍威力超過了火炮。在1870年的普法戰爭中，步槍造成的傷亡大約是火炮的10倍。以前步兵射擊是從距敵50～100米開始，現在則從400米距離開始。在這種射程增加、精度提高、射速加快的步兵武器面前，如果沿用刻板的線式隊列，只能是傷亡慘重，以失敗告終。

在1853～1856年的克里米亞戰爭中，俄軍與英國和法國聯軍交戰。戰爭中，英法聯軍除了武器勝過對手外，在隊列戰術上也開始有所改進。聯軍嘗試散兵戰術，即步兵在接敵行動中呈疏開隊形行動，在達到步槍射程之內時分散成

博羅金諾戰役的交戰場景。

1899年，布爾人游擊隊在南非攻擊英國的一列裝甲列車。（上圖）

描繪克里米亞戰爭的畫作《點名》。這場戰爭是對線式隊列的嚴峻考驗。

1900年英軍在布爾戰爭中已摒棄了線式隊列的死板戰術。

散兵線，一面射擊，一面利用地形掩護前進，
到達衝擊出發地時再會齊，最後在優勢火力掩
護下向敵人展開衝鋒。在實戰中俄軍也發現了
這種散兵戰術的價值，並迅速仿效。在 1854 年
11 月的因克爾曼會戰中，就有俄軍面對敵人的
優勢火力，在進攻時預先把步兵縱隊疏散開呈
散兵線，以最小的損失通過了敵軍的火力控制
地帶，接近敵人，再用刺刀進行白刃格鬥，贏
得了勝利。但這種在實戰中出現的新戰術當時
並沒有得到各國軍方的重視。

　　在美國南北戰爭中也出現過類似的情況。
戰爭初期，受過正規訓練的北軍士兵在開闊戰
場上仍機械地按步兵操典規定，保持着整齊、
密集的線式隊列，結果成為南軍士兵射擊的靶
子。而不正規的南軍士兵卻在戰鬥中分散成一
小群一小群，每兩個士兵之間又拉開一定距
離。當軍官揮動軍刀下達衝鋒命令後，所有士
兵迅速向前，雖然隊伍既不整齊也無秩序，但
效果很好。後來北軍也學會了使用散兵戰術，
給擺開堂堂陣勢的南軍軍團以沉重打擊。1863
年的葛底斯堡戰役南軍的戰敗就與戰術隊列的
這一變化有關。

　　這種散兵戰術在 1877 ～ 1878 年的俄土戰爭
中正式得到承認，並在以後的幾十年中成為陸
軍戰鬥隊形的基本樣式。散兵戰術的具體做法
是：步兵在敵人炮兵射程之內接敵行動時，呈
疏開隊形行動；在達到敵步槍火力射程後散開
成散兵線。散兵一面射擊，一面利用地形向前
躍進。前面的步兵在到達衝擊出發陣地後，後
面的炮兵就以超越射擊進行火力準備，隨後步
兵躍出陣地，端起刺刀向敵人發起衝擊。在衝
擊過程中，步兵同時以密集的步槍火力掩護自

散兵遍野

美國南北戰爭中的科林斯戰役。畫面可以看出進攻的
南軍已不排橫隊。

第一次世界大戰中的奧地利軍隊已注意利用地形地
物。（上圖）

《斯美爾塘的衝鋒》，描繪參加 1877 ～ 1878 年俄土戰
爭的羅馬尼亞軍隊，他們彎着腰正在衝鋒。

近代兵器時代

一戰中英軍在練習
挖戰壕。

己，殺傷敵人。

　　19世紀末，諾貝爾發明了無煙火藥後，新
兵器發展迅速，連發步槍、重機槍相繼問世。在
密集的火力面前，散兵戰術又進一步得到發展，
散兵之間的間隔起初為一步左右，後隨着火力的
加強，間隔增加到五六步遠。這一變化在1904
～1905年的日俄戰爭中反映得非常明顯。但這
時也有不少在戰術上保守的將軍反對散兵戰術，
強調士兵挺直身子衝鋒是勇敢的表現，而低着身
子匍匐前進則是貪生怕死的行為，但他們的陳見
換來的只是士兵無謂的犧牲。

1916年的索姆河戰役英軍傷亡慘重。（上圖）

散兵遍野

一戰中巨大的傷亡主要是機槍造成的。

　　第一次世界大戰期間，輕重機槍、野戰重
炮的大量使用，再加上戰壕中架設層層帶刺鐵絲
網，使得防守的火力網空前密集，攻佔敵人設防
陣地的難度大為增加。這就要對散兵戰術再做改
進。因此，在一戰中散兵隊形演變成了以輕機槍
為核心的散兵群，使得進攻中的散兵自身也有強
大火力掩護，並且步兵要在離敵很遠的地方就疏
開隊伍分進，以適應實戰的需要。

葛底斯堡戰役

1861～1865年間的美國南北戰爭是19世紀自拿破侖戰爭以來最重要的一場戰爭。戰爭的起因是南方為保留奴隸制而想從聯邦制的美國分裂出去。有些軍史專家稱這場戰爭是最後一次老式戰爭和第一次新式戰爭，主要是指在這場戰爭中兵器和戰術方面出現了革命性的變化。戰爭開始，雙方軍隊主要裝備的是前裝滑膛槍，發射小型彈丸。但到戰爭的最後兩年，不少軍隊更換槍械，裝備了新式的後膛槍，發射圓錐彈頭。由於步槍殺傷力增強，原先排着線式隊形以排槍相互射擊的作戰方式顯得過時，有時士兵在進攻時已注意散開隊形，一路尋找掩護體。到戰爭後期，雙方都構築堅固的戰壕工事，一守就是幾個月。

在戰爭中期爆發的葛底斯堡戰役就體現了這一兵器和戰術的重要變化。

葛底斯堡戰役是一場遭遇戰。在此之前的交戰，在軍事技術上佔據優勢的南方軍隊勝多敗少，士氣高昂。但南方的物資供應條件較差，打仗只能速勝，不宜久拖。這就使南軍總司令羅伯特·李決心把戰事引到北方去，企圖利用北方的資源來供應他的軍隊。羅伯特·李是個出色的將領，戰前就在美國軍隊中享有很高的威望，在美國對墨西哥的戰爭中立有戰功。南北戰爭爆發後，美國總統林肯曾有意對他委以重任，許諾讓他指揮10萬大軍。但李將軍的家鄉弗吉尼亞是蓄奴州，他表示不能把劍指向自己的家鄉而拒絕

葛底斯堡之戰。

羅伯特·李。

近代兵器時代

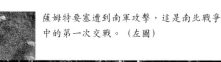

薩姆特要塞遭到南軍攻擊，這是南北戰爭中的第一次交戰。（左圖）

南北戰爭中用過的大炮。

南軍最後的堡壘。

了林肯，並出任南方軍隊的總司令。

1863 年 6 月，羅伯特·李率領連連獲勝的南軍主力北弗吉尼亞軍團北上，一路上沒有遇到什麼抵抗。6 月底在賓夕法尼亞州的葛底斯堡小鎮，他的軍隊與米德指揮的聯邦軍波托馬克軍團迎頭相遇。雙方實力相當，北軍 9 萬人，南軍不到 8 萬人。兩軍一相遇就交戰，由此爆發了葛底斯堡戰役。整個戰役共持續了 3

天，最激烈的戰事發生在第三天。

7 月 1 日戰役開始，2.5 萬名南軍與北方聯邦軍 1.9 萬人交戰。這一天南軍一直在進攻，人數處於劣勢的聯邦軍打退了南軍一次又一次猛攻。到中午時聯邦軍散亂地從小鎮撤出，佔領了小鎮附近的公墓嶺。這是一個利於防守的陣地。下午 3 點鐘，羅伯特·李趕到葛底斯堡，命令南軍的一個軍長尤厄爾去佔領公墓嶺。尤厄爾認為聯邦軍已經在山上掘壕據守，調來不少大炮，還是不進攻為好。當天夜裡，雙方全部的軍隊都進入了陣地。

第二天早晨，南軍將領朗斯特里特向羅伯特·李建議，鑒於聯邦軍的陣地十分鞏固，不宜強攻，還是把軍隊迂迴到南面，選擇合適的陣地再與聯邦軍決戰。這時，羅伯特·李鬥志正旺，認為他的軍隊戰無不勝。而且南軍的後勤供應

聯邦軍中第一個黑人團在勇猛衝鋒。

不足，急於要與聯邦軍在戰場上見個分曉。李將
軍決定讓朗斯特里特和尤厄爾分別率部進攻。

朗斯特里特特進攻聯邦軍左翼，他對這次作戰
不積極，拖延到傍晚才發起進攻。在一片遍地亂
石的山坡上，兩軍展開了一場殊死拉鋸戰。南軍
雖然攻勢凌厲，但各個旅配合不好，在打得筋疲
力盡之後放棄了進攻。尤厄爾部對聯邦軍右翼發
動的進攻也沒有成效。羅伯特‧李認為，對聯邦
軍兩翼的進攻已使對手抽調了防線中部的力量，
第二天再集中3個師，由北弗吉尼亞軍團的精銳
部隊皮克特師打頭陣，進攻聯邦軍陣地中部，就
一定能取得突破。

7月3日下午1時，雙方先是開始了南北戰
爭中規模最大的一次炮戰，南軍100多門大炮
對公墓嶺聯邦軍陣地轟擊，幾乎用盡了所有的
炮彈。然後身穿灰色軍服的南軍士兵發起進
攻，1.5萬人在師長皮克特的指揮下排成長長的
隊列前進。前面是將近一英里全無掩護物的空
地。在一片傾斜的開闊地上，藍色的弗吉尼亞軍

"皮克特衝鋒"。

旗迎風開路，皮克特的士兵越過曠野和草地，就
像在練兵場上行進一般穩步向前推進。這完全是
古代戰爭中表現軍人勇氣的姿態，但在這時就顯

南軍頑強防守的戰壕工事。

葛底斯堡戰場上屍橫遍野

南軍戰敗。

得不合時宜。在接近公墓嶺時，聯邦軍炮兵用密集的炮火猛轟，把南軍隊伍切成幾段，接着是雨點般的步槍子彈。南軍士兵穿過開闊地時，每個人都成了隱蔽在石垛和工事後面的射手的活靶子。皮克特的部隊抵達公墓嶺的聯邦軍陣地時，人數大概只剩下出發時的一半了。接着便展開白刀戰。這場被稱為"皮克特衝鋒"的結局是只有00多人攻入聯邦軍陣地最後一道防線，但寡不敵眾，不是被打死就是成了俘虜。一個南軍少校說："我們的力量太弱了，打不垮敵軍。"戰鬥結束時皮克特對李將軍說他已沒有軍隊了，李將軍痛苦地自責："這都是我的錯。"

雙方在這一戰役中都損失不小，但南軍的損失更大一些。聯邦軍傷亡2.3萬多人，佔作戰部隊的四分之一，而南軍傷亡2.7萬人，佔作戰部隊的三分之一。戰場上屍橫遍野，奄奄待斃者呻吟呼喚。葛底斯堡戰役是南北戰爭的一個轉折點。如果南軍在這場戰役中獲勝，英國將會承認南方的邦聯政府，戰爭的進程就會大不一樣。這一戰役之後，南軍由盛轉衰，艱難地又打了兩年沒有希望的仗後投降。

葛底斯堡戰役是近代世界軍事史上新舊兵器戰術和軍事思想交替更新時代爆發的一場重要戰役。這時由於火器的殺傷力大增，以前戰場上盛行的排成線形隊列衝鋒的做法已經過時，取而代之的是散兵衝鋒，以盡可能減少傷亡。如果再採用原先閱兵分列隊形進攻，就會遭遇難以承受的重大傷亡。"皮克特衝鋒"全軍覆沒的結局就反映了這一變化。可惜的是一代名將羅伯特·李未能及時認識到這一點，造成了指揮決策的重大失誤。

葛底斯堡戰役後4個月，林肯在葛底斯堡國家烈士公墓落成典禮上發表演說，提出"民有、民治、民享"的原則。（下圖）

羅伯特·李簽署投降書。（右圖）

機槍連發

　　機槍是一種連續射擊的槍械，射手扣住扳機，機槍就能自動發射並自動退彈殼、裝子彈。在歷史上使用最多、影響最大的機槍是馬克沁重機槍，但機槍的雛形最早出現在中國。早在 16世紀中期，明代人趙士楨為提高火銃的發射速度，發明了能連續射擊的多管迅雷銃。1674年，清代火器發明家戴梓研製出了連珠銃。這種火器可以一次裝填 28 發彈丸，連續射擊。連珠銃曾短時間用於作戰，但清廷不重視這一新槍種，使得連珠銃"器藏於家"，沒有得到發展。

　　在西方，到 1718 年，英國律師帕克爾發明了一種手搖機槍。這種槍在試射時用7分鐘打出了 63 發子彈。有趣的是，帕克爾機槍發射兩種

子彈，一種是圓形彈，一種是方形彈。據說圓形彈是專門用來殺傷信基督教的敵人的，而方形彈則用來殺傷信伊斯蘭教的土耳其人。但因這種機槍過於笨重，裝彈困難，未被軍隊採用。

　　1862 年，美國人加特林發明了一種 6 管手搖機槍。槍架上安放 6 根槍管，射手轉動曲柄，依次發射子彈。由於這種機槍射速快，火力強，一經發明就在美國南北戰爭中發揮了作用。在中法戰爭中的馬尾海戰中，中國福建水師幾乎全軍覆沒，其中重要的原因是法軍用裝在艦上的加特林機槍猛掃清軍軍艦，使得中國水兵傷亡很大。這種機槍也比較笨重，在使用時又容易卡殼，所以使用範圍有限。

裝在兩輪移動槍架上的重機槍。

近代兵器時代

1884 年，美國人馬克沁造出了一種比較完善的機槍。馬克沁是個電機工程師，1881 年，有個朋友對他說：「你如果想發大財，就去發明一種使歐洲人能更有效互相殘殺的東西！」馬克沁聽從了這個建議，從美國移居倫敦，開始設計能自動速射的槍。

馬克沁曾使用過步槍，步槍的後坐力撞傷了他的肩膀。他從中得到了啟發，打算利用後坐力的能量。馬克沁在他倫敦的實驗室裡設計出一種槍，這種槍利用子彈射出時產生的後坐力把空彈殼退出來，然後再裝上新的子彈，並把槍撞針放鬆，所以當射手扣住槍機時，槍就能連續自動射擊。為了解決填裝子彈的問

馬克沁和他發明的重機槍。

題，馬克沁設計了裝子彈的帆布帶，每條帶子裝 250 發子彈，形成一條長長的彈鏈。他還發明了一種水囊，在機槍發射時起冷卻作用。第一挺馬克沁機槍裝在三腳架上，重 52 千克，每分鐘能發射 600 發子彈。

馬克沁為了推廣他的發明，曾帶着他發明的機槍遍訪歐洲各國，但許多人認識不到新槍械的巨大軍事潛力。1887 年他在俄國首都彼得堡演示機槍射擊，一位俄國將軍看後竟然表示：「一個人被射死一次就夠了，而當他倒斃之前還追射這麼多發子彈，我認為沒有必要⋯⋯在野戰中機槍沒有用處。」但也有些國家很重視這一發明，德國皇帝就親自觀看演示，大加讚賞。

意大利研製的 30 管機槍。

1870 年普法戰爭中法軍使用加特林機槍作戰。（左圖）

一戰中英軍中的印度士兵用高射機槍防空。（下圖）

1918 年在法國參戰的美軍。照片中可以見到重機槍。

機槍連發

英國軍隊首先於1888年裝備了這種機槍。1898年，在蘇丹的恩圖曼戰役中，英國遠征軍與信伊斯蘭教的當地起義軍交戰。這一次，英國的基欽納將軍指揮英軍，第一次大規模使用了馬克沁機槍。英軍在恩圖曼附近的尼羅河邊構築了與河岸平行的防線，配備了20挺機槍。9月2日，數萬名蘇丹騎兵吼叫着向英軍防線衝鋒，但在幾分鐘內就被機槍打得人仰馬翻。蘇丹騎兵又反復進攻了幾次，但除了被機槍傾瀉的子彈殺傷外毫無進展。由於長時間連續射擊，機槍冷卻系統裡的水沸騰、蒸發，機槍手不得不停止射擊，跑到尼羅河裡提點水回來，把涼水灌進水囊，再重新射擊。當天晚上，當

時在英軍中任中尉的丘吉爾在日記中寫道："在馬克沁機槍前有2萬具屍體密密麻麻地躺在地上……"而英軍只死了50個人。

馬克沁機槍還被用於日俄戰爭，給強攻的日軍造成重大傷亡。在第一次世界大戰中，被馬克沁機槍打死的人多達百萬。有人統計，在這次大戰中英軍傷亡的80%是機槍造成的。4～8挺機槍即可在陣地前組成密集的火力網。機槍以長時間快速、連續的掃射對付成群衝鋒的步兵，結果是一場場大屠殺。在1916年的索姆河戰役中，英軍士兵發起衝鋒，德軍陣地上的馬克沁槍口吐火舌，使英軍在一天內就死了6萬人，其中一挺機槍一次就打死了159名英軍士兵。

在蘇丹的恩圖曼戰役中，英軍用機槍阻擊蘇丹騎兵。

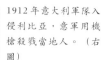

1912年意大利軍隊入侵利比亞，意軍用機槍殺戮當地人。（右圖）

二戰中蘇德戰場上蘇軍的一段戰壕。犧牲士兵的身邊有一挺重機槍。（上圖）

英國軍旅畫家尼維爾遜畫的英軍士兵在法國戰壕中。在一戰中死於機槍的士兵人數最多。（左圖）

安放在三腳架上的重機槍。

在北非的法國遠征軍。圖上可見車載機槍。（左圖）

由於馬克沁機槍比較重，伴隨步兵分隊跟進作戰不方便。為解決這一問題，1902年丹麥

炮兵上尉麥德森研製出輕機槍。這種機槍重量不到10千克，槍身配上輕便的兩腳架，帶有槍托，可以用肩膀抵着射擊，每分鐘可發射子彈400發。重量減輕的主要原因是改變了槍管的冷卻系統，把水冷式改為氣冷式，以後又將彈鏈改為彈匣。還有一種被廣泛使用的輕機槍是路易斯機槍，以發明人、美國槍械專家路易斯的名字命名。這種槍外形上的特點是裝有一個圓彈盤。在二戰中蘇軍曾使用過這種機槍，抗美援朝時中國人民志願軍也曾裝備過這種機槍。

德國在第一次世界大戰中戰敗。因為在戰爭中德軍的馬克沁重機槍曾使英法士兵傷亡慘重，所以戰後簽訂的《凡爾賽和約》規定，禁止德國繼續生產重機槍。為規避這一限制，德國在30年代研製出了新的機槍。這種機槍平時作輕機槍使用，需要時可把兩腳架改為三腳架，當重機槍用。這種兩用機槍又稱通用機槍，如果配備高射槍架，還可對空射擊。

機槍這一曾是步兵剋星的槍種，在21世紀的戰爭中作用有所縮小。因為導彈等先進武器的出現，士兵面對面戰鬥的機會比以前少了，所以傳統機槍的地位在下降。現在在一些軍事強國，重機槍已不再用作常規兵器，取而代之的是大口徑機槍、車裝機槍等機槍的後起之秀。

旅順攻堅

日俄戰爭是20世紀初帝國主義國家之間的一場惡戰，戰爭的緣起是日本和俄國兩國為了在遠東爭奪勢力範圍，即爭奪對朝鮮和中國東北的控制權。日本在經歷了明治維新後，國力大增，開始侵略鄰近國家。1894年，日本發動了對中國的甲午戰爭，獲勝後強佔了中國的台灣島，再擴張就要與已經在遠東擁有勢力範圍的俄國發生衝突，這就難免要引起戰爭。但它們的戰場竟選在中國的土地上，在中國東北大動干戈。可笑的是清政府卻宣佈交戰的雙方都是"友邦"，中國要在戰爭中保持中立。俄國本來並不把亞洲島國日本放在眼裡，但出人意料之外的是俄軍在陸上和海上都遭到了慘敗。陸

各國隨軍記者在槍林彈雨中採訪戰況。

日軍用於旅順攻堅的重炮。（左圖）

上的交戰以旅順攻堅戰最為激烈。

旅順是俄國向中國強行租借的軍港，被俄國海軍太平洋艦隊當作駐地。俄國在這裡已經經營了多年，從國內運來當時的新型建築材料——水泥，在可以俯視軍港的山頭上修建了鋼筋水泥構築的要塞和炮台。除建造大批工事外，俄軍還在陣地前架設鐵絲網，在陣地上配

近代兵器時代

置大量火炮和機槍，使整個陣地形成一道道火力網。俄軍配備的是新式的馬克沁重機槍，而日軍只有少量的法式機槍。後來第一次世界大戰中的防禦格局就沿用這種樣式。不過這時的塹戰陣地縱深還比較淺，只有一條塹壕，不像一戰設置多重塹壕。

防禦力量加強將使進攻方損失嚴重，這一點很快就在進攻旅順外圍南山的戰鬥中反映出來。日軍花了一天時間攻下南山，死傷了4,400多人，傷亡之大讓日軍大本營大吃一驚，以為前線的報告弄錯了，有可能是多加了一個零。

1904年8月16日，日軍對固守在旅順的俄軍發起總攻擊。日軍司令官是好勇鬥狠的乃木希典中將，他轄下的第三軍有5萬人，後因進攻失利一再增兵。

為減少傷亡，日軍多數進攻都在夜裡進行，但俄軍修築的工事十分堅固，炮彈打上去只能炸開一點表面。俄軍重機槍傾瀉一般地掃射，日軍傷亡慘重。在戰鬥中乃木的兩個兒子都被打死

日俄戰爭前日軍在甲午戰爭中與中國軍隊交戰。（左圖）
日俄戰爭中的日本陸軍。 （右圖）

了，但他不為所動，居然聲稱被包圍的俄軍死一個少一個，而日軍要補充多少都行。

8月23日的一次夜間進攻特別猛烈。一個俄國士兵的日記描繪了當時戰鬥的情況："一個由活人構成的山崩向我們滾滾而來，從谷地和溝壑中都有日本人衝出來。（我們的）步槍和機槍紛紛發射，探照燈上上下下，使日本兵睜不開眼。他們前進，撲倒，跳起來又向前奔，然後再倒下去。"俄軍要塞前的山坡上到處是死傷的日本兵，後來的部隊就在屍體上搬運大炮，傷兵被活活地軋死。就在這樣的情況下，乃木仍組織敢死隊，踏着屍體冒着酷暑衝鋒。激戰延續到24日，日軍付出了沉重的代價，換來的只是奪得了一

日俄戰爭中的瀋陽會戰。（上圖）

身着軍服的日本明治天皇。

旅順攻堅

些前沿工事，關鍵的 203 高地仍沒有攻下，只好放棄強攻。

乃木採取的對策是從國內調重炮增援，這批28厘米口徑重榴彈炮的射程可達9,000多米，能夠發射250千克重的炮彈，破壞力很強。另外日本海軍還用停泊在海岸邊軍艦上的艦炮支援陸軍進攻。日軍向俄軍陣地總共發射了150多萬發炮彈，對攻克旅順起了關鍵作用。

在炮兵強大火力的支援下，日軍轉而進行坑道作業，在地下挖地道，鑿開岩石，填塞炸藥，爆破胸牆，炸毀俄軍堡壘。發動對203高地總攻的那天中午，漫山遍野的日本兵向山頂撲來。幾千人已經倒在大炮、機槍、步槍和手榴彈的火力下，但更多的人踏着死屍和傷兵不停歇地猛攻，在山頂和俄軍展開了白刃戰。雙方士兵用刺刀、槍托、石頭甚至是牙齒和雙手在拚命。遭受重大傷亡後，日軍總算佔領了這個至關重要的制高點。從這個高地上，大炮可

以直接打到停泊在軍港內的俄國軍艦上。隨後日軍又陸續佔領了俄軍憑險構築的幾十個高地。戰鬥過程異常激烈，血雨腥風，日軍屍橫遍野。攻打旅順的日軍總數有13萬人，死傷竟多達9萬。1905年1月2日，旅順要塞的俄軍司令斯提塞爾向日軍投降，兩萬多俄軍官兵成為俘虜。斯提塞爾因戰敗被判10年監禁。接着日軍又在瀋陽會戰中獲勝，結束了日俄戰爭。

乃木希典因旅順一戰成名，被晉升為大將，實際上他的指揮是一味蠻幹，強迫士兵不斷發動近乎自殺的進攻。1912年明治天皇去世，乃木希典竟和他的妻子一起在家剖腹「殉節」。這種怪異的行為竟被日本統治者備加推崇，他本人也被軍界當作「軍神」。直到第二次世界大戰後，當年乃木希典在旅順攻堅戰中採取的「肉彈攻擊」的愚蠢戰術才被揭露。

1905 年 1 月，旅順俄軍司令向日軍投降。

旅順攻堅

近代兵器時代

日本兵在猛攻旅順制高點203高地。（上圖）

日軍在慶賀攻克旅順。

約。俄國被迫把從中國"租借"的旅順轉讓給日本，旅順作為日本的"關東州"，被佔領了40年。朝鮮也被迫在1910年與日本合併，成為日本的殖民地。日本從此變本加厲地走上對外擴張的道路，成為遠東發動侵略戰爭的策源地。

旅順攻堅戰在近代兵器應用和戰術變化的發展中有着重要的意義。在這一戰役中，火炮、機槍和鐵絲網組成完善的防禦系統，使進攻變得十分困難，尤其是由多挺機槍構成的交叉火力對步兵威脅更大。在這種情況下，進攻一方除了用佔絕對優勢的炮火壓制以外，為減少傷亡，進攻隊形也由密集變為分散。日軍在進攻時開始用密集的隊形衝擊，隊伍排得整整齊齊，在進攻一再受挫後改用散兵伏下身往山頭爬行，就是為了適應這一變化。

日俄戰爭後日本吞併了鄰國朝鮮，伊藤博文被派往朝鮮任總監。照片上的兩個人是伊藤博文和朝鮮王子。（下圖）

俄國沙皇尼古拉二世。他統治的俄國在日俄戰爭中戰敗。（上圖）

日本軍事力量的強大與國內工業發展有關，圖為20世紀初的一家日本工廠。（右圖）

日俄戰爭結束後，由美國總統西奧多·羅斯福牽線，日本與戰敗的俄國談判簽訂了和

塹壕深深

在 1914 年第一次世界大戰剛爆發時，各國軍隊並不重視挖溝掘溝建造工事，重視的是以進攻取勝。以法軍為例，他們喜愛像上個世紀那樣，以整齊的隊形出現在戰場上。戴着白手套的軍官走在隊伍前面，士兵跟隨着，伴隨着他們的是軍旗和軍樂隊。在他們看來，敵人見到這樣威武雄壯的隊列會嚇得膽戰心驚，變得不堪一擊。但在大炮轟鳴機槍掃射面前，這樣打仗已經成了送死。有個英國軍官回憶："每當法國步兵前進，整個戰線就立即完全被彈片覆蓋，倒霉的士兵像野兔一樣被打翻。他們都很勇敢，不斷冒着可怕的炮火衝鋒前進，但毫無用處。沒有一人能在向他們集中射擊的炮火中活下來。軍官們都是

傑出的，他們走在部隊前面，就像閱兵行進那樣安詳。但是到目前為止，我沒有看到一個人能前進 50 碼以上而不被打翻。"血的代價使各國統帥參謀部不得不承認防禦工事仍不可缺少。因為戰爭僅進行了 10 天，法軍就傷亡了 30 萬人。

由於雙方起初在實力上勢均力敵，西線前線不久就出現了相持不下的僵局，戰線長期固定在一條狹長的地帶，這就出現了塹壕戰。雙方對峙的塹壕一直從北海伸展到瑞士邊界，建造的塹壕工事都很完善：最前沿是壕溝，接着是帶刺鐵絲網和雷區，再後面是幾條由機槍、步槍防守的塹壕，最後是由各種口徑輕重火炮

在地下工事中集結的德軍士兵。
（上圖）

英軍士兵在索姆河戰役中躍出戰壕
衝鋒。（右圖）

在西線塹壕裡與德軍對峙的法軍。
（上圖）

915年在土耳其加利波利半島海岸掘壕固守的英軍。

壕防守的比利時士兵。

組成的炮兵陣地。這種綜合防禦工事，有些要害部位甚至有兩道、三道。探照燈、照明彈和潛望鏡也被大量用於塹壕戰中。

塹壕都挖成彎彎曲曲的形狀，以防止敵人順着壕溝射擊。在塹壕後面有通向指揮部和後勤補給基地的交通壕。後來塹壕越挖越深，裡面有許多房間，有的地方還像樓房一樣有多層，成為士兵一住幾年的家。既然是久住之地，塹壕裡就要不斷維修壕牆、排除積水。不過無論怎樣修建，塹壕裡的生活條件仍很艱苦，下雨天爛泥滿溝，基本的衛生條件也難以保證。士兵的腳長時間泡在冷水中，往往被凍傷，成為"戰壕腳"。

廣闊的塹壕陣地因為沒有側翼，要進攻就要對堅固的野戰工事發動正面攻擊，傷亡很大。塹壕戰顯然對防守一方有利，在英軍的一次進攻

中，英軍損失了6,340人，而防守的德軍只損失了902人。有一個澳大利亞士兵描述了塹壕戰中近乎殺戮的情形："德國兵進入了我們的視野。他們三個一群，兩個一伙。我們站在戰壕裡朝着他們猛烈地開槍射擊，把他們像兔子一樣摞倒在地。射程大約有400碼，每當一個敵人出現，就會有100發子彈射入他的身體。有個軍官現出身來，氣派十足地揮動胳膊叫他的人向前衝，但他隨即就像一個布袋那樣倒了下去，全身都是我們射去的子彈。"即使進攻者付出重大傷亡衝到敵人的塹壕前，也會陷入一片倒刺鐵絲網中，這時隱藏在戰壕裡的槍手很容易就能打

英軍士兵在塹壕裡休息。

英國軍旅畫家約翰·納什
1918年的作品《戰地枯木》
畫中可見戰場上悠長的塹壕

掛在鐵絲網上的英軍士兵
（下圖）

死被鐵絲網纏住的敵人。

　　要想用傳統方法攻破這樣的防線真比登天還難。有的軍事家提出用猛烈的炮火摧毀這些工事，但因工事的主要部分在地下，效果並不明顯。實戰經驗證明，單純使用炮兵，只會造成防守者的人員傷亡，但還是難以摧毀構築精良的地下防禦工事。這就使得在一戰中出現了一種過去戰爭史上從來沒有過的情況，作戰雙方損失了上百萬的士兵，但取得的戰果很小，只是在局部範圍內來回拉鋸，無法結束戰爭。

　　為打破塹壕戰的僵局，各種新式武器應運而生，手榴彈、火焰噴射器和小型迫擊炮被用於裝備進攻中的步兵。而在戰爭中出現的坦克更是集火力攻擊、裝甲防護和跨越壕溝的能力於一身，成為各國軍方期望用於打破塹壕對峙僵局的利器。

　　在戰術上，德軍對塹壕防禦戰有自己的見解。1916年出任德軍參謀總長的魯登道夫將軍

一戰後期德國的最高戰爭決策者：德皇威廉二世
（中）、興登堡元帥（左）、魯登道夫將軍（右）。實
際的作戰決策人是魯登道夫。

約翰·納什的作品《鐵絲網》。（右圖）

進攻塹壕時用來剪開鐵絲網的鐵鉗。

是出"彈性防禦"的新理論,目的是減少越來越
猛烈的敵軍炮火的危害。這一理論規定,為減
少傷亡,最前沿的部隊數量要少,用裝備有機
槍的幾個班組成前沿的警戒哨。而主力部隊安
排在第二道和第三道防線之間的地區作為預備
隊,準備在敵人發起進攻時再投入防禦。在索
姆河戰役中,這種防禦戰術很快發揮了優勢。
為準備這次戰役,英軍在一條15英里長的戰線
上,用2,300門火炮轟擊了10天。德軍採用彈性
防禦,在前沿陣地只駐守少量部隊,把大部分
人分散在後面,以避免被英軍的炮彈炸死。在
英軍發動進攻時,再調動防線後面的預備隊反
擊,每次都能奏效。這種彈性防禦的做法很快
就被英軍和法軍仿效。

　　光靠防守是不能結束戰爭的,在步兵戰術
上有不少創新的魯登道夫也考慮過採用新的進
攻戰術,突破敵人堅固防禦的塹壕。1917年他
提出在進攻中採用"滲透戰術"的理論。具體做
法是建立許多小股的滲透部隊,一般以班為單

位,配備輕機槍。他們的任務不是像以前那樣
成群地向前衝鋒,而是尋找敵人的薄弱部位,
滲透到敵軍的防禦陣地內,一直向前推進,而
把擴大戰果的任務留給後面的大部隊。同時,
他還第一次提出用飛機掩護步兵的進攻。1917
年11月,德軍採用了這種滲透戰術進攻。英軍
軍史這樣描述道:德軍"以小的縱隊前進,帶
着許多輕機槍。頭頂上有飛機配合。這些飛機
對英國守軍進行轟炸並用機槍掃射,造成了很
大的混亂"。儘管這一新戰術取得了明顯的效
果,但在1918年,持續的進攻仍然耗盡了德軍
的預備隊。在人力和物力上處於劣勢的德國最
終還是輸掉了這場戰爭。

德國一戰宣傳海報《在戰壕中》,號
召德國人向士兵贈送聖誕節禮物。

塹壕深深

坦克問世

丘吉爾對坦克的研製做出了很大貢獻。照片上是年輕時從軍的丘吉爾。

　　了解戰爭史的人都知道，在拿破侖時代，軍隊打仗是排着隊衝鋒的，因為那時火器的殺傷力還不強。但到第一次世界大戰時，步兵已經不能這樣衝鋒了，原因是有了連續射擊的機槍，再加上鐵絲網和大炮的使用，衝鋒已是非常危險的事了。有人統計，在密集火力阻擊下，步兵一般向前衝6米就要被打倒。於是在這場大戰中，雙方打起了深挖壕溝拚消耗的塹壕戰。

　　為了打破這種僵局，就需要發明新的武器。在這方面英國戰地記者斯溫頓起了重要作用。他在法國前線看到戰鬥中“絞肉機”一般的屠殺慘狀，最早提出要造一種有裝甲、帶武器、能越野的戰車。他還設法弄來一輛美國的拖拉機，給它包裝了金屬裝甲。他建議英國政府組織力量研製一種“能在地面滾動、有自身動力、有裝甲保護乘員、裝有一挺馬克沁重機槍的滾筒，它可以靠自身的重量壓垮鐵絲網，掩護跟隨在後面的步兵”。他的建議卻遭到英國陸軍大臣基欽納的嘲笑，基欽納翻了翻斯溫頓的建議書說：“看樣子倒像個可愛的玩具，只可惜在戰場上沒什麼用處。”但這一建議卻得到與其業務範圍無關的海軍大臣丘吉爾的支持。丘吉爾設想過這樣一幅美妙圖景：“有幾十輛這種機器，在夜間悄悄運到

前線，突然在白天向德國人的防線衝去，碾碎鐵絲網，越過戰壕，用車上的機槍向敵人掃射，並從車頂向外扔手榴彈，這樣德軍的防線就會被軍

馬克I型坦克在戰場上行駛。（右圖）

近代兵器時代

易舉地突破。"

在丘吉爾的支持下，斯溫頓組織海軍和陸軍
研究人員合作研製設想中的新式武器。他們進
了一輛美國的拖拉機，把拖拉機履帶加長，焊
厚厚的鋼板，裝上炮塔。1915年8月，他們
製出世界上第一輛坦克樣車。後來又造出了改
型，去掉炮塔，武器都裝在車裡。這種坦克如
鐵盒，樣子很像西亞一帶居民的運水車。為了
密，英國軍方稱它為tank，意為"水櫃"，這
是"坦克"譯名的由來。英國生產的第一批坦
稱為馬克I型坦克，兩側各伸出一門可以轉動
炮，還配備了6挺機槍。這種坦克重26噸，
6缸引擎汽油機作動力，105馬力，需要8人

一戰中坦克開過塹壕。

駕駛，最高時速4英里。這種最早的坦克樣子很
臃腫，行駛起來也不靈活。車內沒有隔音、隔熱
和通風的設備，裡面空氣渾濁，乘員都會感到悶
熱難熬，而且履帶也沒有減震裝置，行駛起來顛
簸得很厲害。儘管有許多缺點，但它到底給前線
提供了一種能打開僵持局面的利器。

1916年5月，英軍組建了世界上第一支坦
克部隊，稱為"機槍部隊重型分隊"。本來英國
軍事當局的想法是多造一些坦克，集中起來大規
模使用，打德軍一個措手不及。但前線的戰局使
情況很快就發生了變化。一個月後，英軍在法國
發動了索姆河戰役。7月1日，儘管進行了充分
的炮火準備，英軍步兵在塹壕、鐵絲網和機槍

一戰中使用的輕型坦克。

法國在一戰中研製出的"雷諾"坦克。

1918年在法國前線準備作戰的美國坦克。
（右圖）

的阻擋下，仍然一天之內就死了 6 萬人。英國
遠征軍司令黑格元帥急紅了眼，不顧斯溫頓的
勸阻，決定盡快使用坦克參戰。

9 月 15 日，英國首次在法國前線使用了 49
輛坦克，只有 18 輛真正投入了戰鬥，其餘的都
因機械故障拋了錨。體型巨大、隆隆作響的坦克
向着德軍防線開來，闖過地雷區，壓垮鐵絲網，
跨過塹壕。面對這突如其來的鋼鐵怪物，德國兵
拚命用機槍向坦克掃射，卻無濟於事，只得紛紛
逃竄，以免被坦克壓死。兩個小時後，英軍的進
攻取得突破，向前推進了 5,000 米，消滅了大批

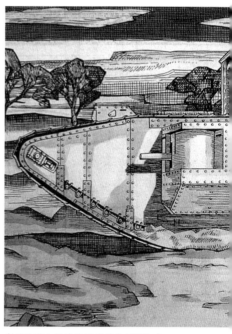

在試驗場上接受檢測的馬克 V 型坦克。

在康布雷戰役中一輛英軍坦克正在拉繳獲的德軍大炮。

德軍。事後丘吉爾對這樣做很不高興，認為不應
該「以這樣小的規模把這一巨大秘密暴露給敵
人」。

根據實戰中出現的問題，斯溫頓又組織技術
人員改進馬克 I 型坦克，研製出性能較好的馬克
V 型坦克。車內安裝了通風設備和消音器，使乘
員的工作環境大大改善。發動機的功率和裝甲厚
度都有所增加，行駛起來也不再那麼顛簸了。

1917 年 11 月 20 日，英軍在法國北部的康布
雷鎮發起了一次以坦克為主力的進攻。這裡的
地形適合於坦克行駛，共有 476 輛馬克 V 型坦克

1921 年英國出兵佔領德國魯爾區。這是在德國杜塞爾
多夫的一隊英國坦克。

參戰。

參加進攻的坦克都被塗上了迷彩，進行了
嚴密的偽裝。為了掩蓋坦克的馬達聲，當坦克
由集結地域向步兵進攻線前進時，飛機在戰線
上空盤旋，不斷發出噪音轉移敵人注意力，並
不經炮火準備，突然發動進攻。頓時幾百輛坦
克同時轟鳴，從鐵絲網上一碾而過。雖然德軍
的塹壕很深，但所有坦克都帶着用鏈條縛緊的

近代兵器時代

在康布雷戰役中被德軍繳獲的一輛馬克V型坦克。兩側各有一門57毫米火炮。

1918年德國也開始研製坦克。這是一隊開往戰場的德國坦克。

一戰結束時有人設想的未來的坦克。

坦克問世

長長柴捆，把它們投進塹壕裡作為臨時的便橋。突破獲得成功，英軍以不到4,000人傷亡的微小代價攻佔了塹壕，還俘虜了7,500名德國兵。戰鬥中有65輛坦克被炮火擊毀，另有114輛坦克陷在塹壕裡。在戰鬥中德軍出了一個英雄：炮兵軍官米勒卜尉一人操炮，在戰死前打癱了6輛英軍坦克。這說明當時坦克的防護能力還有限。

康布雷戰役集中使用坦克所取得的戰果改變了德國人以前不重視坦克的看法。英軍第一次使用坦克，德國人還不以為然，認為"坦克只是一種荒謬絕倫的嚇唬人的東西"。經過康布雷一戰後，德國軍界對坦克有了新的認識，德軍總司令興登堡認識到："英國在康布雷戰役中的進攻方式，第一次揭示了用坦克實施大規模奇襲的可能性。它能夠越過我們未遭破壞的塹壕和障礙物，這不能不對我們的部隊產生顯著的影響。"從這時開始，德軍也開始研製坦克。坦克這一集進攻與防護於一體的新型兵器就此開始被各國軍方所接受。

"凡爾登絞肉機"

　　凡爾登是第一次世界大戰中法國重兵防守的龐大要塞，位於法國東北部的德法邊境。這裡既是通往巴黎的樞紐，又是英法軍隊在西線戰場伸向德軍防線的突出部。因此它被法國看作是必須堅守的要害之地。

　　1916 年德軍參謀總長法爾金漢決心在這裡與法軍決戰，以打破西線戰場兩軍固守塹壕的僵局。他認為，在凡爾登要塞受到持續不斷的進攻時，越來越多的法軍就會趕來增援，德軍可以藉此把他們全部消滅。他聲稱：無論德國人能否攻佔凡爾登，"法國軍隊都將血流成河，屍積如山"，這樣法軍在精神上就會崩

潰。為了讓德皇同意他的計劃，法爾金漢建議由威廉皇太子指揮這場戰役。

　　德國為準備這一戰役，把大炮集中起來，將 1,400 多門大炮排列在一條不長的戰線上。連威廉皇太子也慨嘆："集中如此數量的火炮用於進攻，這在戰爭史上還是第一次。"

　　1916 年 2 月 21 日清晨，德軍開始炮擊凡爾登。德軍炮群以一小時 10 萬發炮彈的威力炮轟要塞。炮彈夾帶着一聲聲呼嘯劃破晨空，很快響起起伏不斷的爆炸聲，團團煙霧覆蓋了整個法軍陣地。炮火猛烈的程度是從來沒有過的。有個法軍將領這樣描述當時目睹的恐怖場面："德國人在進攻前，試圖造成一個任何人都無法

德軍的炮兵陣地。（右圖）

法國畫家創作的戰爭畫《凡爾登戰役》。（上圖）

約翰·納什創作的戰爭畫《躍出塹壕》。（左圖）

堅守的‘死亡區’。炮彈碎片向我們所在的森林、溝谷、塹壕和掩體鋪天蓋地般襲來，簡直是在消滅一切。震耳欲聾的爆炸聲和防守士兵的哀號聲起伏交錯地混雜在一起，如同從地獄中發出的怒吼。”這一仗後有不少僥倖生還的士兵得了一種怪病——“炮彈恐懼症”，他們渾身不停地抖動，臉上流露出極度恐懼的表情，真是被嚇破了膽。下午，威廉皇太子下令步兵攻擊，在15千米寬的地段上德軍實施突擊。只見德軍士兵組成許多突擊隊直插法軍陣地。訓練有素的德軍進攻很講究層次，最前面是由步兵掩護的工兵小隊，清理障礙物，然後是步兵，再後面是機槍隊和噴火班。戰役開始

二戰中，貝當(前右)淪為納粹德國傀儡維希政權的首腦。

後的第五天，整個凡爾登防禦體系的關鍵杜奧蒙炮台，在經受了12萬發炮彈轟擊後落入德軍手中。法軍整個防線瀕臨崩潰。

在這危急的時刻，集團軍司令貝當被任命為統管整個凡爾登地區的司令官。他受命到凡爾登後，立即為前線劃定一條督戰線，下令各部隊不許退過這條線。他要求守衛要塞的法軍將士，“寧可犧牲生命，也決不可再失土地一寸”。

為了增強各部隊堅守凡爾登的信心，貝當力爭在短時間內向戰區運送大量的增援部隊、彈藥和給養。這時，只有一條通往凡爾登的公路可用，其他路都已被德軍的炮火切斷。貝當命令工兵部隊緊急加寬、加固這條路，並讓人在巴黎徵集了4,000多輛汽車，幫助軍隊運輸。在幾天

威廉皇太子。

激戰後的戰場。（左圖）

正在衝鋒的法軍士兵。（右圖）

凡爾登絞肉機

內汽車晝夜不停，平均每分鐘有4輛汽車往返通過。這條路對堅守凡爾登起了關鍵作用，被人稱為"聖路"。法軍在危急情況下從各處調集兵力，給守軍帶來了希望，阻擋住了德軍的進攻。

在以後發生的要塞附近的戰鬥中，戰局僵持不下，戰況也特別慘烈。密集的高爆炮彈使大地震撼，把屍體、裝備和瓦礫拋到空中。爆炸的熱浪把積雪都融化了，彈穴裡灌滿了水，許多傷兵就淹死在裡面。德軍不計代價長時間強攻。據一個參戰的法國軍官回憶，在一個高地上，激戰中"德軍的屍體堆疊在一起有數英尺高，他們下一次攻擊的部隊幾乎都是利用上一次攻擊時死傷士

法國一戰徵兵海報。

兵的軀體作掩護"。作戰中的傷亡已到了讓人無法忍受的地步。一場戰鬥後往往會出現這樣的情形，"一個連僅剩下殘缺不全的骨架回來，領頭軍官已受傷，拄着一根棍子。所有人都一小步一小步走着或者説是向前捱着"。6月7日，德軍拿下沃克斯堡，但100名守軍的拼死抵抗讓德軍傷亡近3,000人。在反復的拉鋸戰中，凡爾登地區被破壞得很厲害。"整片整片的樹林被削平得像割去穀穗的田地。所有道路都像翻耕過一樣，到處是殘骸、擊破的車輛、碎成一塊塊的屍體和被擊毀的大炮"。

這時法軍尼韋爾將軍接替了貝當的職務，決心收復杜奧蒙炮台。他集中了3,500多門大炮猛

德軍的戰地指揮所。
（上圖）

德軍離開柏林開赴西線戰場。（左圖）

近代兵器時代

轟德軍陣地。10月22日下午，已炮擊了一個星期的法軍炮火突然改為徐進彈幕射擊，按常規，這是步兵攻擊前的延伸炮火。德軍以為攻擊就要開始，用630門重炮拚命向法軍射擊。可是法軍並沒有躍出塹壕，德軍卻暴露了炮位。兩天以後德軍一半以上的火炮被炸得粉碎。法軍步兵在迫擊炮的火力掩護下，只用了兩個小時就奪回了炮台。德軍被一點點地打了回去，拖延到12月，戰役結束，法國成功地保衛了凡爾登。

凡爾登戰役是一次攻防堅固堡壘的消耗戰，雙方在作戰中都損失慘重。傷亡很大的一個重要原因是火炮發揮了巨大的威力。雙方都動用了空前數量的火炮，尤其是遠射程的重

JOURNÉE DE L'ARMÉE D'AFRIQUE
ET DES TROUPES COLONIALES

海報上的法國外籍軍團。他們參加了凡爾登戰役。

屢經炮火轟擊的凡爾登戰場。

炮。德軍在進攻前的密集炮火準備把戰場霎時變成人間地獄，而法軍的重炮也使進攻的德軍傷亡很大。最大限度地使用炮兵是這一戰役的一個特點。在4月初的一次戰鬥中，法軍的一發偏彈無意擊中藏在樹林中的德軍秘密彈藥庫，引起了大爆炸，使德軍45萬發炮彈全部被炸毀。這一偶然事件對最後的戰局有着重大影響，從中也能看出炮兵在戰役中唱了主角。

這次戰役的特點是傷亡大而戰果小。被人稱為"凡爾登絞肉機"的這場戰役，與法爾金漢最初的設想不同，最後既把法國的血流光，也把德國的血流光。整個戰役的傷亡人數是法國55萬人，德國45萬人。

「凡爾登絞肉機」

毒霧瀰漫

1915 年 4 月，第一次世界大戰已進入了第二年，雙方的戰線呈現出僵持的局面。4 月 22 日，在比利時境內的伊普雷前線，堅守陣地的英法聯軍發現在一陣炮擊後有一股黃綠色的煙雲慢慢向他們飄來。煙雲飄到面前時，他們開始感到窒息，痛苦得喘不過氣來，眼睛和喉嚨燒灼般疼痛。原來他們遇到了德國人剛發明的一種新武器——毒氣。德國兵藉助風勢，打開 6,000 隻鋼瓶，施放了 160 多噸有毒的氯氣。

這種武器的發明人是德國化學家哈柏。他出身於猶太富商之家，是個有成就的學者，戰前就解決了人工合成氨的技術，利用這一技術就可以生產化肥。在戰爭中哈柏的心態發生了變化，

發明毒氣的哈柏。

1915 年 1 月他向德國參謀總部提出了一條滅絕人性的建議：用有毒的氯氣雲團殺傷敵人。德軍統帥部正為前線的僵持局面一籌莫展，立即採納了哈柏的建議。德國陸軍部成立了一個專門研究氯氣的研究所，由哈柏當負責人。試驗很快就取得了成果，德軍嘗試用鋼瓶吹放氯氣，試驗的對象是一群羊，結果這群羊紛紛倒地死去。

在伊普雷第一次施放氯氣那天，哈柏乘飛機在戰場上空觀戰。當他看到濃密的毒煙吹向法軍陣地時，他興奮得大笑。哈柏的妻子在知道丈夫做什麼後，多次懇求他停止研製毒氣，但他不予理睬。1915 年 5 月他的妻子憤而自殺。這件事對哈柏心理打擊很大，後來在戰爭中死於毒氣的人越來越多，哈柏開始感到歉疚，1917 年，他辭去

一戰中戴着防毒面具的德軍騎兵。坐騎也戴上了面具。

近代兵器時代

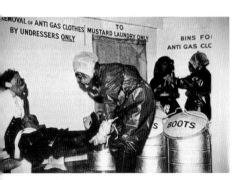

我們前戴上防毒面具。

中了毒氣後暫時甚至永久失明的英軍士兵。

意軍在法國香檳地區的一門野戰炮。大炮中打出的經常是毒氣炮彈。（上圖）

毒氣》。英國畫家約翰‧薩金特所繪，描繪一戰中的場景。（右圖）

了在化學毒劑生產廠的一切職務。戰後，瑞典科學院因哈柏發明了合成氨技術，於1918年授予他諾貝爾化學獎。這在世界上引起了軒然大波，許多人譴責哈柏，認為他根本沒有資格獲獎。

德軍第一次使用毒氣就使英法聯軍1.5萬人中毒，其中5,000人死亡，並突破了聯軍的防線。毒氣除了實際的傷害外，中毒者慢慢死去，給人們心理上造成巨大的震撼。有個英國軍官在日記中寫道："可怕的是中毒氣的人會慢慢地受盡折磨而死。我看到數百名軍人被擺放在教堂的院子裡，為的是讓他們盡可能多地呼吸新鮮空氣，使受到毒害的肺部慢慢得到緩解。"

用鋼瓶施放毒氣有時也會出問題，若是風向臨時改變，毒氣反而會被吹回自己一邊的陣地上來。為此德國人又研製出毒氣炮彈。這種炮彈的彈藥裝得很少，主要裝液體毒劑，在爆炸時液體毒劑會轉化為氣體。除氯氣外，德國還研製出芥子氣。這是一種油狀腐蝕劑，粘在人身上會使皮膚起泡，引起潰爛。多數中毒者會因氣管嚴重潰瘍而窒息死亡。芥子氣的危害極大使它贏得了"毒氣之王"的稱號。到戰爭的最後一年，德國使用毒氣到了瘋狂的程度，大約有一半的德國炮彈都充了毒氣。

毒霧瀰漫

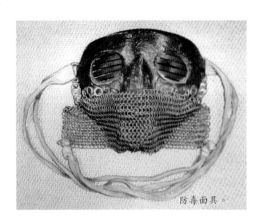

防毒面具。

毒霧瀰漫

一場毒氣戰後前沿陣地的雜亂景象。

《光榮之路》。英國畫家克里斯托弗·尼維森所繪，意在表現一戰對人生命的無情剝奪。

　　為防備毒氣，人們發明了防毒面具，英國婦女曾在一天內趕製出100萬個簡易的防毒面具。早期的防毒面具用多層紗布製成，作用不大，後來改用橡皮防毒面具。德國還在毒氣炮彈中用了一種能透過防毒面具的化學藥品，使戴防毒面具的人感到憋悶難受，迫使他們扯掉面具。

　　英國對德國使用毒氣很惱火，因為在 1899 年簽訂的國際公約《海牙宣言》中明文規定："不使用任何能夠放出窒息性和有毒氣體的投射物。"而德國狡辯說，他們沒有用"投射物"，而是用存放在鋼瓶中的氣體煙霧，因而沒有違反"海牙協定"。英國決定以牙還牙，也對德軍用毒氣報復。1915 年 8 月，英軍在比利時前線向德軍陣地施放了毒氣，英國士兵頭戴防毒面具，

尾隨滾滾向前的毒氣煙霧向前衝鋒，幾乎沒有遇到抵抗就攻佔了德軍的第一道防線。那裡德軍的屍體到處都是，個個身體扭曲，面色鐵青，有的相互擠壓在一起，他們都是被毒死的。英國還發明了一種更有效的毒氣——光氣，毒性比氯氣強 18 倍，無色無味，讓人中毒後慢慢地死去。德軍中不少人為毒氣所傷，比如在戰爭中當過德軍傳令兵的希特勒就因受英軍毒氣傷害一度失明。戰爭結束時，他因為眼睛被熏傷，正在醫院療養，聽到德國投降的消息禁不住失聲痛哭。

　　一戰期間，雙方使用毒氣造成的傷亡人數超過 100 萬人，其中死亡人數近 10 萬。毒氣的傷害是長期的，受害者會失明或是軀體變形，

近代兵器時代

性毒氣來阻止蘇軍的進攻，但最終因害怕盟國報復而不敢貿然動用。在20世紀80年代爆發的兩伊戰爭中，交戰雙方居然競相使用各種化學武器。1988年3月，伊拉克用轟炸機向伊朗的一個小鎮投擲了大量毒劑彈，造成5,000人死亡。4月伊朗就用芥子氣報復。現在仍有一些國家在暗中研製生產化學武器，世界仍然還沒有真正擺脫毒霧陰影的威脅。

希特勒在一戰中曾因中毒氣暫時失明。（右圖）

毒霧瀰漫

一戰中醫生在搶救一名因毒氣受傷的士兵。（右圖）

給他們帶來了終身的痛苦之中。

此後，儘管在1925年國際社會制定了《日內瓦議定書》，規定"禁止在戰爭中使用窒息性、有毒或其他氣體"，但有的國家無視這一公約。1935年意大利在侵略埃塞俄比亞時就施放了毒氣，日本在侵華戰爭中不但使用過毒氣，還進行過細菌戰。二戰中德國在集中營裡建造毒氣室，專門用於屠殺猶太人和戰俘。僅在奧斯維辛集中營，從1940到1945年就毒死了200萬人。納粹德國在二戰前就已研製出塔崩、沙林等殺傷力極強的神經性毒氣，任何人只要吸入微量氣體就會喪命。1943年德軍在斯大林格勒戰役慘敗後，希特勒曾考慮要用這些神經

二戰期間戴着……（家庭婦女。）

巨炮雷霆

德軍用於轟擊列日要塞的"大伯莎巨炮"。

在第一次世界大戰中，火炮在作戰中佔有舉足輕重的地位，除了以數量取勝——使用密集的火炮群外，給人留下深刻印象的還有德軍使用的巨型火炮。當時德軍先後使用了火炮中的巨無霸"大伯莎巨炮"和"巴黎大炮"。

"大伯莎巨炮"是一種威力巨大的攻堅榴彈炮，由德國軍火大王克虜伯親自設計研製，並用他妻子的名字伯莎命名。這門巨炮重62噸，炮身長9米，鋼鑄的炮彈重達520千克。這種炮很笨重，搬運時必須用火車拖運，大炮要分解開才能裝運。由於發射時會產生巨大的後坐力，必須澆築幾米深的混凝土底座。克虜伯兵工廠還建造了幾門稍小一點的巨炮。這些炮在一戰初期的攻堅戰中發揮了巨大的威力。

1914年8月4日，百萬德軍入侵比利時，在邊境的列日要塞受挫。這一要塞是比利時耗時25年建成的，堅固程度遠遠超出德軍的預料之外。整個要塞由12座炮台組成，每座炮台都建在地下，地表只露出一個三角形頂部，上面有隱蔽的炮塔。其餘設施全建在地下，地下隧道把炮塔、彈藥庫和火力控制室連成一體。12座炮台共配置了400門大炮，炮台周圍還挖了深深的塹壕，並裝有強光探照燈以備夜戰。

8月5日，德軍對列日要塞發起進攻，一發

德國克虜伯兵工廠的重炮生產車間。

一戰中英國生產炮彈的兵工廠。

發重炮炮彈在炮台周圍爆炸，但只削去炮台表面的一層層混凝土，對守衛在炮台裡的比利時

近代兵器時代

一戰中奧地利軍隊用的巨炮。

士兵卻毫無影響。當德軍步兵蜂擁般向炮台衝擊時，遭到炮台上大炮和機槍的猛烈還擊，德軍屍體堆積如山，也沒能攻克炮台。遇到這一挫折，德軍動用了"大伯莎巨炮"。8月12日，巨炮運到前線，到傍晚時分被架設好，黑幽幽的炮口對準了堅固的炮台。炮手們在開炮前用布條蒙好眼、耳和嘴，然後伏在地上，在離炮位300碼的地方發射這門電控巨炮。

隨着一聲驚天動地的巨響，第一發炮彈發

1917年，一戰前線炮彈轟擊後形成的沼澤地。

射出去，在炮台附近爆炸。頓時整個炮台地動山搖。由於發射的穿甲炮彈帶有定時信管，只有在穿透目標後才爆炸，所以當炮彈擊中炮台穿透爆炸時，炮台頓時塌毀，塵土飛揚，被炸起的石塊飛出300米高，地面形成了一個像火山口一樣的彈坑。然後巨炮再轉向另一個炮台發射，直到炮台被徹底摧毀為止。8月16日，要塞的最後一個炮台被巨炮擊中，彈藥庫爆炸，守軍司令也被震昏被俘。德軍依靠這門巨炮攻下了被認為是固若金湯的列日要塞。

在一戰中與"大伯莎巨炮"齊名的還有"巴黎大炮"。炮身長35米，相當於12層樓房那麼高，因為炮身太長，實戰時要用支架支撐。這種巨炮總重375噸，發射時把炮彈射向12千米外的高空，讓它在同溫層中朝目標呈弧形落下。炮彈在同溫層中飛行，把空氣對炮彈的阻力減少

"巴黎大炮"。

巨炮雷霆

"巴黎大炮"
用的炮彈。
（左圖）

"巴黎大炮"擊中了巴黎城內的一座教堂。

到最低限度，以獲得最大射程。這種炮的射程大約為120千米，是歷史上射程最遠的大炮，炮彈在空中要飛行3分鐘。但"巴黎大炮"有致命的缺點，它的準確性很差，只能命中像城市那麼大的目標。

在戰爭快要結束的1918年3月，3門"巴黎大炮"被運到巴黎前線。3月23日早晨，巨炮發射，炮彈在巴黎郊區爆炸。起初法國人弄不清爆炸物從何而來，感到非常吃驚。因為當時大炮最遠的射程不超過12千米，而德軍離巴黎最近的前沿陣地也在40千米以外，這時天上又沒有飛機來投彈。

就"巴黎大炮"的射程來看，它不愧是遠射之王。然而因為它射擊精度差，只能發揮威懾性的轟擊效果，難以命中預定的目標。結果射出的炮彈漫無目標地落到公園裡和住宅區，有一發炮彈還正好擊中了教堂。在一戰末期，"巴黎大炮"共發射了370發炮彈，一時間造成

"多拉大炮"。

了巴黎市民的恐慌。但它沒能擊中多少軍事目標，實際軍事價值並不大。

在第二次世界大戰中，德國也曾研製出巨大的火炮用於實戰，這就是"多拉大炮"。這門炮還是希特勒下令研製的，目的是要用來對付法國堅固的馬其諾防線。因為研製的時間長達年，1942年它問世後已不需要轟擊馬其諾防線，就被德軍轉用於蘇德戰場。

"多拉大炮"也是德國克虜伯兵工廠製造

近代兵器時代

英國軍事題材畫家保羅·納什的作品。表現一戰中猛烈炮擊後的戰場。

前蘇聯布列斯特要塞遺址紀念雕塑。這座要塞位於靠近波蘭的邊境，守衛者堅守長達數月，後在德軍巨炮的轟擊下失守。（下圖）

的。整個火炮長42米，總重1,344噸，外形儼然像一艘體形雄偉的軍艦。它發射的炮彈是當時世界上最重的，有7噸多，破壞力極大，用於摧毀堅固的混凝土工事效果很好。裝運這樣的龐然大物是件麻煩事，整門火炮加上彈藥和補給，要用60節火車皮才能運完。這門火炮由一名少將指揮，操縱人員多達1,420人，加上輔助人員，伺候這門大炮總共需要4,000多人。

　　1942年6月7日，德軍在前蘇聯克里米亞半島使用"多拉大炮"，向已被圍攻了200多天的塞瓦斯托波爾市區的7個目標發射了48發炮彈。劇烈的爆炸如同電閃雷鳴，沖天的煙柱一團團升起，整個市區頓時化為火海。其中一發

前蘇聯畫家戴涅卡的作品《塞瓦斯托波爾保衛戰》。

炮彈擊中了前蘇聯紅軍一座深達30米的地下彈藥庫，引起了連續的強烈爆炸，致使塞城終於失守，隨後整個克里米亞半島被德軍佔領。但一門巨炮終究不能挽救納粹德國必然失敗的命運，1945年5月，"多拉大炮"在柏林被蘇軍繳獲，被整體拆散。

　　20世紀80年代，伊拉克軍方曾考慮研製一種超級巨炮，能直接從伊拉克國內打擊以色列境內的目標。以色列特工人員獲悉這一消息後，刺殺了幫助伊拉克研製巨炮的加拿大人巴爾博士，使這一計劃沒能實現。1991年海灣戰爭後，聯合國武器核查人員還在伊拉克北部的山區發現了一門正在研製中的巨炮。這已是巨炮在兵器舞台上扮演角色的落幕時刻了。

早期空戰

　　早期的空戰是隨着飛行器的問世應運而生的。人類征服天空的第一步是發明了氣球。1783 年，法國的蒙特哥爾菲爾兄弟製造的氣球載人上天飛翔。很快這一發明就用於軍事活動。1794 年法國人組織了一個氣球航空隊，出現在與奧地利軍隊作戰的戰場上，擔負軍事觀察和偵察任務。1898 年德國工程師齊柏林設計製造出了有金屬架的硬式飛艇，又稱"齊柏林飛艇"。飛艇是個雪茄形的巨大氣囊，裡面裝有發動機，可以在空中飛行。飛艇出現後，也被用於軍事用途，在第一次世界大戰中，德國曾用"齊柏林飛艇"空襲倫敦，投下炸彈，使倫敦市民惶恐不安，這種情緒被稱為"齊柏林大

法國 18 世紀末發明的熱氣球。

萊特兄弟發明的飛機。

"齊柏林飛艇"在空中燃燒。

恐慌"。但飛艇有一個致命的弱點：用來給飛艇充氣的氫氣極易燃燒，一遇到火星，整個飛艇就會化為燃燒的火球。很快德國派出空襲倫敦的飛艇就被機槍擊中，像紅燈籠一樣在空中熊熊燃燒。看來最有前途的飛行器應該是飛機。

　　1903 年 12 月，美國萊特兄弟在北卡羅來納州的基蒂·霍克海灘試飛了他們發明的飛機。這架飛機在空中停留的時間雖然只有 59 秒，但

近代兵器時代

雙翼教練機。

意大利單翼飛機 "新港" 號。1911 年，這架飛機在意大利戰爭中投放了炸彈。這是飛機第一次用於空中作戰。

這次試飛卻標誌着人類開闢了征服天空的新時代。飛機的發展很快，到 1909 年，法國人已經駕駛飛機飛越了英吉利海峽。

最早把飛機用於軍事目的的國家是意大利。1911 年，一名意大利飛行員在飛過利比亞的黎波里的土耳其兵營時，把身子探出去，用手向下投了幾顆炸彈。這次轟炸雖然沒有造成直接傷害，但卻開創了空中作戰的先河。

一戰初期，飛機的功能主要是用作偵察。那時的飛機都是木頭製造的雙翼機，機翼和機身用塗上膠的布蒙上，發動機功率也小。有時敵對國家間的飛行員駕機會在空中相遇，起初相互之間見面還會輕快地招手，後來不免就在空中交起鋒來。最早用於空戰的武器五花八門，飛行員用磚頭、石塊相互投擲，還有人把手榴彈帶到飛機上去，用來炸毀敵機，或是拔出手槍對射。很快各國開始研製能用於空戰的飛機。1915 年，法國首先在飛機上安裝了固定機槍，子彈通過螺旋槳的間隙向前射擊。但由於缺乏協調裝置，大約有十分之一的子彈會打到槳葉上，於是不得不在槳葉上安裝全金屬擋彈板。

後來有一架法國飛機因發動機發生故障，被德軍俘獲。德國人以這架飛機為原型，請來荷蘭工程師福克改進飛機的射擊裝置。福克是當時歐洲公認的最好的飛機設計師，他只用 48 小時就製成了機槍射擊與螺旋槳旋轉的同步協調裝置，在空中射擊時子彈就不會被螺旋槳彈回。福克改裝的飛機上裝有 2 挺機槍，適合於空戰，很快就顯示出了威力。

最初階段的空戰很像中古的騎士決鬥。那時飛機飛得慢，機動性也差，相互之間還無法通

德國的 "福克" 飛機。

照片上的矮個飛行員是里希特霍芬。

話聯繫，難以進行戰術協同，所以空戰大多是單機間一對一的格鬥。德國的伯爾克是比較早的王牌飛行員，他對空戰戰術有很大貢獻。伯爾克駕駛"福克"飛機苦心研究空中格鬥戰術。首先他力求掌握空戰的主動權，每次空戰都要先爬高，利用雲層或陽光隱蔽，尋找時機俯衝攻擊。在空戰中他發現有一種危險，即在他進行俯衝攻擊時，有時會有一架敵機悄悄接近他。這太危險了，於是他就找別的飛行員與他配對。這就是後來空戰中雙機編隊飛行的主機、僚機之分。

在一戰中擊落飛機最多的空中武士是德國飛行員里希特霍芬。他出身於德國的一個貴族家庭，從軍後先當騎兵，後轉入飛行隊。從開始的飛行經歷來看，他似乎是個不稱職的飛行員。他曾在兩周內因操作失誤損壞了兩架飛

機，一度情緒低落，想調往別的軍、兵種。後來他遇到了伯爾克，在伯爾克的嚴格訓練下成為一個王牌飛行員。

1916年9月，里希特霍芬投入了第一次空戰，旗開得勝，擊落了一架英國飛機。為了紀念這一勝利，他定製了一隻銀杯。以後每擊落一架飛機，他就定製一隻銀杯，上面刻有擊落飛機的日期和機型，直到銀匠為他第六十次勝利用完了銀子為止。英國王牌飛行員霍克就喪命在他手上。僅1917年4月一個月中，里希特霍芬就擊落了21架敵機，因而名聲大噪。印有他頭像的明信片在全德國出售。因為他的飛機被漆成血紅色，所以他被稱為"紅色男爵"。

英國皇家空軍徵兵海報。

近代兵器時代

一戰後期駐紮在法國的美軍機群。

意大利強調"制空權"的軍事理論家杜黑。

一戰中使用的裝有機槍的飛機。（左圖）

一戰中的空戰。（下圖）

1918年4月21日，里希特霍芬的飛機被擊落。到這時他在空戰中已擊落了80架敵機，保持着

一戰中飛行員擊落飛機的最高記錄。

飛機在作戰中的表現對世界戰爭的格局產生了重大影響，戰場擴大到了空中，戰爭的面貌發生了變化。戰後意大利軍人杜黑敏銳地意識到了這一點，他在軍事理論上對空中戰爭的前景做了預測。1921年杜黑出版了軍事名著《制空權》。他認為："由於出現飛機這種新兵器，戰爭的影響範圍將不再限於地面大炮的最遠射程之內，而將在交戰國數百英里的陸地、海洋範圍內直接感受到。"未來的戰爭將成為全民的、總體的、不分前後方、不分戰鬥人員非戰鬥人員的新型戰爭。杜黑提出了"制空權"的概念，強調"掌握制空權就意味着勝利。沒有制空權，就注定要失敗"。為了掌握"制空權"，就有必要建立一支與陸軍、海軍並列的獨立軍軍。杜黑沒有建立過赫赫戰功，但因這些在軍事理論上的傑出貢獻被列入世界名將之列。幾十年後的第二次世界大戰中，空軍起了重要的作用，大規模空戰和戰略轟炸的具體實踐在很大程度上都證實了杜黑的遠見卓識。

近代海軍

近代海軍是從操縱風帆的帆船海軍發展而來的，這一新舊交替的時間大約在19世紀中期前後。比如，在1840年鴉片戰爭時侵略中國的英國海軍用的仍是帆船，而到1894年日本侵略中國的甲午戰爭時，雙方海戰用的就全是蒸汽鐵甲艦了。近代海軍不同於帆船海軍，主要體現在3個方面：由風帆驅動變為以蒸汽為動力；由木質戰船變為鐵甲戰艦；由威力較小的舷炮變為威力較大的套筒炮和可旋轉的裝甲炮塔。

蒸汽機出現後很快就用於推進船舶，1807年美國人富爾頓發明了蒸汽船。但蒸汽船要用於軍事目的還有兩個問題需要解決：蒸汽機和明輪暴露在外；木質結構的船體防護力弱。

1837年，瑞士裔的美國工程師埃里克森發明了螺旋槳推進器，把蒸汽機移到了艦船吃水線下面的艙室。1846年英國將正在建造的軍艦"阿賈克斯"號改建為蒸汽艦，這是世界上第一艘蒸汽戰艦。1858年法國在"拿破侖"號軍艦上安上了防護裝甲，這是世界上第一艘裝甲艦。第二年英國建成了第一艘鐵質艦體的裝甲艦"光榮"號。從19世紀60年代起，世界各國海軍都開始用蒸汽鐵甲艦取代舊式的木質戰船。

近代海軍軍艦的另一重大發展是艦炮的改進和炮塔的發明。早在1829年，法國海軍軍官蒂埃里發明了用鐵箍緊套鑄鐵炮管的造炮方法。1843年，美國人特雷德韋爾利用這一發明

英國在新舊海軍交替時代建造的一艘鐵甲帆船。（左圖）

1913年土耳其的宣傳畫，讚揚土耳其海軍打敗了希臘與塞爾維亞聯合艦隊。（右圖）

近代兵器時代

造出了實用的套筒炮，增加了炮管的強度，可用作艦炮。1861年埃里克森發明了軍艦上的旋轉炮塔，並用於新建的"班長"號鐵甲艦，從而使艦炮可以靈活地向不同方向射擊。美國工程師斯托克頓還為"普林斯頓"號軍艦設計了兩門12英寸口徑的大炮。斯托克頓對造新式軍艦興趣很大，他曾謝絕擔任海軍部長，就是為了完成新軍艦的設計工作。1844年，他邀請政府官員和國會議員參觀新下水的"普林斯頓"號試射新式火炮，不料在開炮時一門火炮炸裂，當場炸死了國務卿、海軍部長和幾名議員，而斯托克頓卻幸免於難。

　　美國南北戰爭中，南方軍隊在一艘蒸汽船上

德國克虜伯兵工廠製造艦炮。

1907年的德國艦隊。

"班長"號與"弗吉利亞"號鐵甲艦在交戰。（左圖）

一戰中美國海軍的徵兵海報。畫面中讓一個穿水兵服的姑娘慨嘆自己要是個男子就能參加海軍，以此激發男青年的騎士精神。（上圖）

安裝炮塔，並用3英寸厚的鋼板把它改建成鐵甲艦"弗吉尼亞"號。1862年3月，這艘軍艦駛出港口，在與北方海軍木帆船交戰時，帆船被炮彈命中，受到重創，而鐵甲艦中彈後照常戰鬥。就這樣，"弗吉尼亞"號擊沉了"坎布蘭"號和"國會"號帆船，衝破了北方艦隊的海上封鎖。這艘鐵甲艦橫衝直撞的消息傳來，政府官員擔心它會"摧毀我們海軍的每一艘艦隻，一直開到華盛頓來"，於是派出北方惟一的鐵甲艦"班長"號去阻擋"弗吉尼亞"號。結果兩艘鐵甲艦在詹姆斯河口激戰了4小時，以艦炮對射，最終誰都沒能打敗對方。許多老百姓站在河邊觀看炮戰。這是世界上第一次鐵甲艦之間的交戰。

近代海軍

英國海軍的 "無畏艦"。

　　鐵甲艦問世後，裝甲厚度不斷增加，全部由鋼板建造的戰列艦應運而生。到19世紀末，英國皇家海軍重點發展一種叫 "無畏艦" 的戰列艦，排水量在1.5萬噸左右，艦舷上裝有8門12英寸口徑的火炮。"無畏艦" 的特點是航速快，火力強，艦上減少副炮，以便多安裝一些大口徑火炮。到1904年，皇家海軍建成了42艘 "無畏艦"，成為英國海軍的主力。當時主要海軍強國都仿造這種 "無畏艦"。到20世紀初，海軍的主要艦隻分為排水量在萬噸以上的戰列艦、較小的巡洋艦、更小的驅逐艦和像小船般大小的魚雷艇。

　　1914年第一次世界大戰爆發前的10年，英國和德國之間進行了激烈的海軍軍備競賽，但英國一直保持着優勢。在海軍戰術上兩國也形成了各自的特色。英國在海戰中主張迅猛攻擊和高速機動，因此英國軍艦火力強，艦炮多，口徑大，航速也快。德國海軍上將提爾皮茨則強調嚴格、頑強和準確的作戰風格，在戰術上注重防禦，增加艦艇的自浮力。因此德國軍艦炮塔和水線下裝

德國的提爾皮茨海軍上將。

甲特別厚，內艙層層設置阻隔艙室的水密門，生存能力特別強。但裝甲厚增加了重量，只好減少炮塔，所以艦炮火力有所減弱。

　　第一次世界大戰初期，英國海軍以艦船數量上的優勢，把德國艦隊封鎖在海軍基地內。為打破英國的封鎖，1916年德國海軍與英國海軍進行了一場大海戰——日德蘭海戰。這年5月31

近代兵器時代

德國海軍的"無畏艦"。

日德蘭海戰中的英國巡洋艦。

近代海軍

日，德國新任大洋艦隊司令舍爾率領116艘艦艇開出軍港。當天下午，英國艦隊149艘艦艇在司令傑利柯率領下開赴日德蘭半島近海。下午近4點到晚上8點，雙方艦隊相遇，展開了一場驚天動地的大會戰。德國海軍的射擊技術要好於英國海軍，幾乎每次齊射都能擊中目標。英國"瑪麗王后"號巡洋艦9英寸厚的鋼板被打穿，引起爆炸，艦上1,275名水兵只有9人生還。兩萬多噸的英艦"不屈"號被炮彈擊中，在震耳欲聾的爆炸聲後，1,007名水兵葬身海底。在幾小時的混戰中，多艘巨艦沉入大海。晚上9點多，捨爾派驅逐艦隊加入夜戰，隨後下令突圍。在漆黑的海面上，炮彈劃破夜空，照明彈、探照燈把四周照得通明。雙方有多艘艦隻甚至是在相互撞擊時沉

沒的。6月1日凌晨3點，德艦突破包圍，英艦窮追不捨。德國艦隊進入佈置好的水雷密集區，經過事先留下的一條狹窄水道回到軍港。歷時一天半的海戰結束。

在這場海戰中，英國海軍損失14艘戰艦，15.5萬噸，死6,090人；德國海軍損失11艘戰艦，6.1萬噸，死2,550人。由於德國在軍艦質量和海戰戰術上佔有優勢，英國損失較大，但德國海軍的總體實力低於英國，日德蘭海戰後制海權仍控制在英國手中。

日德蘭海戰中英國"無敵"號戰列艦沉沒。

對馬海戰

對馬海戰是裝有鐵甲、配有後膛大炮的新式軍艦裝備海軍以後影響最大的一次海戰。交戰雙方的日本和俄國都稱得上是海軍強國。海戰的結果出人意料,萬里迢迢從波羅的海趕來的俄國艦隊幾乎被全殲,而日本艦隊損失輕微。

1905年1月2日,被圍困在旅順港的俄國守軍向日軍投降。這時日本聯合艦隊司令東鄉平八郎大將,正站在港口內的"三笠"號旗艦艦橋上考慮下一步的作戰計劃。東鄉畢業於英國格林威治皇家海軍學院,把英國海軍名將納爾遜當作楷模,在戰術思想上推崇英國海軍"攻擊至上"的傳統。這時他已消滅了旅順港內的俄國艦隊,又聽到消息:一支由42艘艦船組成的

原俄國波羅的海艦隊主力,改名太平洋第二艦隊,正駛離港口,準備繞過非洲,穿越印度洋開來遠東增援,另外還有暫停沿途港口的10艘老式軍艦也將加入這支艦隊。增援艦隊的目的地是俄國在遠東的港口海參崴。

東鄉從直覺上感到俄國艦隊會經過朝鮮和日本之間狹窄的對馬海峽,他決定以逸待勞,在這裡等待俄國艦隊決戰。東鄉先讓水兵休假一個月,到2月份再進行強化戰術訓練。在訓練中,他強調要提高炮手射擊的精度,聲稱"一門百發百中的大炮勝過一百門百發一中的大

對馬海戰中操炮射擊的日本水兵。

東鄉平八郎。

對馬海戰前日本海軍在旅順港外擊沉俄國軍艦。

戰艦"大和"號。對馬海
戰後各國海軍崇尚"大炮
巨艦主義"。日本後來建
造了世界上最大的戰列
艦"大和"號,但在第二
次世界大戰中這艘巨艦
沒有發揮多大作用就被
危機炸沉。

對馬海戰激戰的場景。(左圖)

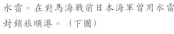

水雷。在對馬海戰前日本海軍曾用水雷
封鎖旅順港。(下圖)

炮"。日軍艦船上的炮手在4個月內為練兵打掉
國內炮彈儲存的一半。而這時在東非海岸外演
東實彈射擊的俄國艦隊,卻是打了幾百發炮彈
也無一命中,倒是拖帶靶船的"阿芙樂爾"號巡
洋艦,差點被打中。

1905年5月22日,俄國龐大的艦隊進入日
本海。俄國艦隊司令羅傑斯特文斯基中將決定走
直接的路線,穿過對馬海峽到達海參崴,這正中
東鄉的下懷。5月27日,日本偵察船發現俄國
艦隊蹤跡,一場不可避免的血戰爆發了。當天上
午,羅傑斯特斯基發現日本哨艦,立刻下令全
艦隊成單縱隊形。當天中午,他判斷日本艦隊可
能以橫隊隊形前來攻擊,於是命令俄國艦隊再變
成橫隊隊形。艦隊正在進行複雜的機動動作,他

忽然又下令全艦隊恢復成單縱隊形。幾次三番的
變換隊形,使俄國艦隊陷入了混亂。

就在俄國艦隊忙着調整隊形時,東鄉率日
本聯合艦隊主力呈縱列出現在俄國艦隊右前方。
這時東鄉做出一個讓身邊參謀們目瞪口獃的決
定,下令日艦在距敵艦8,000米的地方突然左轉
舵,進行違反常規的"敵前大回頭"。整個艦隊
畫了一個U形大轉彎。東鄉這樣做很冒險,使
日艦一時間處於俄艦火力的威脅之下,而在轉彎
中的日艦無法有效還擊。轉彎花費了15分鐘,
俄艦開炮,在前面的"三笠"艦多次被擊中。一
發炮彈落在艦橋附近,四散的碎片擊倒了東鄉身
邊的幾個水兵,他的大腿上也受了傷。負傷的東
鄉堅持站在艦橋上,命令向艦隊發出信號"不

惜一切代價完成轉彎"。由於俄艦正處於變陣
的混亂之中,沒能抓住機會重創日艦。

　　日艦完成大轉彎後,開始排成橫隊與俄國
艦隊平行前進,這樣就能發揮全部側舷火力的
威力。這時東鄉效法納爾遜在特拉法加海戰中
的做法,在他乘坐的"三笠"旗艦上升起信號
旗,打出旗語:"皇國興廢在此一戰,諸君努
力奮勇殺敵。"與亂哄哄的俄艦炮擊不同,日
艦炮手已把射擊數據算得很準。下午兩點多
鐘,東鄉下令開火,日艦立刻萬炮齊鳴。在日
艦上觀戰的英國軍官事後回憶道:"暴風雨般
的炮彈準確地落在俄國先導艦上,它立刻就被
火光和黑煙包圍。炮彈是如此密集,我已經不
能計算出到底有多少命中了目標。"半小時後
俄旗艦"蘇沃洛夫"號受重傷退出戰鬥。艦上的
羅傑斯特文斯基負重傷,不省人事。

　　俄國艦隊在極度被動的情況下,多次想擺
脫截擊的日艦,但都因航速慢而沒成功。日艦
發射的大口徑穿甲彈在俄艦四處造成了嚴重的

俄國 1905 年革命中,水兵發動起義的俄國黑海艦隊
"波將金"號巡洋艦。(上圖)

《哥薩克的早餐》。這幅俄國漫畫描繪日本兵不堪一
擊,將成為俄國哥薩克士兵的早餐,但日俄戰爭的結
局是對這幅漫畫的嘲諷。(右圖)

魚雷艇。它在對馬海戰中發揮了巨大
的威力。

受"大炮巨艦主義"的影響,對馬海
戰後美國總統西奧多·羅斯福派美國
艦隊環遊世界。(左圖)

近代兵器時代

俄國 1905 年革命中，城市街頭出現了騷亂。

截，12 艘俄艦投降。只有用俄國海軍英雄名字命名的"烏沙科夫海軍上將"號拒絕投降，在與日艦激戰一小時後英勇地自沉。

52 艘俄國艦艇中只有 3 艘逃到了海參崴，其餘都被擊沉或被俘，損失的總噸位達到 20 多萬噸。俄國官兵 1 萬多人受傷或被俘，4,800 多人陣亡。日本方面只損失了 3 艘魚雷艇，總噸位不到 300 噸，死傷 1,100 多人。

對馬海戰的作戰形式形成了近代海戰的基本原則，強調作戰的機動性。東鄉臨戰時大膽的 U 形轉彎，強佔橫頭射擊位置，都體現了這一原則。而俄國艦隊失敗的重要原因則是司令官臨戰時的猶豫不決，造成整個艦隊的混亂。戰後東鄉獲得盛譽，被晉升為元帥，而羅傑斯特文斯基被勒令退役，3 年後在淒涼的光景中去世。這一戰對俄國海軍是毀滅性的，它損失了大多數的主力艦。海戰的慘敗還引發了俄國國內的 1905 年革命，並成為 1917 年最終推翻沙皇制度的動因之一。

損傷。下午 4 點，海上起霧，能見度差，雙方艦隊脫離接觸。

入夜以後，東鄉命令重型戰艦停止戰鬥，派出 70 多艘魚雷艇和驅逐艦尾隨殘存的俄國艦艇發起攻擊。這些小型艦艇在俄艦中來回穿行。有一個俄艦艦長記述了他對這些小艦艇的印象："與戰列艦相比，它們好像是小孩的玩具，而就是這些看上去像玩具的小船，每一艘都帶有可怕的殺傷力。"為了保證準確性，日本魚雷艇衝到離目標很近的距離才發射魚雷。第二天清晨，躲過恐怖的"魚雷之夜"的俄國殘餘艦艇又遭到東鄉率領的日本主力艦隊的攔

俄國 1905 年革命中，哥薩克騎兵在彼得堡街頭鎮壓和平請願的市民。

潛
艇
出
沒

潛艇出沒

世界上第一艘潛艇是荷蘭人德雷布爾在
1620 年設計製造的。這艘潛艇為木結構，外包
牛皮，用人力推進，以羊皮囊當壓載水艙，下
潛深度 4 米多。1776 年，美國人布什內爾在獨
立戰爭中製造出一個能潛入水中的"烏龜艇"。
它藉潮水為動力行駛，把水雷（實際是個笨重
的火藥桶）運到英國軍艦"鷹"號下面引爆，因
被發現沒有成功。1797 年，後來發明汽船的美
國人富爾頓去法國研製潛艇，1801 年他製成了
"鸚鵡螺"號潛艇，但沒能用於實戰。

世界上第一艘擊沉敵艦的潛艇是美國人赫·
亨雷製造的。1864 年，亨雷為南軍造的"亨雷"
號潛艇投入海戰。"亨雷"號長 13 米，艇內有

8 個人不停地腳踩踏板作推進動力。艇上裝有
一枚帶 90 磅火藥的魚雷，靠一根 65 米長的引線
拖於艇後。這年 2 月 19 日晚，"亨雷"號對停
在查爾斯頓港附近北軍的"休斯敦"號軍艦發
起攻擊，魚雷擊中了"休斯敦"號的彈藥艙，
爆炸立即使"休斯敦"號大量進水下沉，舷部
的大裂口在湧進海水時把"亨雷"號也吸了進
去，使得兩艦同沉於海底。上面說的這些潛艇
都只能算原始潛艇，而比較完善的潛艇是愛爾
蘭裔美國人霍蘭 1875 年建造的。他的"霍蘭 8
號"潛艇上有一台汽油發動機，艇上裝有一枚
魚雷。"霍蘭 8 號"為後來批量生產的潛艇提供
了仿造的樣式。

1900 年美國造的潛艇。

正在浮出水面的潛艇。

近代兵器時代

到1914年第一次世界大戰爆發時，潛艇已發展得相當完善。一艘潛艇排水量可達幾百噸，攜帶十幾枚魚雷，可向被瞄準的軍艦同時發射4枚魚雷。它還配有一門口徑為3～4英寸的火炮。在水面航行時由柴油發動機推進，在水下由蓄電池推進。潛艇可下潛到60米深的水下，但在作戰時必須上升到水面附近，以便用潛望鏡發現目標。通常潛艇使用的戰術是在水面巡邏時發現目標，然後潛入水中發起攻擊。

一戰中英國在海軍水面艦隻上佔有優勢，因而不重視潛艇，認為這是弱國海軍的裝備，而德國則指望用潛艇來彌補自身海上力量的不足。由於英國海軍封鎖着德國商船出海的通道，德國

一戰中在北海出沒的德國潛艇。

國內的食品和原料供應匱乏，更重視用潛艇來改變形勢。大戰之初，潛艇就顯示出了強大的威力。1914年9月22日拂曉，一艘老式德國潛艇U-9號在荷蘭海岸發現了3艘英國巡洋艦。U-9艇先向其中一艘軍艦發射魚雷，"阿布柯"號被擊中。艦長以為觸着了魚雷，立即發出信號，讓友艦來援救。另兩艘軍艦向它靠攏，放下救生艇，但"阿布柯"號很快沉沒。過了20分鐘，U-9艇又將2枚魚雷射入"霍格"號。還有一艘軍艦"克雷西"號，邊營救落水水兵邊向四周胡亂開炮。幾分鐘後，它發現了潛艇的潛望鏡，正要躲避，但兩顆魚雷把它送到了海底。英國皇家海軍的 3 艘巡洋艦就這樣在幾十分鐘內

一戰中德國的兩艘潛艇。（上圖）

德國徵召潛水艇員的海報。

一艘軍艦被潛艇發射的魚雷擊中。

潛艇出沒

報紙上報道"盧西塔尼亞"號客輪被潛艇擊沉的消息。

毀於一艘老式潛艇。

　　1915年5月1日，英國的"盧西塔尼亞"號客輪被德國U-20潛艇擊沉，2,000名乘客中1,198人淹死，其中有128名美國人。這一事件引起美國的強烈抗議，威爾遜總統嚴辭指責德國違反國際法，這樣做是對人類的犯罪。在國際輿論的壓力下，德皇威廉二世被迫下令不准潛艇擊沉客輪，包括敵方的客輪。不過軍用艦隻仍躲不過潛艇的襲擊。1916年，英國陸軍大臣基欽納元帥乘巡洋艦"漢普希爾"號去俄國談判，途中軍艦被德國潛艇佈設的水雷炸沉，基欽納也隨艦沉沒遇難。

　　1916年底德國已感到戰事不利，它在凡爾登的陸戰和日德蘭的海戰都沒有取得決定性的

英國一戰徵兵海報。畫面中的老軍人是英國陸軍大臣基欽納，他在1916年死於潛艇佈設的水雷。

BRITONS

"WANTS" YOU

JOIN YOUR COUNTRY'S ARMY!
GOD SAVE THE KING

3艘巡洋艦被一艘德國老式潛艇擊沉。（右圖）

勝利。對德國來說，潛艇戰成了打贏這場戰爭的"最後一張牌"。一些德國海軍將領認為，只要實行"無限制"潛艇戰，英國在6個月內就會屈膝投降。威廉二世被這樣誘人的前景打動，同意從1917年2月起，德國實行全面的"無限制"潛艇戰，即允許潛艇擊沉在英倫三島周圍航行的任何船隻，包括民用商船。從此，潛艇戰和反潛戰進入了白熱化的狀態。

　　1917年6月，與德國作戰的協約國方面有286條商船被擊沉，而德國僅損失兩艘潛艇。"無限制"潛艇戰給英國帶來了嚴重威脅，商船被擊沉的速度太快，竟來不及補充，如果照此下去，英國人就真的要捱餓以至屈服。為此，英國

雙翼飛機投放魚雷攻擊潛艇。（上圖）

近代兵器時代

德國基爾的潛艇生產基地。

動用了大量軍艦和飛機去尋找、攻擊潛艇。英國人還想出用偽裝船誘擊潛艇的辦法。他們把大炮

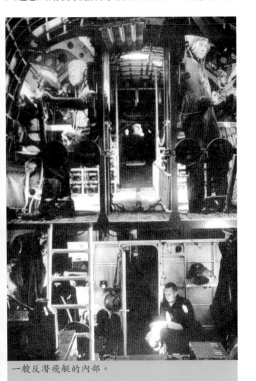

一般反潛飛艇的內部。

裝在舊貨船上,用偽裝的護牆擋住。德國潛艇在看到這種沒有危險的海上目標時,一般會浮出水面,用潛艇上的炮把貨船擊沉。這些偽裝船則在等潛艇進入炮火射程時,突然放倒偽裝牆,用大炮轟擊潛艇,德國潛艇往往來不及下潛就被打沉了。在 11 艘潛艇被擊沉後,德國海軍發現了這一秘密,偽裝船誘擊便不再有效。

　　為了保護航運,協約國還採取了為商船隊護航的對策,在商船隊前後和側翼安排軍艦護航。通常是一支由幾十艘商船組成的船隊,中間夾帶一艘大運兵船。護航艦領頭的是一艘能夠探測潛艇發動機聲音的獵潛驅逐艦,緊隨其後的是巡洋艦,巡洋艦後面有救生船。每條救生船上都帶有航空氣球,觀察員從氣球籃子裡向下仔細觀察潛艇和魚雷的活動跡象,隨時準備發出警報。護航船隊側翼有幾艘驅逐艦,準備在船隊遭到攻擊時提供保護。武裝護航取得了很好的效果。1917～1918 年有 100 多萬參戰的美軍士兵穿越大西洋被護航船隊運往法國,這麼多人在潛艇攻擊下只損失了 637 人。護航制使德國想用潛艇打贏戰爭的希望破滅。

現代兵器時代

現代兵器時代以第二次世界大戰的爆發為起點。在二戰中使用的兵器大多是二戰之前發明的，但這一時期的戰略戰術卻有很大變化。有的軍事家認為在二戰中軍事技術的發展有三大成就：坦克集群，戰略轟炸，航母作戰。

將坦克集中使用的坦克集群思想最早是由英國軍事專家提出的，這一軍事思想得到納粹德國軍界重視，古德里安把它付諸實戰，取得了二戰初期閃電戰的成功。坦克戰成功的關鍵除了集中使用裝甲兵器外，還必須得到有力的空中火力支援。各國在實戰中學習此點，紛紛組建了自己的坦克集群，德國就喪失了坦克戰的優勢。

意大利軍事理論家杜黑最早提出了戰略轟炸思想，他認為只要用飛機對敵國的工業中心和居民住區進行連續不斷的轟炸，敵人的抵抗意志就會瓦解。最初把杜黑的理論付諸實踐的也是納粹德國。在英倫空戰中，倫敦、考文垂等英國城市遭到大規模轟炸，被炸的大多不是軍事目標。後來盟國也以牙還牙，一次出動轟炸機有時多達上千架，狂轟濫炸敵國城市，德累斯頓、漢堡、東京都遭到過毀滅性的轟炸，但事實證明光靠空中的飽和轟炸並不能打敗對手。

航空母艦最早出現在 20 世紀初，而用於實戰是在二戰期間。在廣袤的太平洋上，日本和美國海軍盡興地打了一場場航母大戰。日本海軍聯合艦隊偷襲珍珠港，表現了艦載機的威力。日軍在中途島海戰的失敗有其作戰運數的

偶然性，但就支撐海軍軍力的經濟實力而論，日本不會成為最終的贏家。二戰結束前，日本軍國主義利用"武士道"傳統影響，出動"神風特攻隊"，使出用飛機撞軍艦這樣的非常規戰術，瘋狂一搏，也未能挽救其徹底失敗的命運。航母在海上稱雄，宣告了近百年海軍崇尚的"大炮巨艦主義"的破滅。

二戰中新出現的武器主要有導彈和核彈，都在戰爭中實際使用過。這是兩種對戰後戰爭模式產生了深刻影響的兵器。導彈可用於各種類型的作戰：用作反坦克武器，效果超過反坦克炮；用於防空作戰，作用不比戰鬥機、高射炮差；用於海上作戰，理所當然地淘汰了戰列艦。在戰後的幾次局部戰爭中，導彈都有着不

凡的表現。馬島戰爭中英國海軍最新式的軍艦竟被一枚導彈擊沉，伊拉克戰爭中美國發射的巡航導彈能夠精確命中街區的某座樓房。

核彈作為熱核武器，有原子彈、氫彈、中子彈等類別。二戰中美國曾對日本投放過兩顆原子彈，其威力超過以前的任何武器。因為核彈有着難以估量的殺傷力，而且如果爆發核戰爭，任何核大國都很難避免對方的核報復。這使得在戰後誰都不敢輕易動用核武器。這就讓我們想起中國歷史上大軍事家孫子的名言："兵者，國之大事，死生之地，存亡之道，不可不察也。"處在熱核兵器時代的今天，謹希望世界各國都慎用兵戈，努力呼喚和維護和平。

坦克集群

坦克集群是在第二次世界大戰中被廣泛採用的一種作戰模式。這種作戰方式最早由英國軍事專家提出，後在德國受到重視，用於實戰，取得了意想不到的成功。當然坦克集群作戰還需要得到其他兵種的配合，比如空軍提供火力支援；步兵跟進，擴大戰果。

第一次世界大戰後，英國軍事理論家富勒根據一戰中坦克作戰的實踐，提出了新的軍事理論。他認為，在未來的戰爭中，必須大量、集中地使用坦克，實施突然有力的突擊，迅速突破對方的堅固防線，深入敵後縱深，以奪取勝利。

英國人利德爾‧哈特進一步完善了富勒的坦克作戰理論，他認為可以用裝甲兵做遠距離突擊，向敵人後方交通線發起攻擊，並建議建立一種以坦克和摩托化步兵組成的新型戰略突擊力量。這一新的軍事思想當時沒有得到英國軍事當局的重視。

反之，德國卻有人注意到這一新軍事思想的價值。此人就是德軍軍官古德里安。1929年，古德里安在研究富勒和利德爾‧哈特的軍事理論後提出了自己對未來裝甲戰的設想。設想的要點是：在敵人兵力薄弱的戰線上運用坦克進行突破；為獲得決定性的戰果，坦克必須集中使用；使用坦克摩托化部隊要有空軍的支

援。1934年，在希特勒支持下，德軍建立了裝甲兵，古德里安出任參謀長。第二年德國就組建了3個裝甲師。幾年後德軍在進攻波蘭和法

古德里安在法國前線指揮作戰。

古德里安在戰場上觀察。

德軍的中型坦克群。（右圖）

現代兵器時代

國時，將這些裝甲師投入實戰。

　　1939年9月，德軍入侵波蘭。在一周内德軍坦克就將波軍主力擊潰。古德里安指揮裝甲軍打頭陣，衝在步兵前面，坦克相互之間用無線電聯絡，空中飛機與地面坦克保持協同。戰役結束後清點，竟消滅了波軍3個步兵師和1個騎兵旅，而他的裝甲軍死傷不到1,000人。坦克集群戰術在實戰中獲得了成功。

　　1940年5月進攻法國時，德軍9個裝甲師分為3個集群穿過地形複雜的阿登高原向前推進。遇到法軍環狀防禦陣地時不死纏硬打，而是利用坦克優越的越野性能，離開公路，駛過田野，盡快殺入法軍後方。與德軍不同，法軍

卻把坦克配屬於步兵師，而不是集中使用，僅打了50天法國就戰敗求和。

　　1941年6月，德軍入侵前蘇聯時又繼續採用這一戰術。實際上進攻前蘇聯的德軍擁有的坦克只有3,000多輛，不如蘇軍的坦克多。但因為德國是集中使用，來勢兇猛，給人造成一種錯覺，似乎德軍在坦克數量上佔有優勢。而蘇軍把幾千輛坦克分散配置在漫長的防線上，沒有能擋住德軍的坦克群。戰爭的頭幾個月，蘇軍損失巨大，大量坦克被擊毀。在戰場上，被圍的蘇軍西南方面軍整營士兵竟舉着上了刺刀的步槍向德軍坦克進攻，結果可想而知。後來前蘇聯吸取教訓，仿效德軍的坦克集群戰術，也組建坦克軍，

坦克集群

德軍坦克駛過泥濘的道路。（右圖）

一輛德軍坦克壓過蘇軍的戰壕。（上圖）

前蘇聯在進行反坦克技能訓練。（左圖）

庫爾斯克戰場上的德軍坦克部隊。

坦克集群

"虎"式坦克竟牽制了盟軍一個師的兵力,直到它擊毀了 25 輛坦克後才被炸壞。

1943 年 7 月,希特勒計劃在蘇德戰場對庫爾斯克突出部地區發動一次大規模的夏季攻勢。他調動了 2,700 輛坦克、90 萬德軍投入這一戰役。他希望"豹"式和"虎"式坦克能再現前幾年德軍坦克在西歐所向披靡的歷史。曼施坦因被認為是德軍最優秀的戰地指揮官,由他擔任這一戰役德軍的主帥。而蘇軍調集的兵力更為強大,準備了 3,400 多輛坦克、133 萬紅軍迎戰。

7 月 7 日,南路德軍用一個坦克師試圖突破

德軍將領曼施坦因。他指揮德軍坦克集群在庫爾斯克發起進攻。(上圖)

"虎"式重型坦克。(右上圖

甚至是坦克集團軍,才逐漸改變了在戰場上的不利態勢。

這時的德國坦克偏重於機動性,防護裝甲薄弱,在入侵前蘇聯時,遇到蘇軍厚裝甲的 T-34 重型坦克,就處於劣勢。而德國坦克又經不住反坦克炮在近距離的轟擊。1941 年底,德軍在攻打莫斯科的戰役中失敗,古德里安成為替罪羊被解職。1943 年他又被起用擔任裝甲兵總監,負責組建裝甲部隊。在他主持下,德國研製了新型的"豹"式和"虎"式坦克。"虎"式重型坦克裝甲厚,威力大,既能在坦克戰中打先鋒,又能單獨在樹林中打伏擊。1944 年在西歐戰場,德軍抵抗諾曼底登陸的盟軍的作戰中,有一輛

蘇軍防禦。轟炸機以 50 ～ 100 架為一個機群不斷轟炸。德軍 500 輛坦克在 40 千米的正面上,

現代兵器時代

蘇軍 T-34 重型坦克在庫爾斯克戰場
與步兵協同作戰。（左圖）

前蘇聯紅軍戰士整裝待發。他們的背囊裡
有反坦克手雷。

英軍坦克群進攻到德國的紐倫堡。（左圖）

坦克集群

呈楔形隊形滾滾駛去。楔子的頂端是"虎"式重型坦克，兩邊是"豹"式中型坦克，在這之後是各種舊式坦克，掩護着大量步兵向蘇軍陣地衝來。"虎"式、"豹"式坦克不理睬普通的反坦克炮，衝過一個個反坦克陣地。蘇軍則投入坦克部隊反擊，並出動了空軍。這是大戰的前奏。

12 日，蘇軍和德軍在庫爾斯克展開了著名的坦克大會戰。這是第二次世界大戰中規模最大的一次坦克遭遇戰。雙方共投入坦克 1,200 輛，在 15 平方千米的戰區內混戰。德軍在重要地段每千米投入 150 輛坦克，呈密集隊形進攻。"虎"式坦克火力強，裝甲厚，在遠距離可以輕而易舉擊毀 T-34 坦克，但它行駛速度慢。針對

這種坦克的弱點，蘇軍決定展開近戰。T-34 坦克群開足馬力全速靠近"虎"式坦克，利用自身機動性強的優勢，衝進德軍坦克群，在近距離射擊。蘇軍的 KB 重型坦克也向德軍衝擊。坦克之間甚至會靠在一起，相互衝撞，打起坦克的肉搏戰。坦克大戰整整持續了 10 個小時，地面上坦克相互對射、撞擊，空中飛機相互追逐、交火。經過一天的激戰，德軍損失約 400 輛坦克，被擊斃的官兵達 1 萬多人，被迫轉入了防禦。

在整個庫爾斯克戰役中，德軍損失了 1,500 輛坦克。蘇軍成功地將坦克集群用於防禦，獲得了勝利。蘇軍元帥科涅夫評價道：庫爾斯克的炮聲是"德國坦克兵這隻天鵝臨終的哀歌"。

現代兵器時代

斯大林格勒戰役

德軍機械化部隊入侵前蘇聯。（下圖）

斯大林格勒位於伏爾加河西岸，是前蘇聯南方重要的交通樞紐。這座城市在前蘇聯人民心目中具有象徵意義，它原名察里津，十月革命後斯大林曾在這裡指揮過著名的察里津保衛戰，因此後來改名為斯大林格勒。二戰期間這裡曾爆發過一場空前激烈的大血戰，幾十萬德軍在此遭到了滅頂之災，從此納粹德國就喪失了在戰略上的主動權。因此這一戰役被公認為是第二次世界大戰的重要轉折點。

1942 年 5 月，在蘇德戰場，經過 10 個月激戰，德軍在莫斯科城下受挫後，雙方暫時都轉入了防禦，在考慮下一步的作戰計劃。希特勒盤算將對前蘇聯的全面進攻改為重點進攻，把進攻的重點放在有重要經濟價值和戰略意義的南方。於是斯大林格勒就成了德軍重點進攻的首選目標。

6 月 28 日，德軍"南方"集團軍群開始向預定目標進攻，其中直接進攻斯大林格勒的部隊是"南方"集群中最強大的第六集團軍。這個集團軍轄 13 個師，有 25 萬人，集團軍司令是保盧斯。第六集團軍以幾百輛坦克組成的集群打頭陣，向伏爾加河衝去。蘇軍最高統帥部為此專門成立了斯大林格勒方面軍，以保衛這座英雄的城市。德軍先後打敗了蘇軍的兩個集團軍，直撲斯大林格勒。

面對前線的敗退，蘇軍最高統帥斯大林向

斯大林格勒戰役期間的頓河方面軍指揮員。中間兩人是司令員葉廖緬科和政委赫魯曉夫。

戰火中的斯大林格勒街頭雕塑。（左圖）

前蘇聯紅軍官兵跳出戰壕衝鋒。

朱可夫在指揮作戰。

前線下達了一道命令："絕不准後退一步！"命令中還明確警告："應該嚴肅紀律，把驚慌失措者和膽小鬼就地處死。"斯大林一面命令前線將士死守，一面又命令從遠東調10個師來加強防禦。希特勒也給保盧斯增加力量，調來一個坦克集團軍。8月19日，經過補充的德軍重新展開大規模進攻。進攻的德軍分南北兩路，保盧斯的第六集團軍為北路，霍特指揮的第四坦克集團軍在南路，對斯大林格勒實施向心突擊。經過幾天的瘋狂衝擊，第六集團軍突破了蘇軍防禦，到達斯大林格勒北面的伏爾加河，對市區構成了直接威脅。

在這危急時刻，曾在莫斯科戰役中立下汗馬功勞的朱可夫大將被派往斯大林格勒，協調蘇軍的指揮。9月13日，德軍又發動了新一輪的全面進攻，僅對斯大林格勒市區，保盧斯就投入了10多萬軍隊。第二天，德軍突入市區，激烈的巷戰開始了。德軍步兵跟隨坦克前進，每條街道和每個廣場都成了戰場。蘇軍依託殘破的建築物頑強抗擊德軍，使德軍每前進一步都要付出沉重的代價，僅在14～15日兩天就有兩萬多名德軍官兵被打死。城裡馬馬耶夫高地的戰鬥最為激烈。德軍為奪取這個高地，動用了幾個師的兵力，還有幾百門大炮和上百架飛機助戰。一批批德軍輪番向高地衝擊，但在守軍的英勇阻擊下，到最後也沒能完全佔領這個高地。斯大

蘇軍女護士在戰地救護傷員。

前蘇聯二戰海報。背景上的人物是俄國歷史上的一些偉大英雄，有反抗蒙古人的大公頓斯科伊、打敗法軍的名將蘇沃諾夫、國內戰爭中的傳奇英雄夏伯陽。（左圖）

斯大林格勒戰役

蘇軍的"卡秋莎"火箭炮。（左圖）

前蘇聯二戰海報。上面的文字是"消滅法西斯野獸"。（右圖）

林親自給斯大林格勒方面軍下達命令，要求把每幢樓房、每條街道都作為抗擊德軍的堡壘。在雙方反復爭奪的城北工廠區，儘管炮火連天，彈片橫飛，一些工廠仍在製造武器彈藥。甚至在德軍已經逼近時，當地的拖拉機廠還在生產坦克。當工廠被破壞得實在不能用時，工人們就拿起武器，走出廠門去參加街頭的戰鬥。

對德軍機械化部隊來說，打城市巷戰不是他們的長項，遠沒有在空曠的野外作戰方便。而蘇軍卻擅長打這種近戰，他們組織了眾多獨立戰鬥分隊，每個分隊有幾輛坦克和一個連的步兵，"埋伏在瓦礫堆中，等德軍坦克駛過後就打擊德軍步兵"，而德軍的坦克則由坦克兵或反坦克手

來對付。雙方士兵每次在街巷遭遇，都發展成為逐屋逐樓的相互對射，甚至成為一場扔手榴彈或槍刺刀劈的肉搏戰。有個德軍下級軍官回憶當時的戰鬥："為了一幢房子我們戰鬥了 15 天，使用了迫擊炮、手榴彈、機槍，還有刺刀。戰鬥的第三天，在地下室、陽台上，還有樓道裡，到處都橫躺著士兵的屍體。"就這樣，兩軍在城區的廢墟瓦礫中混戰了近兩個月。德軍第六集團軍"遭受了慘重的損失，各師變得疲憊不堪，一個連只剩下 30～40 人"。11 月 11 日，保盧斯在城裡發動了最後一次總攻，在5千米長的正面出動了 5 個步兵師、兩個坦克師，也沒能改變戰況。幾天後，蘇軍在整個斯大林格勒前線發動了

現代兵器時代

全線大反攻。

從11月19日開始，在朱可夫的統一指揮下，蘇軍3個方面軍以斯大林格勒為中心發動了反攻。首先是西南方面軍動用了3,500門大炮和"卡秋莎"火箭炮猛轟，然後以坦克部隊為先導，步兵突入羅馬尼亞僕從軍的陣地。接着斯大林格勒方面軍和頓河方面軍的部隊也都趕來合圍，百萬蘇軍形成了對保盧斯第六集團軍的鉗形包圍。保盧斯提出突圍的建議，被希特勒駁回，命令他堅守待援。希特勒曾想讓德軍名將曼斯坦因率10個師來解圍，但幾經試探沒有成功，被圍的33萬德軍成為甕中之鱉。

在飢寒交迫中，被圍困的德軍減員嚴重，大批官兵凍餓而死。在蘇軍不斷打擊下，德軍陣地逐步縮小，傷員也得不到救護。1月24日，保盧斯請求希特勒准予被圍德軍投降，遭到希特勒嚴厲拒絕。1月30日，希特勒晉升保盧斯為元帥，但就在這一天，守軍已經打到保盧斯司令部的門口。第二天清晨，保盧斯被迫投降，成為二戰中第一個被俘的德軍元帥。總共有9萬多殘存的德軍官兵被俘。2月2日清晨，這些俘虜排成長隊，在冰天雪地中步履艱難地行走。"他們蓬亂的鬍鬚上掛着冰塊。凡是能找到的破布、麻袋片和布墊子，他們都用來裹自己的腦袋和肩膀"。這就是曾不可一世的德軍精銳部隊的最後結局。

斯大林格勒戰役

殘存的德軍第六集團軍官兵。（左圖）

保盧斯被俘。（上圖）

在莫斯科遊街示眾的大隊德軍戰俘。（左圖）

英倫空戰

英國最早使用的雷達。

1939年9月1日，納粹德國入侵波蘭，第二次世界大戰爆發。1940年初，荷蘭、比利時、挪威等國相繼被德國佔領。5月，德軍機械化部隊越過阿登森林，繞過馬其諾防線深入法國領土，擊潰了抵抗的法軍。6月22日，法國投降。但在法國境內的英國遠征軍，卻成功地利用軍艦、商船、漁船甚至遊船，從敦克爾刻撤回了本土，這就是歷史上有名的"敦克爾刻大撤退"。這時希特勒試圖對英國誘降，遭到英國新任首相丘吉爾的斷然拒絕。誘降不成的希特勒惱羞成怒，決心用武力征服英國。

1940年7月16日，希特勒發佈了進攻英國的"海獅計劃"。這個計劃的核心是先在空戰中消滅英國空軍，並用火力壓制住英國海軍，奪取制空和制海權，然後派陸軍渡過英吉利海峽登陸作戰，佔領英國。這是海軍實力處於弱勢

皇家空軍的"婦女後援隊"技術人員在校準飛機上用的機槍。

的納粹德國比較可行的一種作戰方案。執行這一計劃的關鍵是要先消滅英國空軍，希特勒把對英空戰的指揮權交給了德國空軍元帥戈林。

戈林從8月開始對英國發動了大規模的空襲。他指揮德國空軍的3個航空集群，共有1,600架轟炸機和1,400架戰鬥機用於作戰。他的對手是英國空軍元帥休·道丁，指揮750架戰鬥機。英國空軍還有600架遠程轟炸機可用。雖然英國在飛機數量上不如德國，但英國的飛機生產潛力很強，後來最多時一個月能生產400多架飛機，及時地補上了空戰中的損失。

在空戰技術上英國人有自己的優勢，這時他們已發明了雷達。雷達安裝在英國沿海的懸

接到戰鬥警報後，皇家空軍飛行員奔向戰鬥機。

弗蘭克·伍頓畫的英國"颶風"戰鬥機。這種飛機的性能不如"噴火"戰鬥機。

崖峭壁上，能在相當遠的距離內事先發現入侵的敵機。英國飛行員藉助雷達就能準確掌握敵機的數量和方位，出其不意地攔截敵機。德國空軍起初還沒有雷達，但知道英國空軍已運用了某種偵察用的電子裝備，就把雷達站作為首先打擊的目標。8月12日，德國空軍對英國雷達站進行了猛烈轟炸，但這些被炸的雷達不出幾小時就又恢復了工作。

8月15日，德國空軍出動了空前龐大的機群奔襲英國，有轟炸機600多架、戰鬥機1,200多架。頓時在英國南部上空戰雲密佈：轟炸機隆隆作響，戰鬥機呼嘯俯衝，飛機上的機槍瘋狂掃射，機炮不停噴火。由於有雷達提前報警，英國的"噴火"和"颶風"戰鬥機總能在適當的時機趕到空戰戰場。"噴火"戰鬥機是英國新研製出的飛機，性能優越，在作戰時比德國的"梅塞施密特"戰鬥機靈活。"噴火"戰鬥機往往從德機編隊的上方向下俯衝射擊，衝過去後又重新拉起，迅速上升轉彎，佔領有利位置後再次攻擊。一時間天空中滿是一道道飛機尾氣留下的獨特線條。空戰的結果是德國空軍損失很大而戰果有限。

8月19日，戈林改變戰術，決定將英國空軍的戰鬥機作為主要打擊目標，集中全力轟炸機場和雷達站。從8月24日到9月6日，德國平均每天出動1,000多架次飛機攻擊。這是行之有效

消防隊員奮力撲滅倫敦城裡因空襲引起的大火。

的戰術,很快就炸壞了英國南部的 5 個機場,破壞了沿海 7 個關鍵雷達站中的 6 個。德國空軍逐漸顯示出了數量上的優勢。在 10 天內英國損失了 446 架戰鬥機以及有經驗的飛行員 200 多人,飛機損失開始超過補充的數量。對此情形,丘吉爾焦急地説:"如果敵人再堅持下去,整個戰鬥機指揮部的全部組織就會垮台,國家就有淪陷的危險。"

幸運的是,就在這時戰局發生了意外的變化。本來希特勒是禁止轟炸倫敦的,8 月 24 日,兩名德國飛行員無意中誤炸了倫敦,英國空軍立即空襲柏林,進行報復。這一行動激怒

了希特勒,他在惱怒中改變作戰計劃,下令集中力量空襲倫敦。這一決定事後證明是重大的失誤,處於困境中的英國戰鬥機部隊壓力減輕了,元氣得以恢復。

9 月 7 日,由 1,200 多架飛機組成的機群襲擊了倫敦,投下 300 多噸高爆炸彈和燃燒彈。倫敦城成為一片火海,城裡燃燒起 1,300 多處大火。因為皇家空軍沒有料到這一變化,戰鬥機沒能及時趕到,德國空軍的轟炸獲得了成功。9 月 9 日,德國又出動 200 多架轟炸機空襲倫敦,這次就遭到戰鬥機的攔截。英國戰鬥機司令部還改變攔截戰術,集中戰鬥機在空中組成龐大機群與敵

在空襲中被徹底毀壞的考文垂大教堂。

捱炸後的倫敦
聖保羅大教堂

丘吉爾(右前)在查看空襲後倫敦城南受損失的情況。(左圖)

保羅‧納什畫的《英倫空戰》。(右圖)

現代兵器時代

人較量。倫敦城內的民防系統也開始發揮作用，
萬多居民自願參加對空監視。居民們還把地鐵
當防空洞，每天晚上帶着孩子到地鐵站台裡過
夜。防空戰術的改進使得德國空軍損失很大，僅
在9月15日一天，德國就損失了185架飛機。英
國把這一天定為"英倫空戰節"。

　　為了減少損失，戈林下令從10月1日起對
倫敦的空襲改在夜間進行。10月2日，1,000架
德國飛機在晚上飛到倫敦上空，使倫敦城又遭
到嚴重破壞。11月14日夜晚，英國航空工業基
地考文垂在經受了長達11個小時的狂轟濫炸
後，全城三分之二的建築被毀。英國空軍也針

著名建築　　　　一群倫敦的孩子在躲避空襲。

在倫敦地鐵站台裡過
夜的市民。（上圖）

倫敦塔橋上繫留的防
空氣球。（右圖）

鋒相對，採取一些對付的辦法，如在德機飛來
的方向大量施放攔阻氣球，用無線電干擾德軍
的夜間導航設備，還研製了炮瞄雷達、機載雷
達等新裝備，有效地遏制了德國空軍的進犯。
後來納粹德國把進攻的目標轉向前蘇聯，對英
國的空襲規模不斷縮小，直至第二年5月"英倫
空戰"結束，"海獅計劃"也隨之化為泡影。

　　在整個"英倫空戰"中，英國損失作戰飛
機近千架，但德國空軍的損失更大，損失飛機
2,400多架。這一戰役更重要的意義在於，英國
戰鬥機飛行員用自己的勇氣和生命保衛了祖國
不受侵犯。丘吉爾在議會講話時對他們給予極
高的評價，稱讚道："在人類衝突的歷史上，
從未有過如此之少的人為如此之多的人做了如
此之大的好事。"

偷襲珍珠港

　　航空母艦能搭載作戰飛機並供飛機起降，它大顯神威是在第二次世界大戰期間，它的出現則是在第一次世界大戰後不久，但最早的艦載飛機試驗卻是在一戰以前。

　　早在 1910 年，美國海軍中已有人開始考慮把飛機與戰艦結合起來，讓飛機能從軍艦上起飛。這年 11 月，一個叫尤金·伊利的美國飛行員答應為海軍做從軍艦甲板上駕機起飛的試驗。美國海軍在"伯明翰"號巡洋艦上鋪了長 83 英尺的起飛甲板。尤金·伊利駕駛雙翼螺旋槳飛機在甲板上滑行起飛，在離開甲板的瞬間險些滑下大海，在危急時刻他操縱水平舵，把飛機拉了起

日軍飛行員拍下的珍珠港所在的瓦胡島的照片。

來，飛了幾千米後在岸上着陸。2個月後，美國海軍又做了在甲板上着陸的試驗。為阻止飛機降落時滑行過快，還在甲板上設置了一根根阻攔縱索。尤金·伊利在軍艦上着陸的試驗也獲得了成功，他的飛機被 4 根繩索攔住。

　　這次試驗引起了各國海軍的重視。英國海軍後來居上，不久就把一艘巡洋艦改裝成航空母艦。專門設計而不是改裝的航空母艦是日本最早建造的。1922年年底，日本海軍的"鳳翔"號航空母艦下水，排水量只有7,470噸，規模比較小。不久各主要海軍強國就紛紛建造這種搭載飛機的新式巨艦。到二戰前夕海上已有幾十艘航母，其中日本最多，有 10 艘，美國和英國各7艘，法國2艘。它們成為一支新出現的但卻很有潛力的作戰力量。

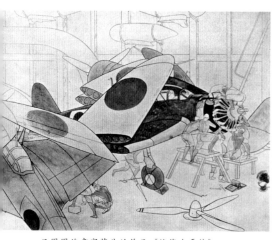

日軍軍旅畫家荒井的作品《維修魚雷機》。

現代兵器時代

托空襲中得到啟示，計劃出動航空母艦遠程奔襲，用艦載飛機摧毀停泊在夏威夷珍珠港的美國太平洋艦隊。但仿效塔蘭托攻擊方式有一個技術難題：珍珠港水淺，如果從空中正常投放魚雷，魚雷就會一頭扎進水底。為解決這一問題，日本海軍專家改進了魚雷，在魚雷尾部安裝了木翅，使得魚雷有一定浮力，不致沉得過深。為了偷襲成功，日本海軍苦苦練兵。白天，飛行員選擇地形酷似珍珠港的鹿兒島苦練低空飛行，模擬施放魚雷；夜晚，飛行員圍着珍珠港所在的瓦胡島的沙盤模型，熟悉每艘美國軍艦的外形。

　　11 月 16 日，襲擊珍珠港的日本海軍機動艦隊集結出航。這支艦隊的主力是 6 艘航空母艦，載有 360 架飛機。機動艦隊經過很少有船隻航行的北太平洋向東駛去。12 月 7 日天快亮時，機動艦隊到達離珍珠港約 200 海里的出擊地點。山本五十六發來訓令："皇國興廢，在此一舉。望我軍將士，不怕流血犧牲，各盡天職，以告大

　　二戰爆發不久，航空母艦就發揮了威力。1940 年 11 月，24 架英國的魚雷轟炸機從航空母艦上起飛，襲擊了停泊在意大利塔蘭托港口的意軍艦隊，擊沉一艘戰列艦，重傷兩艘。這種用轟炸機空投魚雷的突襲方式，引起了日本聯合艦隊司令山本五十六的注意，他從中受到了啟發。

　　1941 年 9 月，發動全面侵略中國的戰爭已 4 年的日本進軍越南南部，有向南洋擴張的趨勢。美國對這一舉動很敏感，很快做出反應，宣佈對日本實行全面石油禁運，凍結日本在美國的全部資產，中斷兩國貿易。考慮到海軍的石油儲備有限，日本想到解決問題的辦法不是撤回侵略越南的日軍，而是決定冒險與美國打一仗。

　　要與經濟實力雄厚的美國打仗，就要先發制人，給美國致命的一擊。山本五十六從塔蘭

偷襲珍珠港

日軍軍旅畫家荒井的作品《零式戰鬥機從航母甲板上起飛》。

成。"這樣的訓令是模仿對馬海戰中日本海軍名將東鄉平八郎的口氣發出的。這時航空母艦的甲板上排滿了雙翼展開的飛機。有的飛機帶了大量炸彈，有的掛着魚雷。參加第一次攻擊的飛機從航母甲板上依次起飛，組成龐大的機群，向珍珠港飛去。

巧的是美國太平洋艦隊的航空母艦當時外出訓練不在港內。日軍魚雷轟炸機就朝停泊在港灣內的戰列艦飛去，一架架飛機像"蜻蜓下卵一

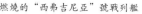

燃燒的"西弗吉尼亞"號戰列艦。

遭空襲後的珍珠港。（左圖）

瓦胡島上的機場遭炸。（左下圖）

"I am looking forward to dictating peace to the United States in the White House at Washington"
— ADMIRAL YAMAMOTO

What do YOU say, AMERICA?

美國的宣傳海報。上有山本五十六頭像，還有一句山本說過的話："我期待在華盛頓的白宮與美國媾和。"流露出日本的侵略野心。（上圖）

樣"把魚雷扔下去，然後升上高空飛走。幾十秒後戰列艦"俄克拉荷馬"號艦身中彈，左右劇烈晃動着向水中傾斜。在爆炸聲中，美國太平洋艦隊司令向華盛頓發出電報："珍珠港遭到空襲，並非演習。"緊跟着的是高空轟炸機。一枚穿甲彈穿過甲板鑽進"亞利桑那"號的燃料艙，引燃了艦上的彈藥，頃刻間如火山爆發，戰艦裂為兩半，幾分鐘後葬身海底，海面上只剩下燃燒的大片油跡，艦上1,500名官兵無一生還。

第一次攻擊剛結束，第二批攻擊機群又向瓦胡島逼近。機群撲向戰列艦，首先攻擊"賓夕法尼亞"號，幾分鐘後戰艦爆炸起火，艦橋艦首都

現代兵器時代

珍珠港事件後，在美國境內生活的日本人受到牽連，在戰爭時期被關進拘留營。照片上是住在拘留營內的日本人在打排球。

美國宣傳海報"不忘珍珠港"。

意大利宣傳海報。圖案為一個日本武士揮刀亂砍美國的軍艦。（右圖）

到日本海空軍的蓄意進攻……我要求國會宣佈，美國和日本之間已處於戰爭狀態。"隨後美國宣佈對日本進行全面戰爭。

　　日本偷襲珍珠港的成功，充分顯示了航空母艦的巨大威力。這一戰的戰果是空前的，遠勝於傳統戰艦，使得海軍中崇尚"大炮巨艦主義"的觀念顯得過時。當時有一個美國航空母艦艦長評價道："今後，海上霸權將取決於航空母艦，而不取決於已過時的戰列艦。"

珍珠港事件後，羅斯福總統發表講話，表示美國要戰勝日本的決心。（左圖）

被炸壞。"加利福尼亞"號在彈雨中熊熊燃燒，整整燒了3天後沉沒。"西弗吉尼亞"號被炸彈和魚雷擊中沉沒。這次攻擊持續了幾十分鐘。本來日軍還準備發動第三次攻擊，由於機動艦隊司令南雲擔心日本艦隊的安全，下令返航。

　　在珍珠港，經過核查，發現有18艘軍艦沉沒或受重創，188架飛機被炸壞，而日本方面損失輕微。美國遭到了有史以來最慘重的軍事打擊，但美國這個工業巨人卻因受到這一刺激而驚醒過來，開始全力以赴投入戰爭，提出"不忘珍珠港"的口號。事件發生後第二天，美國國會議員和最高法院法官集中在眾議院大廳開會。羅斯福總統宣佈："昨天，美國突然遭

美國參戰後，汽油成為戰爭急需的物資，民用汽油供應大為縮減，美國人紛紛用腳踏車代替汽車。（右圖）

偷襲珍珠港

航母大戰

　　日本海軍偷襲珍珠港後又連續取得一連串的勝利，在西太平洋海域一度佔據了絕對優勢的地位。美國太平洋艦隊遭到重創，幸運的是幾艘航空母艦還在。美國太平洋艦隊新任司令尼米茲打算就以這幾艘航母為主力與日本海軍在廣闊的太平洋上周旋。不久就在西南太平洋上爆發了一場航空母艦大戰——珊瑚海海戰。

　　1942年4月，日本海軍將領高木率航空母艦"瑞鶴"號和"翔鶴"號駛往澳大利亞東北的珊瑚海。同一天，另一艘日本輕型航空母艦"祥鳳"號也駛出港口。通過破譯密碼，尼米茲已經知道了日軍的行動。他立即調重型航空母艦"列克星敦"號趕到珊瑚海，與已在那裡的中型航空母艦"約克城"號會合。

　　5月7日，從"列克星敦"號和"約克城"號上起飛的93架飛機發現了"祥鳳"號。在不到半小時的空襲中，"祥鳳"號中彈，在接連不斷的爆炸聲中它很快沉入海底。這時高木率兩艘日本航母趕來。5月8日，兩支航空母艦編隊終於有了直接交手的機會。雙方勢均力敵：各有兩艘大型航母，飛機和護航艦隻數量也相近。航母大戰開幕，雙方各派七八十架艦載機去攻擊對方的航空母艦。先是"翔鶴"號被命中受傷，接着4萬噸級的"列克星敦"號被炸沉，"約克城"號受傷。整個戰局顯然對日軍有利，因為"瑞鶴"號還完好無損。如果這時高木抓住作戰

美國的"埃塞克斯"號航空母艦。甲板上停滿了飛機。

現代兵器時代

美國的"薩拉托加"號航空母艦。

生珊瑚海海戰中被擊沉的"列克星敦"號航空母艦。
左圖)

土利特爾中校空襲東京前在B-25轟炸機前留影。(右圖)

幾，繼續進攻，美國艦隊可能會被全殲。但出人意料的是高木卻就此罷手，兩支艦隊脫離接觸。至此人類歷史上第一次航母大戰結束。在這次海戰中水面艦隻沒有向敵艦開一炮，主要靠艦載飛機交戰，這是一種與以前的海戰根本不同的新式作戰方式。

不久又爆發了一次規模更大的航母大戰——中途島海戰。在這次海戰中日軍慘敗，短時間內就損失了作為聯合艦隊主要力量的4艘航空母艦。這場航母大戰的起因是一次偶然的事件。原來在珍珠港遭空襲後，美國總統羅斯福一直想報復一下日本。4月19日，美軍王牌飛行員杜利特爾率領16架轟炸機從航空母艦上

起飛，轟炸了東京和其他一些日本城市。這次空襲，日本在物質上損失有限，只有50個人被炸死，但在精神上卻受到很大打擊。日本海軍聯合艦隊司令山本五十六考慮發動新的戰役，出動聯合艦隊主力去攻佔太平洋中部的美軍基地中途島，然後在那裡建立警戒線，防止再次發生對日本本土的空襲。

山本五十六先派出一支艦隊開往北方阿留申群島的荷蘭港，指望把美國海軍艦隊誘往北方，但美軍沒有上當。美國海軍的情報人員已破譯了聯合艦隊的來往電報，了解了山本的意圖。美軍立即開始緊張備戰，從本土調來大批轟炸機到夏威夷和中途島駐防。5月27日，曾率部

航母大戰

美國宣傳海報，描繪日本航空母艦捱炸。

偷襲珍珠港的南雲率領第一航空艦隊從日本出發，這支艦隊的主角是4艘航空母艦"加賀"號、"赤城"號、"蒼龍"號和"飛龍"號。而美軍拼拼湊湊只能有3艘航母參戰，其中"約克城"號剛在珊瑚海海戰中受傷，是趕修了3天才勉強上戰場的。3艘美國航母迅速趕往中途島東北海面列陣參戰。

6月4日清晨，從航母起飛的108架日軍飛機空襲了中途島。為防備萬一，126架裝有穿甲彈和魚雷的飛機留作後備，準備對付美國航母艦隊。同一時間，美軍26架以中途島為基地的魚雷機去襲擊日本的航母，南雲派出10架零式戰鬥機迎戰。速度不快的魚雷機對靈活的零

綽號"公牛"的美國海軍將領哈爾西。他曾多次指揮航母編隊重創日軍。

式戰鬥機來說簡直成了活靶子，大多被擊落。擊退魚雷機後，南雲決定對中途島發動第二次攻擊。由於在附近還沒有發現敵艦，南雲認為讓一半飛機閒着用處不大，就下令把飛機拖進機庫，卸下攻擊軍艦的魚雷和穿甲彈，改裝攻擊地面目標的高爆炸彈。不久，又有幾批從島上飛來的美國轟炸機被趕走。就在這時，偵察機發回一個可怕的消息："發現敵航空母艦。"應該怎麼辦？南雲一時拿不定主意，天上正盤旋着轟炸中途島返航的飛機，而所有戰鬥機已升空，不少準備攻擊航空母艦的魚雷機已換了炸彈。南雲遲疑了10分鐘後終於做出了一個致命性的決定：先回收飛機，立即清理甲板，

參加過中途島海戰的"企業"號航空母艦。

現代兵器時代

性能優越的日本零式戰鬥機。（左圖）

美國號召齊心打敗日軍的宣傳海報。（下圖）

南雲被驚得目瞪口獃，一聲不響地撤到別的軍艦上。他的參謀源田看着冒煙的航母，說了一句"我們搞砸了"。海上最後一艘日軍航母"飛龍"號的艦長山口決心復仇，出動飛機重創了"約克城"號，但"飛龍"號自身也被擊沉。

這一仗日本海軍損失了4艘航空母艦，322架飛機，戰死3,500人，其中許多是技術熟練的飛行員。而美國只損失一艘航空母艦，陣亡307人，勝負顯而易見。太平洋戰爭開戰以來美國人聽到的大多是壞消息，這次簡直不敢相信會取得這麼大的勝利。報紙上還刊登了"赤城"號在海上燃燒的照片。誰人能想到導致日軍這次大敗的關鍵竟是南雲遲疑不定的那10分鐘。

航母大戰

讓送下機庫已裝上炸彈的飛機再換裝魚雷。水兵們又得重來一遍，搬上卸下。為了爭取時間，他們圖省事，就把魚雷和穿甲彈堆放在飛機旁邊，沒有放進密封的彈藥庫。如果南雲不下令飛機換裝炸彈，戰役結果或許就會兩樣。

就在日本艦隊忙於把彈藥換來換去時，32架美軍轟炸機飛來，把炸彈投在"加賀"號和旗艦"赤城"號上。本來航空母艦吃幾顆炸彈不會沉沒，但日艦機庫裡全是滿載炸彈和汽油的飛機，卸下的炸彈也胡亂堆放着。這些炸彈接二連三被引爆，加上飛機起火引起的爆炸，轉眼間"赤城"號就成為"一個熊熊燃燒的地獄"。很快"加賀"號和"蒼龍"號也同樣爆炸燃燒。

在海上燃燒的"赤城"號航空母艦。（上圖）

日本戰時首相東條英機。就是在他任內，日本發動了與美國交戰的太平洋戰爭。

跳島進攻

"跳島進攻"是美軍在太平洋戰爭後期向日本反攻中採用的一種戰術。面對日軍在太平洋上佔據的大小上百個島嶼,美軍太平洋艦隊司令尼米茲和西南太平洋戰區司令麥克阿瑟採用了"跳島進攻"的戰術,即有選擇地攻佔對美軍推進有重要意義的島嶼。對於其他島上的日軍,棄之不顧,用麥克阿瑟的話來講,"讓葡萄在枝條上自行枯萎"。

太平洋戰爭中第一個採用"跳島進攻"的實例是 1943 年 5 月美軍對北太平洋阿留申群島的反攻。尼米茲考慮到日軍在阿留申群島中基斯卡島上的防守較嚴,就跳過基斯卡島攻打了比較遠的阿圖島。美軍在太平洋上的反攻分為兩個方向:由麥克阿瑟指揮在西南太平洋的反攻和由尼米茲指揮在中太平洋的反攻。按照"跳島進攻"戰術,美軍對西南太平洋上日軍最重要的海軍基地拉包爾圍而不攻,跳過去使它失去作用。1943 年年底,美軍兩個師在拉包爾所在的新不列顛島上登陸,他們只控制了島的西面,而讓幾萬日軍據守拉包爾,一直到戰爭結束。

太平洋島嶼反攻戰的主戰場在中太平洋。美軍在這裡首先遇到的是吉爾伯特群島的塔拉瓦環礁。日軍在島上精心設防,永久性的半地下式堡壘散佈全島。1943 年 11 月 20 日清晨,美軍先用幾十艘軍艦艦炮轟擊,然後大批飛機載着重磅炸彈俯衝轟炸。在此之後,美軍海軍陸戰隊員開始

美軍在新幾內亞登陸。

美軍在布納鳥海灘遭到打擊。(右圖)

美軍將領麥克阿瑟在菲律賓的萊特島涉水上岸。

步水上岸。當他們上了海灘，突然前面日軍的大炮和機槍齊鳴。整整一天美軍都被壓制在海灘上。到黃昏時，艦炮和飛機像補課一樣再次攻擊，日軍火力減弱。吸取教訓的美國兵則緊貼沙灘慢慢爬過去，向地堡投炸藥包，用火焰噴射器句裡掃射。第二天下午，美軍發現了島上日軍指軍官柴崎少將的雙層碉堡。他們就用推土機推沙子封上碉堡的門，灌進汽油，用手榴彈點燃。在這場激戰中日軍幾乎全部戰死。

　　1944 年 6 月，美軍跳島進攻的矛頭指向了中太平洋的馬里亞納群島。馬里亞納群島，尤其是其中的塞班島，是第一次世界大戰中日本從德國手中奪來的。後來日本向這裡大量移民，塞班

美國兵屍橫塔拉瓦環礁海灘。

島上的日本居民已有兩萬多人。6 月 15 日天亮時，美軍海軍陸戰隊員乘登陸艇，向海灘蜂擁而來。守軍雖連遭空襲和炮擊，仍在海灘上頑強抗擊。日軍的炮火打得很準，迫擊炮彈像雨點一樣飛去，當天登陸的美軍傷亡人數超過十分之一。美軍不惜代價，頑強地向日軍灘頭陣地前進，終於在岸上開闢了一個登陸場。日軍守島司令齋藤不顧雙方實力懸殊，下令反攻。因為沒有制空權，日軍白天無法調動部隊，就採用他們慣用的夜襲戰術，在深夜出動 44 輛坦克，每輛坦克上搭載幾名步兵，衝向美軍陣地，美軍則發射火箭彈回敬他們。到快天亮時，日軍傷亡慘重，敗下陣來。守軍接着利用島上地形複雜的山地固守，

美國海軍陸戰隊員在瓜島叢林中搜索日軍。

美軍軍艦向日軍佔領的島嶼發射火箭。（右圖）

一直拖到7月7日，日軍最後發動了一次自殺式的"玉碎攻擊"。殘存的日本兵一批接一批如同潮水般湧來，最前面的人舉着大旗領隊衝鋒，連傷兵也裹着紗布、拄着拐棍擠在隊伍中。這樣的進攻實際等同於送死。到天亮時，美軍陣地前留下了4,300多具日本兵屍體。島上的日本居民看到日軍已敗，不少人聽信日軍的恐怖宣傳，開始了血腥的全家自殺，大多是抱着孩子全家人一起跳下懸崖。

美軍"跳島進攻"的下一站是離日本本土不遠的硫磺島。這個島北面寬，南面窄，呈三角

把美國國旗插上折缽山的雕塑作品。

在塞班島準備跳崖自殺的日本母子。（左圖）

形。島的南端有座叫折缽山的死火山。島上日軍守備司令栗林中將下令士兵在多孔的火山岩中修建防禦工事。在美軍攻打硫磺島前的一段時間裡，他不厭其煩地讓兩萬多守軍反復加固工事。山中許多天然洞穴已被改造成工事。有一座山頭整個被掏空，建成了一個共有9層的巨大地下建築。

現代兵器時代

　　1945 年 2 月 19 日，美軍在硫磺島登陸。依照慣例，美軍先用艦炮狂轟，然後飛機像犁地一樣炸個不停。躲在碉堡和山洞中的日本兵遵照命令不還擊。他們捂緊耳朵，忍受着爆炸的衝擊波。栗林給他們的命令很明確：每人要以殺敵 10 人為目標，以游擊戰術騷擾敵人直到最後。當美軍陸戰隊員衝上海灘，藏在碉堡和山洞中的機槍開始射擊，打得美軍四處逃散。等到坦克上岸後，隱藏着的反坦克炮一輛接一輛擊毀了這些緩慢行駛的坦克。海灘上到處是被擊毀的坦克和水陸運輸車，成了美軍的臨時掩體。栗林還下令各火力點要有節奏地交替射擊，盡量做到彈無虛發。激戰了幾天，美軍以優勢兵力包圍了折缽山，用火焰噴射器把日軍陣地燒得通紅。2月23日，美國兵爬上火山口，在山頂架起鐵管，豎起了美國國旗。在後來的山地作戰中，日軍的防守仍很頑強。為了對付日本兵的洞穴陣地，美國兵想出不少辦法：用推土機堵死洞口，往洞裡灌煤油點火燒。美軍本來準備用4天拿下硫磺島，結

硫磺島之戰。

BUY THAT INVASION BOND

表現美軍登陸作戰的海報。

從空中俯拍的硫磺島全貌。島的南端是折缽山。（左圖）

美軍在進攻硫磺島。（下圖）

果花了整整 36 天，並付出了傷亡 3 萬多人的代價。這樣大的傷亡在美軍戰史上是少見的。

　　綜觀美軍的"跳島進攻"，在實戰中是行之有效的。這一戰術使日軍陷入防不勝防、被動捱打的局面。日軍企圖在太平洋上與美軍逐島爭奪、死打硬拚的計劃破滅，美軍成功地推進到了離日本本土不遠的地方。作為防守一方，在這場島嶼爭奪戰中，日軍在硫磺島的防守最為成功。在喪失制空、制海權的情況下，為縮小兵器、火力上的差距，守軍構築堅固的防禦工事，深藏洞穴、地下，盡可能予對手以重大殺傷，消耗其兵員和資源，在戰術上是正確的。

"神風" 驟起

"神風"飛行員的集體合影。

在太平洋戰爭後期，日軍曾採用過一種非常規的作戰方法，這就是用飛機裝上炸藥和炸彈去撞擊美國軍艦。這種戰法最早是日軍海軍航空兵的大西中將提出來的，他還把從事這種作戰的部隊稱為"神風特別攻擊隊"。"神風"的說法在日本歷史上還有個典故，據說在古代日本，有一次遭到中國元朝水師入侵。正當元水師就要登陸時，一股突如其來的颶風把水師艦船吹得七零八落，在海岸上迎戰的日本武士驚呼這股風是"神風"。把這個稱呼古為今用，大西希望這種"神風"飛機也能發揮神奇的功效。"神風"飛行員都不帶降落傘，起飛後飛機起落架自動脫落，連人帶機成為"肉彈"。按照大西的如意算盤，一架飛機對準目標衝下去，就有可能撞沉價值超過飛機幾千倍的軍艦。

美國人吉布尼所畫"神風"飛機作戰的情景。這是他根據自己的親身經歷畫成的。（上圖）

日軍之所以採用這種自殺式攻擊方式有其自身的原因。首先是因為在軍事力量上日軍已處於明顯的劣勢。曾在珍珠港重創美國太平洋艦隊的日本聯合艦隊，這時經過數次海戰，連連失敗，已零落不堪，幾乎已沒有一艘可用的航空母艦，因而要想在海上阻止美國海軍的攻勢，用常規戰術已難以奏效。另外，日軍內部滅絕人性的軍國主義教育和盛行的"武士道"傳統，把士兵都打造成了惟命是從的戰爭機器。

兩名出發前的"神風"飛行員。（左圖）

在這樣愚頑的士兵中號召組織"神風特攻隊"是不乏響應者的。受蒙騙的日軍飛行員真以為這

現代兵器時代

"神風"飛行員起飛前在揮手告別。

枚裝有高爆炸藥的炸彈,引爆用的雷管就裝在炸彈的彈頭上。另外從擋風玻璃圍罩着的機頭頂端伸出 3 根金屬細管,做成引爆管。這樣從機頭伸出去的引爆管只要碰上任何物體,炸彈就會爆炸。

從1945年4月6日開始,日軍開始了特攻進攻。在進攻前,日軍"神風"飛行員還要舉行出征的儀式。這些飛行員面對皇宮方向鞠躬行禮,喝下最後一杯絕命酒,然後神情麻木地登上駕駛艙,向沖繩海面飛去。第一次特攻有 355 架飛機,"神風"機群經一個多小時飛行到達美軍艦隊上空。這些"神風"飛行員瞪大眼睛,像中了魔一樣,冒着猛烈的高射炮火,紛紛向美軍軍艦撞去。美航空母艦上的戰鬥機一齊升空迎戰,艦上所有防空火器也全部開火,自殺飛機成群墜落。但總有一些飛機衝破密集的火力網,撞在軍艦的甲板上。這種近乎集體自殺的舉動,讓美國人感到驚恐不安,不一會就有19艘艦船被撞毀。

殘暴的日軍軍官正在新幾內亞砍殺被俘的澳大利亞軍人。(左圖)

樣能使日本轉敗為勝。飛行員藤井源因為有妻子孩子沒有被批准參加"神風特攻隊",他的妻子為了讓他能參加,居然帶着 3 個女兒投河自盡。在戰爭中,崇尚寧死不降的日本兵,就是按"武士道"精神而不是國際公約來對待被俘的盟軍士兵,肆意虐待甚至殺害戰俘。

在美軍進攻日本的沖繩島時,日軍大規模地使用了這種一去不復返的特攻戰術。"神風特攻隊"的每架飛機都掛裝了400千克炸藥和一

沖繩戰役前"神風"飛機就曾在菲律賓的萊特灣用於作戰。這是一架"神風"飛機在萊特灣撞中了一艘美國航空母艦。

4月11日，日軍又發動了第二次特攻，有202架飛機參加。一架架特攻機超低空飛行，冒着密集的彈雨向"企業"號航空母艦撞來。艦上動用了所有的火器對空射擊，但仍有一架特攻機撞中艦首，在艦上引起大火。另外有一架被擊中的特攻機拖着濃煙撞穿了戰列艦"密蘇里"號的甲板。

在這兩次作戰中，沖繩島海空艦船殘骸紛揚，血肉橫飛，幾十艘美艦慘遭撞擊。當然在海空激戰中幾百架日機也粉身碎骨。面對抱着必死決心的日軍飛行員，眼看着一架架飛機撞來，美國軍艦上的水兵神經緊張得受不了。美軍海軍中將布朗回憶："眼睜睜地看着一架飛機，不顧死活地向你的戰艦撞來，駕駛員決心與你一齊炸得粉身碎骨，這真讓人周身血液都凝固了。"

在以後的特攻中，日軍還動用了新式自殺飛機"櫻花彈"。"櫻花彈"實際是一種用3支火箭推進的單程滑翔機，看起來像裝了飛翅的魚雷，由人操縱駕駛，帶着2噸多烈性炸藥高速向軍艦俯衝。這種飛機作戰時先用轟炸機攜帶，到達目標上空時再投下。美國兵給這種自殺武器起了個綽號叫"八格彈"（意為"蠢彈"）。因為這種有人駕駛的飛彈速度快，體積小，一旦對準目標撞去，對方很難將它擊落。

4月12日，從美國國內傳來羅斯福總統去

一架"神風"飛機正向軍艦撞來。

"櫻花彈"。

1945年9月2日，日本代表登上美國軍艦"密蘇里"號簽署投降書。這艘軍艦曾被"神風"飛機撞傷過。

世的消息。日軍大本營以為有機可乘，又連續發動了幾次特攻作戰。一時間不顧死活的自殺飛機，高速飛行的"櫻花彈"，原始笨拙的木製飛機，在遼闊的沖繩海域交替攻擊。有一次，幾架"神風"飛機突然從低矮的碎雲中飛出，徑直衝向美軍太平洋艦隊司令米切爾的旗艦"崩克山"號。這艘航空母艦躲閃不及，被撞中飛行甲板，炸彈在走廊裡爆炸，飛機發動機跌進了米切爾作為司令部的艙房。為了有效地制止這種空中自殺攻擊，美軍出動了大批艦載機，連續轟炸日軍機場，使許多"神風"飛機沒來得及起飛就報廢在地面上。後來直到日軍在 10 次特攻中用盡了準備好的 2,000 多架飛機，這種自殺攻擊才告結

沖繩島被美軍佔領後，一美軍士兵面對當地居民。

英國軍官正在羞辱以前戰俘營裡的日軍看守。這些日軍看守曾經虐待戰俘，無惡不作。

「神風」驟起

束。運用這一戰術，幾乎已經喪失了海軍的日軍，使美國海軍遭受了空前巨大的損失。

除"神風"特攻外，日軍在沖繩戰役中還採用了其他一些自殺攻擊戰術。海軍準備了被稱為"震洋艇"的自殺快艇，使用時利用黑夜的掩護，以高速衝向美軍軍艦，在相撞時爆炸。在沖繩島上，有些日本兵還把手榴彈綁在身上，跳出工事鑽入美軍的坦克底下，然後拉響手榴彈與坦克同歸於盡。不過這些特殊戰術的效用畢竟有限，數月後日本還是在沖繩戰役中戰敗，並最終被迫在投降書上簽了字。

戰後類似的非常規戰術仍不時出現，往往是在武器裝備和軍事實力處於弱勢的一方，期望以此來彌補自身力量的不足，尤其是在精神上給對手以沉重打擊時採用。

被撞中燃燒的"崩克山"號航空母艦。

"沙漠之狐"

"沙漠之狐"是納粹德國名將隆美爾的綽號，他以在北非大沙漠中擅長坦克戰、用兵狡詐而聞名。隆美爾原是步兵軍官，曾被挑選擔任希特勒衛隊隊長，在德軍入侵法國的軍事行動中他出任裝甲師師長。隆美爾在對法作戰中指揮的第七裝甲師，總是衝在大部隊前面，行動神速，戰果顯著，被升為中將。

1940年德國在西歐戰場大獲全勝，而它的盟國意大利卻在北非英軍的進攻下節節敗退。應墨索里尼的要求，希特勒決定調動由兩個裝甲師組建的"非洲軍團"去北非。1941年2月，希特勒任命隆美爾為"非洲軍團"司令。

2月16日，隆美爾到達利比亞的的黎波里，當天下午就乘飛機在戰區視察。他注意到北非大沙漠雖然生存條件差，但這裡是坦克戰的理想戰場，適合進行快速大膽的機動作戰。隆美爾利用這時英軍大規模調動，戰鬥力有所減弱的有利時機，不等德軍2個裝甲師到齊，就率領德、意軍3個師果斷發動進攻。隆美爾常乘一架小型飛機視察部隊，有一次，他發現地面上有支部隊在休息，隨即扔給他們一張紙條，上面寫着："要不趕緊給我走，我就要降落了！"在他的驅趕下，疲憊不堪的部隊只得拚命前進。隆美爾的部隊在2周內向東推進了600千米，到達埃及邊境，殲滅了英軍第二裝甲師和印度第三裝甲旅，扭轉了北非敗局。他因此獲得"沙漠之狐"的稱號。

隆美爾。（右圖）

在的黎波里港卸下的德國坦克。（左圖）

意大利法西斯政權在羅馬展示意軍在北非擴張的戰果。（右圖）

一架意大利飛機墜毀在利比亞沙漠。

現代兵器時代

1941年11月18日，英軍在傾盆大雨中發動了反攻。這時英軍第八集團軍7個師有900輛坦克，而隆美爾只有300多輛坦克，明顯處於劣勢。隆美爾決定用各種反坦克武器纏住英軍坦克，另將兩個德國裝甲師集中起來，待機反擊。他本人在前線四處遊動，尋找英軍部署的漏洞。很快德軍有組織地轉入防禦，穩定了局勢。

1942年初，地中海的戰況有了變化，德軍又奪得了制海權，補給船可以順利到達北非，給"非洲軍團"運去坦克和援軍。得到增援後，隆美爾下令於1942年1月21日發動進攻。英軍猝不及防，潰不成軍，第七裝甲師幾乎被全殲。隆美爾乘勝追擊，連連重創英軍。德軍機械修理人員隨戰鬥部隊一起行動，隨時在戰地

英國畫家所繪北非沙漠戰的場景。

修理被打壞的坦克。6月20日，德軍迫使守衛托卜魯克的3萬多英軍投降，並繳獲了大量戰利品。托卜魯克失守的消息傳到倫敦，英國首相丘吉爾在議會回答質詢時，對隆美爾作了評價："我們的部隊在那裡遇到一個非常有魄力、有才幹的敵手。如果避開戰爭的浩劫不談，這個人確實是一個卓越的將才。"

隆美爾率部一直追到阿拉曼，離尼羅河三角洲只剩下100多千米。這時，埃及首都開羅已陷入一片混亂，政府機關開始焚燒檔案。但這時隆美爾的部隊卻因消耗過大不得不停止前進。當時希特勒正忙於向蘇德戰場調兵遣將，只獎

隆美爾在北非的戰地指揮所部署德軍撤退的計劃。（左圖）

德軍在北非戰場的一名炮兵觀察兵。

「沙漠之狐」

給隆美爾一根陸軍元帥節杖，而沒有運去隆美爾急需的補給。隆美爾私下裡表示，他希望希特勒給他一個師的援軍而不是這根元帥節杖。"非洲軍團"無力向東推進，被迫轉入防禦。

1942年8月，蒙哥馬利被任命為英軍第八集團軍司令，下轄11個師，23萬人，其中4個裝甲師有坦克1,400輛。而隆美爾只有8萬多人，坦克540輛，並因海上補給線常被以馬耳他為基地的英軍艦艇和飛機切斷，得不到後勤供應，處境困難。10月23日夜，蒙哥馬利指揮英軍發動了突然進攻。因坦克缺乏油料，隆美爾無法進行遠距離機動作戰，只得轉為固守。11月1日，在阿拉曼爆發了北非戰場上最大規模的坦克戰。英軍大批坦克成群結隊衝向德軍陣地，隆美爾調集坦克和88毫米高射炮平射阻擊英軍坦克。這種防空火炮轉用來攻擊坦克效果極好，射速快，穿甲能力強，隱蔽在地下坑道裡射擊，成為英軍坦克的剋星。英軍佔有兵力上的絕對優勢，儘管付出以4輛坦克換德軍1輛坦克的沉重代價，還是佔了上風。隆美爾曾試圖集中殘餘坦克對英軍側翼實施反擊，但因缺乏空中掩護，在英國空軍打擊下損失慘重。由於天降暴雨，英軍追擊受阻，德、意兵團的殘兵敗將才得以逃脫。隆美爾在退卻時命令工兵埋了近50萬顆地雷，以遲滯英軍

蒙哥馬利在坦克中指揮作戰。

德軍在北非戰場使用的88毫米火炮。（右圖）

英國皇家空軍海報，描繪皇家空軍在利比亞的作戰。

追擊。只剩下兩萬多人的德軍一路向西狂奔，直奔到 2,200 千米外的突尼斯才收住腳。

在阿拉曼戰役進行的同時，美軍在北非的摩洛哥和阿爾及利亞登陸，揮師東進，企圖夾擊德軍。腹背受敵的隆美爾憑藉突尼斯山地負隅頑抗。1943 年 2 月，德軍先發制人，用多管火箭炮掩護坦克，對美軍第一裝甲師駐守的卡塞林山口發起猛攻，打得沒有戰鬥經驗的美軍損兵 6,500 人。3 月 9 日，隆美爾被批准回國養病，他就此離開了北非。但在北非的德軍已無法挽回失敗的命運，5 月 6 日，殘餘的 "非洲軍團" 官兵在突尼斯投降。

離開北非後，隆美爾 1943 年 11 月出任駐法國的集團軍司令，負責加強大西洋沿岸的防禦工事。1944 年 10 月 14 日，他被指控捲入刺殺希特勒的密謀，被逼服毒自殺。

隆美爾是二戰中出色的戰術家，他的勝利往往是在裝備和兵員遠遠少於對手的情況下取得的。在整個北非作戰中，隆美爾始終得不到充足的補給，他以自己出色的戰術指揮彌補了軍事實力的不足。在進攻中，他善於集中兵力對敵一翼發起猛攻，突破後迅速截擊，斷敵退路。在防禦中，隆美爾也摸索出一套戰法，就是把反坦克炮尤其是 88 毫米高炮與坦克配合，用於防禦。他把茫茫沙海當作坦克戰的理想戰場，多次出敵意料地大膽出擊，取得勝利，達到了他軍事生涯的頂點。

有 "沙漠之鼠" 稱號的英軍第七裝甲師在柏林參加勝利遊行。這個師曾在北非與 "非洲軍團" 激戰了兩年多。

隆美爾在結束了北非戰事後被調到法國。這是他在視察沿海的德軍工事。

狼群戰術

第二次世界大戰開始後,希特勒雖一再下令擴充海軍,但德國海軍水面艦隻的實力還是比英國差得很遠。因此在整個大戰期間,德國海軍主要以潛艇襲擊英國和美國的商船和艦艇。參戰的德國標準潛艇排水量一般為760噸,艇首有4個魚雷發射管,艇尾有一個發射管,載有魚雷12～14枚。表面看潛艇比不上艦艇雄偉,但仍使盟國艦船損失很大。

德國潛艇之所以一度能取得顯著戰果,與德國潛艇指揮官鄧尼茨制定的"狼群戰術"有很大關係。鄧尼茨是個職業海軍軍官,第一次世界大戰時就當過潛艇艇長。他在一戰中因偷襲英國護航隊失敗被俘,據說就是在戰俘營期間

鄧尼茨在制定作戰計劃。

德國潛艇艇員在潛望鏡中瞄準目標。 (右圖)

他有了關於"狼群戰術"的基本設想。二戰開始後,鄧尼茨出任德國潛艇部隊司令,後升任海軍上將,並出任海軍司令,在希特勒自殺前他又被希特勒指定為繼承人。

鄧尼茨對潛艇戰術很有研究,具體表現在他提出的"狼群戰術"中。所謂"狼群戰術",是在對方船隊可能經過的航線上橫向展開一隊潛艇,幾艘或十幾艘不等(即所謂"狼群")。如果有一艘潛艇發現了敵人艦船的蹤跡,就跟蹤不捨,同時通知附近的潛艇前來會合,等這些潛艇全部到達合適位置時才發起進攻。潛艇一般選在夜間浮出水面攻擊,到天亮時就停止攻擊,轉移到別處。這一戰術有其創新之處。首先是將傳統

德國基爾的一個潛艇工廠。

現代兵器時代

艇長和艇員在浮出水面的潛艇上觀察。

爬出潛艇。（下圖）

採用這一戰術。有一段時間，英國艦船在黑暗中突然遭到"狼群"攻擊，幾乎沒有防禦反擊的能力，損失慘重。1940年10月18日，英國由35艘艦船組成的船隊被德國U-48潛艇發現，後來又有6艘德國潛艇接到呼叫後趕來。U-48潛艇首先發起攻擊，擊沉兩艘貨船，然後"狼群"圍上來接二連三地發射魚雷，英國貨船一艘接一艘沉沒，最後只剩下十多艘。要不是德國潛艇接到襲擊另一支商船隊的命令，這些剩下的商船也難以幸免。1940年10月一個月，英國商船就被擊沉63艘，噸位達35萬噸。到1941年秋，鄧尼茨有了近200艘可供調用的潛艇，加大了攻

狼群戰術

的遠距離攻擊改為近距離攻擊。以前規定潛艇要在3,000米以外發起攻擊，以免被敵人發現，這樣的遠距離攻擊命中率很低。鄧尼茨要求選擇最大的敵船，在不超過450米的地方抵近射擊，力求魚雷每發必中。其次是由以白天、水下作戰改為在夜間、水面進攻。實戰結果證明，夜間的水面攻擊效果很好，在水面潛艇航速快，同時利用夜幕掩護，也不容易被艦船上的警戒哨發現。最後，更為重要的是，由傳統的單艇作戰改為潛艇集群作戰，以便每次攻擊能消滅敵方船隊的大部甚至全部。

開戰之初，鄧尼茨手中只有57艘潛艇，但他立即就在英國商船航行必經的大西洋航線上

一艘正在建造的美國貨輪。為彌補潛艇造成的損失，造船廠開足馬力生產。

擊商船的力度。1941年年底，美國參戰後，"狼群"增加了新的攻擊目標。1942年8月1日至1943年5月21日，英美兩國被德國擊沉的商船高達376萬噸。盟國的商船水手一度把北大西洋稱為"恐怖的黑窟"。德國電台因此得意揚揚地宣稱："你聽到過鐘擺的響聲嗎？鐘擺每響一聲，就有一噸物資沉入海底。"甚至連英國海軍的"勇敢"號航空母艦和"皇家橡樹"號戰列艦也被潛艇擊沉。這樣巨大的損失使得英國首相丘吉爾禁不住大聲疾呼：盟軍要聯合起來進行"大西洋之戰"。

英美兩國海軍開始對付肆無忌憚的"狼群"，首先組織護航艦隊。護航艦隊中有專門對付潛艇的驅逐艦。探潛的聲納裝在驅逐艦底部，以一個弧度移動，發出和接受信號，水下物體發射回來的信號傳到駕駛台的儀器上，便

二戰中美國以使用英國軍事基地為交換條件，送給英國50艘驅逐艦，這些驅逐艦在反潛戰中起了重要作用。照片是空中鳥瞰這些驅逐艦。

可以根據信號判斷出目標所在的方位，然後接近目標，進入攻擊位置。驅逐艦攻擊的手段是投放深水炸彈，有時攻擊時間長達一天，幾百顆深水炸彈在德國潛艇周圍爆炸。這時艇員們就會"坐在各自的位置上，緊閉雙唇，屏住呼吸"，聽着爆炸聲，靜靜地等待命運之神的裁決。在5月一個月內，有兩支盟國商船隊在艦隊護航下穿越北大西洋，僅損失了5艘船，但鄧尼茨卻損失了13艘潛艇。

盟國還調動了許多飛機來打擊德國潛艇，甚至建造了一些小型航空母艦加入護航隊伍。這些飛機滿載魚雷和深水炸彈，配合海面護航的驅逐艦，將一艘又一艘德國潛艇炸沉到海

盟軍用深水炸彈攻擊潛艇。（上圖）

裝有機載雷達的獵潛飛機。（右圖）

現代兵器時代

底。潛艇防護能力較差，一有損傷就無法下潛或上浮。英國還為反潛製造了一種機載雷達，能夠比較容易地發現夜間在水面航行的潛艇。

美國驅逐艦向水中投放深水炸彈。

CROW YOUR OWN FOOD
supply your own coolhouse

發現潛艇後，飛機便打開高亮度的探照燈，照亮被雷達發現的潛艇，進行攻擊。德國為對付英國的機載雷達，在潛艇上安裝了一種能發現雷達波的接收機。一旦接收到飛機或艦船上的雷達波，潛艇接收機操作員的耳機裡就會發出嗡嗡的聲音，得到警報，潛艇立即下潛，躲避打擊。對此，英國又研製出一種能使潛艇上的接收機失效的雷達。1943年5月19日，英軍飛機對德軍潛艇U-954號發射了兩枚魚雷，半分鐘後，從距離魚雷入水處約70米的地方湧起水柱，潛艇被擊沉，在艇上服役的鄧尼茨的兒子彼得也葬身大海。

德國潛艇的損失越來越大。在近6年的戰爭中，德國先後有1,155艘潛艇參戰，1939～1942年，損失潛艇158艘，而1943～1945年，損失潛艇超過600艘。同時潛艇擊沉盟國商船的數量卻明顯減少。在難以忍受的損失面前，鄧尼茨下令潛艇撤出北大西洋，到比較安全的海域巡遊。在"大西洋之戰"中，他的"狼群戰術"最終還是失敗了。為他賣命的35,000名艇員中有28,744人戰死，死亡率高達82%。

英國鼓勵在空地上生產糧食的海報。
（左圖）

德軍潛艇魚雷兵在做發射前的準備。
（右圖）

狼群戰術

天兵空降

1937年美國人在紐約的一次跳傘試驗。

　　藉助於傘，從空中安全地落到地面，這是早在 15 世紀末，意大利藝術家達‧芬奇就在《畫論》中提到過的設想。1783 年，法國人路易斯‧塞巴‧勒諾爾芒發明了降落傘，他自己用降落傘從法國蒙彼埃爾城的一座高樓上安全地落到地面。飛機發明以後降落傘在航空事業中得到應用。1911 年，俄國工程師科傑尼柯夫設計出飛行員用的救生降落傘。

　　將空降用於軍事目的，最早出現於第一次世界大戰中，但那時只是用於偵察、破壞和襲擾等輔助性軍事行動。1916 年 10 月 14 日，德軍飛機在俄軍戰線後方 80 千米的地方用降落傘投下兩個人，去破壞鐵路。幾天以後，法軍飛機也把兩人空降到德軍的後方，襲擾了德軍的一個司令部。一戰以後，德國、前蘇聯等國都大力發展空降部隊。尤其是納粹德國，在 1938 年把全國所有的傘降部隊以及運載他們的運輸機和滑翔機都組合在一起，編成空降軍。空降兵的優點是機動性強，隨之而來的缺點是無法攜帶重武器，自我防護能力弱。這些優缺點在不久爆發的第二次世界大戰中一一表現出來。

　　1940 年 5 月，德國在荷蘭進行了第二次世界大戰中第一次有戰役規模的空降作戰。這次空降行動很不成功，傘兵損失嚴重。1941 年 5

德軍在克里特島空投傘兵。

現代兵器時代

月20日，德軍以空降兵為主力對英軍佔領的希臘克里特島發動了規模空前的進攻。德軍先用滑翔機運送突擊部隊在島上着陸。一個營的空降兵乘滑翔機大多着陸成功，空降兵集結起來向機場發動攻擊。而另一個營乘滑翔機落入守軍的預設陣地，遭到來自地面密集的扇面火力夾擊，全營所有軍官和三分之二士兵陣亡，其中很多人還沒從滑翔機中出來，就被打得血肉橫飛。還有一批空降兵準備在馬拉馬機場附近傘降着陸，他們在空中遭到英軍機槍和步槍的猛烈掃射，而傘兵缺乏重武器，只能用隨身攜帶的手槍、衝鋒槍向地面還擊。

第二批德國空降兵由幾白架運輸機運送，空投的組織工作極為混亂。由於遭到地面防空炮火的猛烈射擊，損失了大批傘兵也沒有奪得一個機場。正在德軍傘兵與守軍激戰失利，面臨全軍覆

沒的危險時刻，防守馬拉馬機場的英軍中校安德魯做出一個錯誤決策：撤出控制機場的高地。第二天，馬拉馬機場失守。很快德軍第五山地師乘飛機在機場降落，戰局就此改觀。英軍由勝轉敗，從島上撤退。在克里特島空降作戰中，德軍空降兵傷亡慘重，元氣大傷。德國惟一的傘降師第七空降師損失了四分之三的官兵，連師長也被打死。因此，克里特島被稱為“德軍傘兵的墳墓”。這一戰役給希特勒留下了深刻的印象，他認識到傘兵作戰的局限。以後德軍在戰爭中再也沒有採用大規模的空降作戰，就是在後來馬耳他的英軍基地對德國補給運輸線危害

美軍空投傘兵。（左圖）

英軍傘兵在1956年的蘇伊士運河危機中飛赴空投現場。

英國空軍在埃及的一個軍用機場。

天兵空降

英國設在馬耳他島的軍事基地。希特勒拒絕用空降方式奪取這個島嶼。

用運輸機為"欽迪特"旅運送物資。（右圖）

很大時，希特勒也拒絕採納用空降兵奪取馬耳他島的建議。

在歐洲戰場，盟軍在諾曼底登陸時，曾先派3個空降師在德軍防線後方降落，給德軍在心理上造成了巨大的震撼，對登陸成功做出了貢獻。諾曼底空降的成功在很大程度上歸功於盟軍在空中採取的欺騙伴動。當時為了掩護真正的空降行動，戰役開始後，盟軍轟炸機群飛到德軍陣地上空，投下了干擾雷達的錫箔。同時，一批批橡皮做成的假傘兵從天而降，其中只有8個真傘兵混在假傘兵群中，操縱音響模擬器，以分散德軍的注意力。

但盟軍的空降作戰也有失敗的記錄。1944年9月，英美盟軍發動了二戰中規模最大的一次空降作戰。空降地點在荷蘭的阿納姆，參戰部隊的主力是美軍82空降師、101空降師和英軍第一空降師。空降行動有滑翔機降和傘降兩種。美軍兩個師着陸後就遭到德軍的反擊，被

盟軍在諾曼底戰役中空投傘兵。

迫轉入防禦。最慘的是英軍第一空降師，落地後遇到德軍的坦克群，被分割成3塊。苦盼援

天兵空降

現代兵器時代

美軍一架直升機在炮
兵陣地上空盤旋。
（左圖）

用降落傘為"欽迪特"
旅空投物資。

美軍在越南戰爭中用直升機運送傷員。（上圖）

法軍在奠邊府戰役中空投傘兵。（下圖）

軍不來，英軍傘兵在夜間突圍，試圖渡過萊茵河，有6,000多人沒來得及過河全部被俘。這一失敗的空降作戰損失慘重而戰果極小。

1942年，在東南亞戰場，英軍曾以空投補給的方式在緬甸叢林裡與日軍打了一場游擊戰，這就是所謂"欽迪特"旅的行動。"欽迪特"是緬甸神廟前石獅子的名稱，被這個旅的旅長溫蓋特用來為自己的游擊旅命名。"欽迪特"旅深入日軍後方，破壞交通線，襲擊日軍零星的駐地。等到日軍大部隊一出動，溫蓋特的部隊就消失在茫茫叢林中。"欽迪特"旅的後勤補給全靠空投，甚至連騾馬等大牲口都用飛機運輸。

二戰結束後，法軍在越南又大規模使用空降兵作戰。1953年秋天，法軍決定在越南靠近老撾的邊境重鎮奠邊府建立基地。由於當地道路崎嶇難行，法軍全部採用空降方式在奠邊府佈防。法軍先空投傘兵，在佔領了簡易機場後再用機降增援。到1954年3月，從空中進入奠邊府的法軍達到1萬多人。後來在奠邊府戰役中，越南軍隊集中炮火破壞機場，斷絕法軍的空中補給線，迫使法軍的補給和增援都只能靠傘降。戰役進行到5月，法國守軍被全殲，守軍司令被俘。這是完全靠空降部隊打防禦戰的一個戰例，在交通斷絕的情況下最終難以支撐。

美國在越南戰爭中採取了一種新型的空降作戰樣式。1965年，美軍建立了一個空中機動師——第一騎兵師。這個騎兵師的坐騎不是馬匹，而是起降方便的直升機——由觀察直升機偵察敵情，運輸直升機運送兵員，武裝直升機火力支援，從空中打擊越軍。直升機機降完全改變了過去空中傘花朵朵的空降作戰方式，給空降兵的發展帶來了突破性的變革。

狂轟濫炸

1921年，意大利軍事理論家杜黑出版了他的著作《制空權》。他在書中勾勒了在未來戰爭中進行大規模戰略轟炸的前景。他預測在其後的戰爭中，"空中攻擊的主要目標將不是軍事設施，而是遠離地面部隊的居民點、工商業設施、重要的公私建築、運輸幹線的交通樞紐等"。"轟炸最重要的居民中心，可以在全國摧毀敵人精神上的抵抗"。納粹德國空軍在10多年後把這一理論轉化為實踐。

1937年4月25日，德國空軍為幫助西班牙叛軍，對西班牙巴斯克首府格爾尼卡進行了轟炸。轟炸持續了3小時，死了1,645人，其中不少人是被機槍掃射而死的。西班牙畫家畢加索對

此義憤填膺，畫了一幅叫《格爾尼卡》的作品表示抗議。他在這幅畫中用寓意和象徵手法揭露法西斯的暴行，支離破碎的人體佈滿了畫幅。

1940年8～9月間，德國空軍大規模地空襲了倫敦。11月14日，德國500架轟炸機飛過英吉利海峽，這次轟炸的目標是英國軍事工業中心考文垂。經過長達11個小時的狂轟濫炸，考文垂市區大部分房屋被炸毀。轟炸引起了大火，各處大火連成一片，形成了所謂"火爆"現象。當時英國空軍轟炸機部隊司令哈里斯認為，對考文垂的轟炸教會了英國在空襲時"同時點燃多處大火的原則"。後來考文垂的模式成為盟軍1943年空襲德國漢堡和1945年空襲德

畢加索的

1940年英倫空戰中一架德國轟炸機飛到倫敦泰晤士河上空。

英國皇家空軍在訓練投彈。 （右圖）

被炸後的漢堡。

德累斯頓遭到毀滅性的轟炸。

累斯頓的樣板。

　　1943 年 7 月，哈里斯選中漢堡這座歷史名城作為大轟炸的目標，以報復德國對倫敦的轟炸。7 月 24 日深夜，英國 791 架重型轟炸機飛臨漢堡上空。英軍飛機還首次在空中撒下無數的銀箔條，使德國雷達熒光屏上出現了數不清的細小回波，無法分辨真正的目標。由於德國戰鬥機不能被引導去攔截敵機，英國轟炸機群對漢堡恣意地轟炸了兩個多小時。燃燒彈、高爆彈雨點般落在市區的大小建築上，頃刻間一團團夾着濃煙的火球衝天而起。一座座建築燃燒，一個個街區被毀。飛機投的大多是燃燒彈，爆炸後迅速引起大火，整個市區變成一片火海，形成了歷史上有名

。（上圖）

1940 年荷蘭鹿特丹市區遭到德軍空襲。

的"漢堡大火"。在後來的 3 天內英美兩國空軍又先後出動 2,000 多架轟炸機空襲漢堡。漢堡的建築被毀了將近一半，居民死傷 10 萬人，成千上萬市民無家可歸。一年多後，德累斯頓遭到空襲，比漢堡傷亡更大。

　　1945 年 2 月，盟軍計劃對德國東部城市德累斯頓進行聯合轟炸。空襲仍由哈里斯指揮。他決定把出擊的轟炸機分成兩批，中間有 3 小時的間隔。這次他計劃採用"火源"戰術，具體做法是：第一批轟炸機先集中向體育場投彈；3 小時後飛到的第二批轟炸機將正趕上德國人忙於在現場救火，那時再向他們劈頭蓋臉地炸上一氣。後來空襲的情況正與哈里斯設計的一樣，2 月 13

美國的 B-24 重型轟炸機。（左圖）

日夜晚，當第二批529架英國轟炸機飛到德累斯頓上空時，正遇上排成長隊的搶險車隊沿着公路開來。頓時轟炸機群投下無數的重磅炸彈，烈焰閃耀的光芒，把黑夜照得如同白畫。當時地面慘烈的情景連參加空襲的英國飛行員都感到內心不安。第二天上午，美國空軍1,350架轟炸機又趕來湊熱鬧，但轟炸效果不如前一天好。

對德累斯頓的大轟炸使這座德國第五大城市變成一片廢墟。德國聲稱在空襲中死了20萬人，學者比較客觀的估計死亡人數超過13萬，這是在歷史上一座城市一次遭受空襲中死亡人數最多的。事後連英國首相丘吉爾也覺得這樣空襲有些過分，他在議會裡對空軍說："對德國城市

美國轟炸機正在投彈。（上圖）

英國表現轟炸德國的海報。（左圖）

幹得太絕，也許將給我方佔領軍帶來不便。"

這時在太平洋戰場，美國空軍也開始重視戰略轟炸，把對日本本土的轟炸看成是摧毀日軍戰鬥力和日本國民意志的重要手段。1945年3月，美國第二十一轟炸機隊司令李梅做出決定，派遣他屬下的全部334架B-29重型轟炸機，攜帶燃燒彈夜襲東京。3月9日下午，這些飛機從太平洋上的基地出發直撲東京。深夜時分，兩架領航飛機扔下燃燒棒，在地面組成指示標誌，其他飛機在地面標誌的引導下俯衝、投彈、爬升，傾瀉下無數燃燒彈，使人口稠密的東京變成火海。東京城內到處都是木屋，很容易燃燒。熊熊火焰和灼熱氣體使地面溫度高

狂轟濫炸

現代兵器時代

美國反映轟炸日本的戰爭海報。（上圖）

德軍保衛柏林的多管高射炮。（左圖）

結果只是從反面更加堅定了英國軍民抗擊法西斯的決心。而後來盟軍對德國城市也是狂轟濫炸，甚至採用一次集中力量摧毀一座城市的做法，也沒有取得預想中的效果。如果防空措施得當，有時空襲一方的損失也會很大。1943年8月1日，美軍147架轟炸機空襲德國控制的羅馬尼亞油田，損失高達54架。另外，盟軍的戰略轟炸也沒能對德國戰時的軍工生產造成毀滅性的打擊，德國飛機的生產在遭受空襲嚴重的1944年竟然達到高峰。總之，儘管戰略轟炸在戰爭中有着明顯的作用，但並沒有像杜黑預料的那樣能決定戰爭的勝負。

British Bombers now attack Germany a thousand at a time!

二戰中體現戰略轟炸威力的海報。

達上千度，金屬都被熔化，人和木構建築隨之化為灰燼。天亮時可燃物燒完了，大火熄滅，東京東部一大片地區消失了。這座城市被毀了四分之一，8萬人被燒死，100萬人失去家園。在空襲中美方只損失了14架飛機。與戰果相比這點損失顯得微不足道。

　　為減少損失，二戰中的戰略轟炸大多在夜間進行，因為夜間防空的效果要差得多，在空襲之夜無數射向天空的探照燈光柱成為當時戰時宣傳海報的經典圖案。按照杜黑的理論，恐怖的戰略轟炸可以瓦解敵人士氣，迫使敵方投降。實際上在二戰中並沒有出現這種情況，在1940年的英倫空戰中，德國對倫敦狂轟濫炸，

導彈騰空

導彈實際上是一種按編制好的程序攜帶彈頭飛行的火箭。原始的火箭最早出現在中國。969年，中國宋代人製成了世界上第一支以火藥為動力的火箭。這種火箭由兩部分組成，前面是鐵箭，後面是藥筒。據說在14世紀末，一個叫萬虎的中國人在一張椅子背後裝了47支火箭，並把自己捆在椅子上，兩手還各拿一個大風箏，然後讓人點燃火箭，試圖在空中飛行。儘管沒有成功，但他是世界上最早想利用火箭飛行的人。而大規模地將火箭技術用於軍事卻是到第二次世界大戰時，德國在戰爭後期研製出了運用火箭技術運載彈頭的飛彈。

德國從20世紀30年代初就開始對火箭和導彈技術進行研究。1932年，德國陸軍開始研究液體火箭，並為此建立了規模龐大的實驗機構。德國年輕的火箭專家維爾納‧馮‧布勞恩就在這個機構中工作。經過近10年研究，德國終於研製成功 "V-1" 和 "V-2" 飛彈。

"V-1"飛彈長近8米，彈頭部分裝有850千克烈性炸藥。它的外形像一架無人駕駛飛機，用汽油作燃料。它在飛行時會發出令人生畏的呼嘯聲，又被稱為 "嘯聲炸彈"。"V-1" 飛彈的致命弱點是飛行速度慢，時速僅為500多千米。另外它的導航儀器水平不高，總體質量也差，後來在發射時許多還未飛近目標就自行墜毀了。"V-2"飛彈則要先進得多，全長14米，用酒精和液

V-1 飛彈。

納粹德國設在地下的工廠在生產 V-1
飛彈。（右上圖）

V-2 飛彈。（右圖）

現代兵器時代

氧作推進劑，並有無線電制導裝置，最大時速高達 5,800 千米，可以運送 1 噸重的彈頭。"V-2" 飛彈可說是現代彈道導彈的鼻祖。納粹德國還研製出一種供潛艇用的改進型飛彈，準備用來襲擊美國東海岸的目標。但因為戰爭結束得快，這種潛射導彈沒有投入實戰。

1944 年盟軍在法國的諾曼底登陸，希特勒下令動用這兩種武器。德軍先是發射 "V-1" 飛彈，在 6 月 13 日到 9 月 4 日之間先後向英國首都倫敦和附近地區發射了 8,600 多枚，但因其飛行速度不快，許多遭到飛機、高炮截擊，甚至有 232 枚被氣球撞毀。到這年 9 月，希特勒決定動用最後的王牌 "V-2" 飛彈。9 月 8 日傍晚，一

一顆沒有爆炸的 V-2 飛彈被豎立在倫敦市中心的特拉法加廣場。

V-1 飛彈襲擊倫敦。（上圖）

馮·布勞恩。

枚飛彈從建在荷蘭的發射基地騰空而起，5 分鐘後從天而降，突然襲擊倫敦，一聲巨響後幾十人倒在煙塵中。這種飛彈威力大，速度快，落地前又聽不到聲音，讓人感到防不勝防。德國共發射了 4,000 多枚 "V-2" 飛彈，給倫敦市民帶來了極大的恐慌。但決定戰爭勝負的不是一兩件新式武器，飛彈終究沒能挽救納粹德國必然覆滅的命運。

二戰結束後，前蘇聯佔領了德國的飛彈試驗基地和製造工廠，繳獲了兩枚 "V-2" 飛彈和大量技術資料，俘虜了上百名火箭專家和一批技術人員。與此同時，美軍佔領了德國的飛彈發射基地，繳獲了 100 多枚 "V-2" 飛彈，俘虜了包

括布勞恩在內的120名技術專家。後來布勞恩為美國的航天事業做出了很大貢獻。就是在德國V型飛彈研製工作的基礎上，美國和前蘇聯發展了各自的導彈技術。到20世紀末，導彈家族已經更新換代到第四代，可分為大規模打擊的戰略導彈和用於戰場作戰的戰術導彈。其種類繁多，有陸基導彈、潛射導彈、遠程巡航導彈、地對空導彈、艦對空導彈、空對空導彈、空對地導彈、反艦導彈、反坦克導彈、反潛導彈、反導彈導彈等類別。在戰後的局部戰爭中，導彈大顯神威。

導彈首先在海上建立了奇功。1967年10月21日，以色列的"埃拉特"號驅逐艦在埃及西奈半島以北的海面上巡邏。埃及出動了3艘導彈快艇去襲擊，向"埃拉特"號發射了兩枚前蘇聯造的"冥河"導彈。以色列水兵看見像小飛機一樣的導彈尾部噴着火焰直奔他們而來，驅逐艦連忙加速、躲避，艦上的火炮和機槍射擊攔截。由於導彈的制導系統已在跟蹤目標，導彈自動調整航向飛去，兩枚導彈全部命中以色列驅逐艦。後來又有兩枚導彈在艦上爆炸，艦長連忙下令水兵棄艦逃生。

1982年，英國和阿根廷兩國為爭奪阿根廷附近的馬爾維納斯群島爆發戰爭。在這場戰爭中導彈也起了重要作用。5月4日，英國"謝菲爾德"號驅逐艦在馬島以北的海域執行警戒任務。這艘軍艦是當時英國海軍最先進的戰艦，

黑色的是英國研製的空對地導彈，可裝載核彈頭。（上圖）

在1967年第三次中東戰爭中被繳獲的埃及地對空導彈。（左圖）

現代兵器時代

造價高達兩億多美元，艦上有完善的反導彈設備。阿軍在得到"謝菲爾德"號的準確位置後，

馬島戰爭中英軍士兵使用肩扛式防空導彈。

馬島戰爭中英國驅逐艦"謝菲爾德"號被導彈擊中。

美國在德國建立的導彈基地。（左圖）

海灣戰爭中伊拉克的"飛毛腿"導彈襲擊以色列城市特拉維夫。（右圖）

派出3架"超級軍旗"式攻擊機，機上掛有"飛魚"空對艦導彈。"超級軍旗"飛機超低空飛行，飛進了"謝菲爾德"號的雷達盲區，在離英艦48千米的地方突然騰空而起，發射了兩枚導彈。一枚離海面較高，遭到英艦干擾波的誤導，沒有擊中目標。另一枚貼近水面飛行，使得艦上的雷達難以發現。這枚"飛魚"正中"謝菲爾德"號的控制艙，艦上頓時燃起熊熊大火。5個小時後，英軍艦長迫不得已下令棄艦。這一戰例給各國軍界提出了一個嚴峻的問題：一枚導彈就能炸毀一艘最新式的軍艦，在導彈面前軍艦到底還有沒有用？

　　另一次讓世界軍界關注導彈使用的戰爭是1991年的海灣戰爭。在海灣戰爭的空戰階段，以美國為首的多國部隊向伊拉克發動空襲，伊拉克用導彈還擊，向沙特阿拉伯和以色列境內的目標發射"飛毛腿"導彈。美軍則用"愛國者"導彈在空中攔截了"飛毛腿"導彈，取得了導彈作戰史上"以導反導"的成功。

　　由此可見，二戰後導彈的發展使兵器更新和戰爭方式出現了革命性的變化。有人認為，在軍事上，21世紀將會是一個"導彈世紀"，未來的戰爭將由精確制導武器擔當主角。

導彈騰空

朝鮮戰爭

艾中信創作的
抗美援朝宣傳
畫。（上圖）

　　1950 年 6 月 25 日爆發的朝鮮戰爭，開始時只是一場朝鮮的內戰。 1945 年 8 月日本戰敗投降後，朝鮮擺脫了日本的殖民統治。按照一個叫臘斯克的美軍上校的提議，美蘇兩國以北緯 38 度線為界分區佔領朝鮮。 1948 年，南北朝鮮分別建立了國家。不久蘇軍和美軍又相繼撤出朝鮮半島，這時的南北之爭已是朝鮮的內政。南朝鮮的李承晚政權鼓吹要"北進統一"，組建了有 8 個師的軍隊。北朝鮮的朝鮮民主主義人民共和國也組建了有 12 個師的人民軍。後來南北雙方的軍事對抗不斷升級，終於演變成全面內戰。朝鮮戰爭爆發後，美國很快插手，當月就操縱聯合國安理會通過譴責北朝鮮為"侵略者"的決議，並

"聯合國軍"中
的土耳其士
兵。（左圖）

組建了由英國、法國等 15 國軍隊參加的"聯合國軍"，由遠東美軍司令麥克阿瑟指揮。而"聯合國軍"當然主要由美軍充當主力。

　　戰爭初期，朝鮮人民軍作戰順利，以坦克開路進攻，勢如破竹，開戰 3 天後就佔領了南朝鮮首都漢城，把敵軍壓縮在一個不大的區域裡。趕來增援的美軍在釜山建立了環形防禦圈，抵擋人民軍的進攻。 9 月 15 日，戰局急轉直下，數萬美軍在人民軍主力後方的仁川登陸。 9 月 28 日美軍佔領漢城，人民軍主力被截斷在南朝鮮。 10 月 9 日，美軍越過作為南北分界線的三八線向北推進。

　　10 月 2 日，周恩來通過印度駐華大使向美

朝鮮戰爭中難民與軍隊走的是相反的路。

現代兵器時代

志願軍司令員彭德懷。

在朝鮮戰場美軍擁有強大的火力優勢。

仁川登陸。

民解放戰爭"。志願軍司令員由彭德懷擔任。志願軍各部隊入朝後，都採取夜晚行動、白天隱蔽的方式活動，幾十萬大軍行軍一個星期都沒被敵人發現。從1950年10月到1951年6月，志願軍在朝鮮主要以運動戰實行戰略反攻，先後發動了5次戰役。10月25日，志願軍在鴨綠江以南50千米的地方首戰南朝鮮軍隊。最初的戰鬥是在不期而遇的遭遇戰中打響的。由於美軍掌握着制空權，火力強，機動速度快，為減少損失，志願軍晝伏夜行。在為時13天的第一次戰役中，志願軍消滅敵軍1萬多人。

在以後一個月內進行的第二次戰役中，志願軍成功地將迂迴穿插和正面進攻相結合，誘敵深入，重創美軍，造成了"美國陸軍史上最大的敗績"。為削弱敵軍的火力優勢，志願軍主要在有月光的夜晚發起進攻，被美軍稱為"月夜攻勢"。11月25日夜晚，志願軍4個軍發動攻擊，全殲南朝鮮一個軍。然後一個師的志願軍向南行軍70多千米，插入敵人退卻的必經之地三所里。美軍南北對攻二所里，遭到頑強阻擊，損失慘重，有3,000多人被俘，這是朝鮮戰爭中俘虜美軍最多的一次。而在東線，志願軍一個兵團在長津湖與美軍展開一場苦戰，圍攻被分割的美軍

國表示，如果美軍越過三八線，中國不能坐視不顧。對這一警告美國沒有理睬。10月19日，中國人民志願軍先頭部隊入朝參戰，"援助朝鮮人

現代兵器時代

朝鮮戰爭

在長津湖被打敗逃跑的美軍官兵。

兩個師，使美陸戰一師損失1.1萬多人。戰敗的美軍在10天內敗退了300千米。這是朝鮮戰爭中志願軍打得最為成功的一次戰役。通過這兩次戰役，志願軍把敵人趕到了三八線以南。

1951年4月，麥克阿瑟被撤職，由李奇微繼任"聯合國軍"司令。在以後的幾次戰役中，美軍了解到中國人民志願軍後勤供應困難，部隊主要靠身揹糧食彈藥作戰，只能保證一周的供應，稱志願軍發動的攻勢為"一周攻勢"。為此美軍制定了對應的"磁性戰術"，在志願軍進攻時就退卻，並保持接觸以消耗對方的供應，等對方糧食吃完後再緊隨追擊。志願軍在5次戰役結束後，根據實戰的結果，針對美軍在武器裝備上佔有優勢的特點，相應改變戰術，由打大殲滅戰改為打小殲滅戰，以近戰夜戰為

主，並盡量保持一條相對穩定的戰線，由此朝鮮戰場上的運動戰轉為陣地戰。

從1951年7月到1953年7月，在250千米的戰線上，中國人民志願軍進行了兩年時間的陣地戰。志願軍和朝鮮人民軍在三八線附近的山地構築坑道，在前線逐漸形成以坑道為中心的防禦體系。坑道工事形成後，美軍強大火力的危害就大大減輕。1952年10月，上甘嶺戰役爆發，美軍出乎意料地選擇地勢險峻的上甘嶺作為主攻目標。從1951年10月14日到11月25日，雙方在不足4平方千米的兩個高地上，展

"聯合國軍"
司令李奇微

現代兵器時代

開了空前激烈的攻防爭奪戰。美軍發射了 190
萬發炮彈轟擊這一狹小地區，火力的密集程度
在世界戰爭史上都是罕見的。上甘嶺作戰由小
規模陣地戰逐步發展到戰役規模。因戰場狹
窄，雙方只能以"添油"方式逐次投入兵力。最
後志願軍組織力量反擊，奪回了被敵人佔領的
表面陣地。這次防禦戰的成功，表明在敵人集
中強大火力和兵力攻擊一點的情況下，志願軍
仍能守住陣地。毛澤東曾對這種防禦戰評價
道："能不能守，這個問題去年也解決了。辦
法是鑽洞子。我們挖兩層工事，敵人攻上來，

志願軍戰士在冰天雪地中
作戰。（上圖）

戰場上的美軍。（左圖）

戰敗後神情沮喪的美國
兵。（右圖）

志願軍戰士堅守上甘嶺坑道。

我們就進地道。"而一個美國將軍則慨嘆："即
使把美國全部能夠使用的軍隊都投入朝鮮戰
爭，也無法突破朝鮮境內堅強的共軍防線。"

　　1953 年 7 月，志願軍發起了朝鮮戰爭中最
後一次作戰——金城反擊戰。在南朝鮮軍隊 4
個師的陣地上集中 6 個軍，並有 1,300 多門大炮
火力支援。這是在朝鮮戰場上志願軍火力惟一
超過敵人的一次，在停戰前一戰而大獲全勝。

　　早在 1951 年 6 月，雙方就在三八線附近的
板門店開始停戰談判。這一談判斷斷續續，邊
打邊談，直到 1953 年 7 月才最後簽訂停戰協
定。參與談判的美軍將領克拉克上將承認，他
是"在沒有打贏的停戰協定書上簽字的第一個
美國將軍"。

朝鮮戰爭

越南戰爭

河內軍民在防空。

一個越南女孩脫掉沾上凝固汽油彈燃燒劑的衣服慌忙逃命。

越南戰爭是由第二次世界大戰後法國企圖在越南恢復殖民統治引起的。1954年，法軍在奠邊府戰役大敗後，同意撤出越南，但不久美國代替法國插手越南國內事務，在南越建立了親美的傀儡政權。1960年，越南南方人民建立了南方民族解放陣線，開展游擊戰，打擊南越政權。

1961年5月，美國總統肯尼迪下令，派遣美軍特種部隊進駐越南，開始對越南直接進行軍事干涉。美國打的是所謂"特種戰爭"，即美國出錢出槍，協助南越軍隊進行反游擊戰。從1961年秋天開始，美軍在越南戰場上使用直升機，對付在叢林中活動的"越南南方解放陣線"的武裝力量。美軍用直升機可以迅速對戰鬥部隊提供增援和補給，同時運走傷員。越南南方

還是美國進行大規模化學戰的地方，這種化學戰的手段是用落葉劑等藥物"剝去"有利於游擊隊藏身的叢林。美軍還第一次在越南戰場上投放了凝固汽油彈，能把人活活燒死。

1963年11月，肯尼迪總統遇刺，接任的約翰遜決心擴大侵越戰爭。正好這時爆發了"北部灣事件"：1964年8月，美國驅逐艦"馬多克斯"號進入北部灣的越南領海，越南人民軍海軍3艘魚雷艇把它趕了出去。約翰遜政府就以此為藉口，把侵略戰火擴大到了越南北方。

在戰略上，美國實行"南打"、"北炸"的策略。1965年2月，美軍開始轟炸越南北方，並派地面部隊進入越南，以後又不斷增兵，被

越南戰爭中美軍大量使用直升機作戰。

派到越南的美軍最多時有54萬多人。"北炸"的計劃代號為"滾雷"，這場馬拉松式的轟炸，一炸就是 3 年，轟炸的主要目標是交通線。當時，越南的防空體系已大大改善，首都河內擁有號稱"世界上最嚴密的防空火力網"。猛烈的空中轟炸沒有摧垮越南人民抗美鬥爭的意志，也沒有摧垮越南人民的士氣，甚至都沒有破壞北方的戰鬥能力。有幾十萬人為維護運輸系統通暢而奔忙，重要的物資和設施都疏散隱蔽。鐵路大橋清化橋在 3 年中被攻擊了無數次，也多次被擊中，但都在搶修後照常通車。美軍飛行員甚至認為清化橋有"上帝保佑"。

1967 年全年，美國威斯特摩蘭將軍派出部隊在南越各地掃蕩，開展大規模的"搜索和搗毀"的作戰行動。"搜索和搗毀"的作戰行動反映了美國陸軍傳統的戰爭信條：全副武裝的大兵團依靠現代化武器的巨大火力，以最小的傷亡、最快的速度打贏戰爭。大片村莊被毫無意義地摧毀，大批平民死傷。 1968 年 3 月，美軍一個連在一次搜剿行動中，連長卡利下令，無故槍殺了美萊村的200名村民，其中大多數是老人、婦女和兒童。駐越美軍副司令帕爾默宣稱："從峴港通向人口稠密的各個地區，越共全部被打垮。"越南解放武裝力量利用一切可以利用的手段對付美國的現代化戰爭機器，比如大量使用陷阱、地雷，挖掘地道，攻擊美軍機場。 1967 年 2 月，解放武裝力量第一次用遠程火箭筒襲擊了峴港的美軍基地。在同美軍地面部隊遭遇時，

越南戰爭

越南人民軍在進攻。

駐越美軍司令威斯特摩蘭。

越南人民軍的宣傳畫。（右圖）

越南女民兵。

越南人民軍發動"新春攻勢"後，美國駐越大使在使館
院子裡查看北越特工的屍體。

解放武裝力量盡可能地近距離廝殺，使得美軍
難以使用炮火。有個美軍戰地記者驚嘆道：
"越共"用自己的"便宜"打法，策略地挫敗了
美國的現代技術。

1967年下半年，越南勞動党中央政治局決
定，乘1968年美國舉行總統大選之際，在越南
南方發動一次規模空前的"新春攻勢"，以迫使
美國新政府改變對越南的戰爭政策。隨之，大批
越南人民軍通過秘密的"胡志明小道"南下。
"胡志明小道"是北越修建的一條從北到南的補
給道路，這條道路從老撾繞道進入越南南方。在
幾百千米長的道路沿途，一路修建了地下軍營、
臨時醫院、燃料庫和補給倉庫。通過這條秘密通
道，越南人民軍進入了南方，挫敗了美軍和南越
軍隊發動的攻勢。在發動"新春攻勢"前，為了

牽制美軍，越南人民軍還出動兩個師進攻美軍溪
山基地的6,000名海軍陸戰隊員，使駐越美軍司
令威斯特摩蘭急調大批美軍增援。最終，人民軍
用10多個師吸引了大約一半的駐越美軍野戰部
隊。在調兵之計奏效後，"新春攻勢"開始。1
月30日是越南農曆除夕，在此之前已有不少
北越特工潛入南越首都西貢市內。除夕深夜，
4,000名特工突然發起攻勢，進攻警察局、車
站等要地，連美國大使館也不能幸免。他們用
炸藥炸開大使館圍牆，與守衛使館的美國海軍
陸戰隊員激戰。這時南越偽軍大多已放假回家過
節，北越特工就與美軍在市內有板有眼地打起了
巷戰，前後持續了一周時間。

為配合這次突襲，8萬越南人民軍還向南

現代兵器時代

越20多個城市發動進攻，其中對古都順化的攻勢最為猛烈，並一度佔領了順化城。在大批美軍增援後，越南人民軍撤走。從戰術上講，"新春攻勢"是失敗的，在西貢的4,000名北越特工全部戰死。但從戰略上講，"新春攻勢"取得了意想不到的效果。事件發生後，美國民眾普遍感到，美軍連自己的大使館都保護不了，還奢談什麼用武力結束越南戰爭，因而反戰呼聲高漲，強烈要求政府用和平方式結束戰爭。隨着美軍投入的兵力不斷增加，美國國內反戰呼聲也隨之增長。1968年5月，美國被迫與越南在巴黎開始談判。

美國為了擺脫侵略越南的困境，1969年，尼克松代替約翰遜為美國總統後，提出了"越

1975年4月，在西貢被攻克前，許多南越官員和家屬搭乘停在美國使館樓頂的直升機外逃。

南化計劃"，實質是"用越南人打越南人"。尼克松還把戰火擴大到了老撾和柬埔寨。1971年上半年，越南人民軍取得了一系列勝利，粉碎了尼克松的"越南化計劃"。經過艱苦的談判，1973年1月，越南各方以及美國簽訂了關於結束戰爭的"巴黎協定"。1975年3月，越南北方軍隊開始打擊南方傀儡政權，4月30日解放了西貢，越南全國實現統一。

越南戰爭是一個超級大國對一個剛剛掙脫多年殖民統治的弱小民族進行的歷時最長、損耗也最大的戰爭。在這場二戰後最大規模的局部戰爭中，美國敗得很慘，越戰成為"美國歷史上最悲慘的一章"。

越南戰爭

遭到伏擊的一隊美國兵。（左圖）

美國國內老兵遊行要求早日結束越南戰爭。（下圖）

在華盛頓的越南戰爭紀念碑前，這個美國男孩找到了自己死於戰爭的親人的名字。（右圖）

中東戰爭

第二次世界大戰後共爆發了 4 次中東戰爭。1947 年 11 月，聯合國通過有關巴勒斯坦分治的決議。這一決議規定：在英國結束委任統治後，在巴勒斯坦的土地上分別建立阿拉伯國和猶太國。1948 年 5 月，猶太人領袖本·古里安在特拉維夫宣布以色列建國。但分治決議加劇了阿拉伯人和猶太人的矛盾，雙方都積極整編軍隊，戰爭一觸即發。

1948 年 5 月 15 日凌晨，也就是在以色列建國的第二天，幾個阿拉伯國家就出兵與以色列軍隊交戰。這就是通常稱為"巴勒斯坦戰爭"的第一次中東戰爭。阿拉伯軍隊的主力是埃及和敘利亞的軍隊。

戰爭頭一個月，阿拉伯軍隊節節勝利，以軍頑強抵抗。但在英美的壓力下，戰爭兩度停火。以色列利用停火時機大量進口武器，擴充軍隊。停火結束後，以軍轉守為攻，用幾個旅的兵力在飛機配合下發動進攻。而防禦的埃及軍隊戰術獃板，反擊不力，處於劣勢。1949 年 1 月雙方簽訂停戰協定。以色列通過第一次中東戰爭，佔據了巴勒斯坦五分之四的土地，有近百萬巴勒斯坦人被趕出家園，流亡到鄰近的阿拉伯國家，淪為難民。

阿拉伯國家的戰敗激化了這些國家的內部矛

盾。1952 年，埃及爆發了"七月革命"，以納賽爾為領袖的"自由軍官組織"起義，推翻了法

"七月革命"勝利後的納賽爾。

以色列建國。前排左側為本·古里安總理，飄揚的是以色列國旗。

第一次中東戰爭中的以軍裝甲車隊。（右圖）

現代兵器時代

魯克國王，在埃及建立了共和國。埃及新政權執政後，採取激進的外交政策，於 1956 年宣布把被英國控制的蘇伊士運河收歸國有。被激怒的英國聯合法國、以色列入侵埃及。第二次中東戰爭又稱"蘇伊士運河戰爭"，是由以色列軍隊打頭陣的。10 月 29 日，以色列出動 4 萬多軍隊入侵埃及的西奈半島。11 月 6 日，兩萬多英法海軍陸戰隊在塞得港登陸。埃及軍民拿起武器，與侵略軍在市內打起了巷戰。英法兩國伙同以色列侵略埃及，遭到了世界輿論的譴責。11 月 6 日，英法被迫宣布停火，從埃及撤出軍隊。

第三次中東戰爭又稱"六·五戰爭"，是 1967 年 6 月 5 日以色列對阿拉伯國家發動的一場

戰爭，只持續了 6 天時間。這場戰爭的直接導火線是埃及宣佈重新封鎖亞喀巴灣。亞喀巴灣在埃及境內，"蘇伊士運河戰爭"前一直被埃及封鎖，不讓以色列船隻通過附近的蒂朗海峽。運河戰爭後，海峽向以色列開放，1967 年，埃及重新封鎖亞喀巴灣，給以色列提供了挑起戰火的藉口。

"六·五戰爭"實際是以色列發動的一次閃電戰。6 月 5 日清晨，以色列空軍全軍出動，對埃及、敘利亞和約旦等阿拉伯國家發動大規模空襲。以軍飛機繞過埃及的雷達監視網，猛烈襲擊埃軍的機場和導彈基地。埃及空軍有 300 架飛機來不及起飛就在機場被炸毀。敘利亞和約旦的

中東戰爭

阿拉伯軍隊中騎駱駝的士兵。

1956 年英軍進攻塞得港。

埃及用來封鎖亞喀巴灣的大炮。（右圖）

"十月戰爭"中以軍的炮兵。

中東戰爭

"六‧五戰爭"中被俘的埃及士兵。

空軍也遭到了同樣的命運。空襲後半小時，在坦克掩護下，以軍5個師佔領了埃軍防守的加沙地帶，又攻佔了西奈半島。以軍對約旦發動進攻後，佔領了約旦管轄的耶路撒冷老城和約旦河西岸。以軍還攻佔了有重要戰略意義的敘利亞的戈蘭高地。這場戰爭中3個阿拉伯國家損失都很大，共陣亡兩萬多人，而以軍只死了809人。

埃及在"六‧五戰爭"戰敗後，納賽爾內心非常痛苦，身體狀況每況愈下，1970年9月28日去世，薩達特繼任總統。薩達特決心用武力收復失地，於是積極備戰，並計劃與其他阿拉伯國家聯合開展軍事行動。以色列沿蘇伊士運河修建了一條全長170千米的防線，用以軍參

謀長巴列夫的名字命名為"巴列夫防線"。這條防線的主陣地以運河為屏障，依託河堤構成，堤坡上佈滿了綿密的鐵絲網和地雷，河堤沿線構築要塞和據點。河堤下面埋設了凝固汽油管道，只要一按電鈕就可點燃汽油，形成一片火障。以軍吹噓這是一條"不可逾越"的防線。

第四次中東戰爭又稱"十月戰爭"，是在1973年10月6日爆發的。這一天是猶太教的"贖罪日"，白天猶太人不能進食、喝水。這天下午2時，隨着大炮的轟擊，埃軍先頭部隊8,000人強行渡河。以軍趕緊去按凝固汽油管道電鈕，但不見半點火星。原來在前一天晚上，埃軍偵察兵已經用水泥堵塞了管道噴口。埃軍工

一隊被俘的約旦士兵被押送到耶路撒冷阿克薩清真寺。

"十月戰爭"中埃及士兵倒在西奈半島沙漠中。(右圖)

接受檢閱的以色列女兵。(左圖)

"十月戰爭"中以軍的"百人隊長"式坦克。

兵登陸後,用爆破筒破壞鐵絲網並引爆地雷,大隊步兵壓制以軍火力,掩護工兵用高壓水槍沖決河堤,開出可容坦克通過的通道。很快,配備有坦克、火炮、導彈的 8 萬埃軍源源不斷地渡過運河,"巴列夫防線"被突破。10 月 9 日,以軍一個坦克旅被全殲。敘利亞軍隊也出動 3 個師突破了以軍在戈蘭高地的防禦陣地。

面臨兩線作戰的困境,以軍先集中 15 個旅和 1,000 輛坦克打退敘軍,一直打到敘利亞首都大馬士革附近。從 10 月 14 日起,以軍主力到達西奈前線。14 日早晨,埃以雙方在運河東岸打了一場大規模的坦克戰,投入坦克 1,600 輛。15 日,以色列偵察到埃軍兩個軍團結合部兵力薄弱,就派出一支裝甲突擊隊。這支突擊隊官兵都身穿埃軍軍服,說阿拉伯語,駕駛繳獲的蘇製坦克,偷渡過了運河,破壞了不少埃軍的導彈發射場和炮兵陣地,前線局勢頓時驟變。不久,接受美蘇兩國的撮合,交戰各方"就地停火",軍隊脫離接觸,第四次中東戰爭結束。

在歷次中東戰爭中,能在兵器和戰爭史上佔有重要地位的是第四次中東戰爭。在這次戰爭中,反坦克導彈在地面作戰中起了關鍵作用。步兵用便攜式有線制導反坦克導彈,能打穿 20 厘米厚的裝甲,使導彈在坦克內部爆炸,有幾百輛以軍坦克就這樣被擊毀。有些軍事家從這一戰例得出結論,認為"坦克的時代已經過去"。

核彈蘑菇雲

美國《時代周刊》雜誌某期封面，畫着愛因斯坦頭像與原子彈蘑菇雲。蘑菇雲中有相對論的公式。

核彈，即原子武器，是人類歷史上最具破壞力的兵器。它的問世完全改寫了兵器發展的歷史，使得兵器完成了從冷兵器到熱兵器直至熱核兵器的發展全過程。它的研製工作與第二次世界大戰有關。

早在20世紀初就有科學家在研究原子能的利用問題。1938年底，德國化學家通過實驗發現，鈾核受中子轟擊後會發生裂變。第二年，意大利物理學家費米根據這一發現指出，原子能裂變會在極短時間內釋放出巨大能量，如果製成原子武器，威力難以想象。

這時納粹德國正在從事核裂變的研究工作。1939年4月，德國6名原子能專家在柏林開會，決定製造能控制和利用鈾的裝置。不久又有消息傳出：德國正在進行一項"U計劃"工程，與原子能應用有關，直接受柏林的陸軍武器部領導。種種跡象表明，在原子能科學方面領先的德國似乎正在研製原子彈。出於對人類命運的關心，當時一部分受法西斯迫害流亡美國的科學家心急如焚，認為必須搶在德國之前造出原子彈。研製原子彈並非易事，要投入巨額資金和大量人力。只有經濟實力雄厚、研究設備齊全、人才濟濟的美國才有這種可能，而這必須取得美國政府的支持。1939年匈牙利物

1946年美國在太平洋比基尼島試驗原子彈形成的冠狀水柱。繳獲的十幾艘日本軍艦被當作試驗品。（下圖）

現代兵器時代

理學家西拉德和特勒在華盛頓為製造原子彈到處奔走游說，但卻處處碰壁。後來他們想出個辦法，來到在美國避難的德國大科學家愛因斯坦的住處，請他出面給羅斯福總統寫信，說明這件事的重要性。愛因斯坦的成就是提出了物理學中相對論的理論，並且還獲得過諾貝爾物理學獎。

兩個月後，羅斯福收到愛因斯坦的來信，信中建議美國政府組織生產這種武器。1941年12月6日，就在日本偷襲珍珠港的前一天，羅斯福批准進行大規模研製原子彈的計劃。1942年8月，美國陸軍的格羅夫斯將軍將分散在各地的原子彈研製工作統一起來，制定了名為"曼哈頓工程"的計劃。這年10月，格羅夫斯在新墨西哥州

"曼哈頓工程"的兩位主要負責人：格羅夫斯和奧本海默。（右圖）

在廣島投放的原子彈"小男孩"。

的荒原上修建了一個實驗中心，從事核物理學的研究。1945年夏，第一批3顆原子彈製造成功，代號分別為"小男孩"、"大男孩"和"胖子"。為製造原子彈，美國動員了約10萬名科學家和工人，耗費了20多億美元。7月16日，人類首次核試驗在新墨西哥州的沙漠中進行。放在30米高鐵塔上的"大男孩"起爆，一個巨大的火球升騰而起，在幾萬米的高空形成蘑菇雲，方圓1平方千米多範圍內的所有生物都化為烏有。

7月24日，美國新任總統杜魯門指令空軍，讓509轟炸機大隊準備在8月3日以後氣象條件合適時在日本投放原子彈。8月6日上午，日本廣島市內響起空襲警報，裝有"小男孩"的"伊

核彈蘑菇雲

投放原子彈的"伊諾拉·蓋伊"機組成員回到美國後受到歡迎。

遭原子彈襲擊
後的長崎。
(上圖)

核彈蘑菇雲

受原子彈傷害
的廣島市民。
(左圖)

原子彈爆炸後
留在廣島的遺
跡。 (右圖)

諾拉・蓋伊"號轟炸機飛臨廣島上空。飛機上的彈艙打開後，配戴降落傘的原子彈從高空呼嘯着搖晃落下。

突然間，天空中強光一閃，光柱很快化為火球。頓時廣島的街市變成了煙熏火燎的廢墟。隨着響聲席捲而來的"暴風火"掃蕩了一切物體，房屋牆壁崩散，化為粉塵，鋼筋水泥建築頃刻倒塌斷裂。強烈閃光產生了危害極大的熱輻射，當時在屋外的人皮膚立刻燒成黑色。離爆炸中心較遠的地方有人活下來，他們全身燒傷，在痛苦中呻吟，身上的衣服突然都化為灰燼。天空中還下起了"黑雨"，這是爆炸形成的蘑菇雲帶上去的水汽凝聚成的雨點。整整一

天廣島都籠罩在烈焰和濃煙之中。這顆原子彈威力相當於兩萬噸常規烈性炸藥，把廣島市中心夷為平地，毀壞了7萬多幢建築物，殺死了近10萬人。另外還有許多人受核輻射得了原子病，受盡疾病折磨後慢慢死去。

8月8日下午，美國又在日本長崎投下第二顆原子彈"胖子"。由於長崎地處多山的狹窄海岸，"胖子"正好落在四周是山的盆地裡，沒有引起"暴風火"，因而它的威力沒有"小男孩"大。城裡有兩萬幢房屋被毀，3萬多人喪生。

1952年11月1日，在太平洋馬紹爾群島埃尼威托克環礁中的一個小島上，美國試驗了人類第一顆氫彈，爆炸的威力比原子彈大得多，相當於

現代兵器時代

美國在馬紹爾群島進行核試驗。

過來又使其擁有者意識到，即使自己一方能夠用核武器突然襲擊獲得成功，但對方的報復也會隨之而來，交戰雙方誰都難以成為真正的勝利者。面對未來核武器爆炸煙塵形成的"核冬天"，戰爭這一古老的衝突形式將會失去意義，變成雙方同歸於盡的大殘殺。在此情形下，出現了兩種試圖緩和核危機的趨勢。一方面，核大國之間有時也能達成一些限制核軍備的妥協。比如，在1991年，美蘇兩國簽署了《削減進攻性戰略武器條約》，雙方同意銷毀一些核武器。另一方面，隨着核威脅的蔓延，在世界範圍內出現了反對研

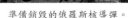

準備銷毀的俄羅斯核導彈。

美國的核導彈發射井。

1,000萬噸常規烈性炸藥。小島頓時消失，環礁礁面留下一個3,000米寬、1,000米深的大深坑。

　　繼美國之後，前蘇聯、英國、法國、中國都先後研製出了原子彈和氫彈，進而印度和巴基斯坦也試驗了各自的核武器。這就使得在今後有出現核戰爭的可能。核戰爭是通過運載工具用核武器攻擊敵方領土上的戰略目標，現在的運載方式有用遠程轟炸機攜帶核彈，用核潛艇發射核彈，用洲際導彈運送核彈。在20世紀60、70年代，前蘇聯和美國兩個核大國都在國內外部署了數量可觀的遠程導彈，有能力在短時間內運送核武器摧毀對方的大城市和軍事目標。

　　不過核武器這種大規模毀滅性兵器的出現反

英國的和平運動參加者在進行反核遊行。他們舉的牌子上有和平運動的標誌。

製、試驗、使用核武器的和平運動，以提醒人類不要演繹出用科學文明成果毀滅自身的悲劇。

後　記

坐在電腦前緩緩敲擊鍵盤，拖延到今天，總算開始寫後記了，也就表明我的這本有關兵器和戰爭史的"圖"書已臨完稿時刻。此時此刻作為作者會是什麼心情？我記得英國大史學家吉本在他的自傳中提到，他在完成《羅馬帝國衰亡史》書稿的那個晚上，曾有這樣的感觸：先是感到欣慰，終於恢復了行動的自由，不必成日埋首於寫這本書；繼則又感到憂傷，因為要"同一個事事聽我作主的老夥伴分手了"。我的這本小書不敢謬比吉本的煌煌巨著，但同是寫書人，完稿時的心情倒有幾分相似。

如果有人問我為什麼要紙上談兵，寫這本兵書，恕我再引《吉本自傳》中的文字："1764年10月15日，在羅馬，當我坐在朱庇特神堂遺址上默想的時候，天神廟裡赤腳的修道士們正在歌唱晚禱曲，我心裡開始萌發撰寫這個城市衰落和敗亡的念頭。"吉本是在羅馬廢墟上有感而發萌生了寫羅馬史的念頭的。我寫這本兵書也有由頭，不過不及吉本那樣深沉嚴肅。1998年我去美國南方的杜克大學訪學，有一天與那裡歷史系的系主任羅蘭先生攀談。談到他的研究方向，他告訴我他研究的是軍事史，主要研究軍事防禦史，著作有《城牆、戰爭與文明》。這讓我聽來感到新奇，因為在我們國內普通大學歷史系的教師很少會研究軍事史，總覺得這是軍事院校和軍史研究機構的事。

受羅蘭先生的啟發，訪學歸來我也有心在軍事歷史方面做一些工作。身為高校教師工作之一是上講堂授課，於是我就在歷史系開了一門名為"武器與戰略演變"的課，講授的內容由兵器的演變連帶到戰爭的歷史。上課受到時間和空間的限制，為擴大影響，我產生了寫一本講授相關內容圖書的念頭。前些年，我有機會去英國訪學，參觀了不少博物館，與軍事史有關的有"帝國戰爭博物館"和"陸軍博物館"。這兩個軍事博物館除展品豐富外還各有所長，"帝國戰爭博物館"有一個戰爭畫畫廊，"陸軍博物館"有一個軍事史圖書館。博物館中直觀生動的圖像資料使得往昔戰史栩栩如生，這就使我編書的設想又添了新內容——增加圖片，編一本有關軍事史的畫冊。經過不短時間的撰文、選圖，設想變為現實，也就有了這本書。

本書撰述的主線是先敘述兵器發展，再由這一發展談到相應的戰術變化、兵種變化以及戰略的變化，進而選擇一些重大戰役，以體現戰爭方式的演變。書中還選取了一些特定軍人群予以專篇介紹，如蒙古鐵騎、西歐騎士、日本武士。著名軍事人物只選了兩人列專篇，近代的拿破侖和現代的隆美爾，前者的軍事成就重在戰略，後者的軍事成就重在戰術，管中窺豹以見名將一斑。

全書篇目分為4個部分：冷兵器時代、黑火藥兵器時代、近代兵器時代、現代兵器時代。這一劃分方法是我根據自己學習軍史的心得斟酌再三確定的。每個時期的產生都有兵器的重大變化：火器開創了黑火藥兵器時代，後膛槍炮開創

了近代兵器時代，導彈開創了現代兵器時代。現在我們或許已經進入熱核兵器時代，核大國核武庫中的眾多核武器，就像懸在世界頭頂的利劍。兵器發展至此，鑄劍為犁已經刻不容緩。

本書雖按兵器發展的大勢分為4部分，但各部分的相關內容又互有聯繫。就以作戰隊形為例，在冷兵器時代"佈陣用兵"篇中介紹古代步兵五花八門的陣法；在黑火藥兵器時代"列隊橫行"篇中介紹線式隊形：隨着火槍的出現，隊形萬宗歸一，簡化成了機械的橫隊；在近代兵器時代"散兵遍野"篇中介紹散兵隊形：兵器火力增強使隊形由列隊變為疏散。再以海軍發展為例，在冷兵器時代是划槳戰船，在黑火藥兵器時代是風帆戰船，在近代兵器時代是鐵甲戰艦，在現代兵器時代則是航空母艦和導彈驅逐艦。書中的內容既有同時代兵器、戰爭的方方面面，又有不同時代同一方面縱向的發展，以期讀者能覺得線索清晰。我對各篇目的寫作是有所側重的，以求不重複絮煩，又望無重大遺漏。比如就歐洲騎士的有關內容而言，騎士制度部分入"西歐騎士"篇，騎士盔甲部分入"盔甲興衰"篇，弓箭對騎士影響部分入"長弓勁射"篇，各部分組合起來，可使讀者對騎士有較多的了解。

對本書的圖文內容我曾定過幾個編寫原則。一是"見物也見人"，兵器是物，但使用兵器的是人。本書不是兵器圖譜，內容重在表現軍人對兵器的使用。二是"動中要有靜"，戰爭是廝殺，是拚搏，動感強烈，但與戰爭有關也有相對靜態的事。如在"越南戰爭"篇中有反越戰運動的內容，在"日本武士"篇中有武士靜坐會飲的圖片。動靜搭配，書的內容可以豐富些。三是"講武不忘文"，以求增加本書的文化底蘊，如在"盾牌如牆"篇中就努力從盾牌的演變挖掘相關的文化內涵。

對本書寫作有許多人和機構曾給予我諸多幫助，謹在此竭誠表示感謝。首先是江蘇少年兒童出版社的有關領導、編輯。如果沒有他們的俯允，我就不能把這本小書奉獻到讀者的慧目面前。更讓我感到欣喜的是，他們對我提出的幾個類似的編書選題也預為允准，並容我今後一一寫出。其次是為我作圖片技術處理的何漢寧、張玉敏兩位女士。沒有她們的辛勞，圖版質量定會大為遜色。再次是眾多的圖書館、博物館，如北京的國家圖書館、南京大學圖書館、南京大學歷史系資料室等等。博物館中以英國的"帝國戰爭博物館"和"陸軍博物館"對我幫助最大，書中的不少資料就取自這兩家博物館的展品、圖書。最後是我的兒子，我在電腦前寫作時，每寫一篇第一個讀者常常是他。他無城府，心機淺，對我的初稿經常直言批評，倒也對我很有助益。至於書中的訛誤、不妥之處，責任當然應該由我來負，尚望明眼的讀者諸君、青少年朋友逕直指出，有以教我。

陳仲丹

書於南京北陰陽營寓所

索　引

責任編輯　楊　帆
封面設計　彭若東

書　　名　**圖說兵器戰爭史**——從刀矛到核彈
編　　著　陳仲丹
出　　版　三聯書店（香港）有限公司
　　　　　香港鰂魚涌英皇道1065號1304室
　　　　　JOINT PUBLISHING (H.K.) CO., LTD.
　　　　　Rm. 1304, 1065 King's Road, Quarry Bay, Hong Kong
香港發行　香港聯合書刊物流有限公司
　　　　　香港新界大埔汀麗路36號3字樓
印　　刷　深圳中華商務安全印務股份有限公司
　　　　　深圳市龍崗區平湖鎮萬福工業區
版　　次　2004年4月香港第一版第一次印刷
　　　　　2009年10月香港第一版第六次印刷
規　　格　16開（154×223mm）260面
國際書號　ISBN 978-962-04-2348-2
© 2004 Joint Publishing (H.K.) Co., Ltd.
Published in Hong Kong

本書原由江蘇少年兒童出版社以書名
《圖說兵器戰爭史——從刀矛到核彈》出版，
經由原出版者授權本公司在除中國內地以外的
全世界地區出版發行。